广视角 · 全方位 · 多品种

权威 · 前沿 · 原创

皮书系列为
“十二五”国家重点图书出版规划项目

河南金融发展报告（2014）

ANNUAL REPORT ON FINANCIAL DEVELOPMENT OF HENAN (2014)

区域金融发展与创新

主　编／喻新安　谷建全
副主编／完世伟　赵　然

图书在版编目(CIP)数据

河南金融发展报告. 2014，区域金融发展与创新/喻新安，谷建全主编. —北京：社会科学文献出版社，2014.4
(河南蓝皮书)
ISBN 978-7-5097-5822-9

Ⅰ. ①河… Ⅱ. ①喻… ②谷… Ⅲ. ①地方金融事业-经济发展-研究报告-河南省-2014 Ⅳ. ①F832.761

中国版本图书馆 CIP 数据核字（2014）第 058966 号

河南蓝皮书
河南金融发展报告（2014）
——区域金融发展与创新

主　　编 / 喻新安　谷建全
副 主 编 / 完世伟　赵　然

出 版 人 / 谢寿光
出 版 者 / 社会科学文献出版社
地　　址 / 北京市西城区北三环中路甲 29 号院 3 号楼华龙大厦
邮政编码 / 100029

责任部门 / 皮书出版分社（010）59367127
电子信箱 / pishubu@ssap.cn
项目统筹 / 任文武
责任编辑 / 王　颉　王凤兰
责任校对 / 王绍颖
责任印制 / 岳　阳
经　　销 / 社会科学文献出版社市场营销中心（010）59367081　59367089
读者服务 / 读者服务中心（010）59367028

印　　装 / 北京季蜂印刷有限公司
开　　本 / 787mm×1092mm　1/16
印　　张 / 21.25
版　　次 / 2014 年 4 月第 1 版
字　　数 / 345 千字
印　　次 / 2014 年 4 月第 1 次印刷
书　　号 / ISBN 978-7-5097-5822-9
定　　价 / 69.00 元

河南蓝皮书系列编委会

主要编撰者简介

喻新安 男，河南省洛阳人，经济学博士，河南省社会科学院院长、首席研究员，区域经济重点学科首席专家，享受国务院政府特殊津贴专家、河南省优秀专家，中国区域经济学会副理事长，中国工业经济学会副理事长，国家统计局“中国百名经济学家信心调查”特邀经济学家，央行货币政策委员会咨询专家，《中州学刊》主编。长期从事区域经济、产业经济、经济体制变迁等研究。主持国家社科基金课题、省部级课题30余项。出版《策论中原崛起》、《中原崛起的实践与探索》、《全面建设小康社会目标体系》、《中原经济区研究》等著作30多部，在《求是》、《新华文摘》、《中国工业经济》、《改革》、《人民日报》、《光明日报》等报刊上发表论文400多篇。

谷建全 男，河南唐河人，河南省社会科学院副院长、研究员，经济学博士。河南省优秀专家、河南省学术技术带头人、河南省科技创新“十大杰出人物”，郑州市科技创新领军人才。2000年以来，主持承担国家级、省级重大研究课题30余项，公开发表理论文章100余篇，获得省部级以上科研成果奖15项。主持编制区域发展规划80余项。

完世伟 男，河南省鹿邑人，经济学硕士，管理学博士，河南省社会科学院经济研究所所长、金融与财贸研究所负责人、研究员。中国工业经济学会理事，河南省学术技术带头人，河南省“555人才工程”学术技术带头人、河南省“四个一批”工程人才。长期从事宏观经济、区域经济、产业经济、技术经济及管理等方面研究。主持或参与完成国家、省部级项目20余项，获各种优秀成果奖10余项，主编或参与撰写出版专著10多部，主持或参与编制区域发展规划30余项，发表论文60多篇。

赵 然 女，河南省郑州人，经济学博士学位，金融学专业。现供职于河南省社会科学院金融与财贸研究所。主要从事金融监管、农村金融、区域金融研究，已在《光明日报》、《求是》、《中国社会科学报》、《中国经济时报》、《河南日报》、《金融理论与实践》、《西南金融》、《河南社会科学》、《中州学刊》等报纸、杂志公开发表20余篇文章。

摘要

《河南金融发展报告（2014）》为河南省社会科学院主持编撰的河南省第一本金融蓝皮书，是以“区域金融发展与创新”为主题的年度报告，呈现2013年河南省金融发展的整体状况，突出河南区域金融的特色、创新成果以及河南省金融发展中存在的问题，为发展河南金融提供对策建议。

《河南金融发展报告（2014）》分为总报告、评价分析篇、融资篇、探索篇和区域篇5个板块。总报告包括两篇：《2013～2014年河南省金融业运行分析与展望》分三部分系统总结和分析了河南金融发展的概貌；《河南省城市金融竞争力评价报告》以金融业绩效、金融机构实力、金融市场规模、金融市场开放程度和金融发展生态环境为指标依据对河南省金融生态环境进行评价，并对全省18个城市的金融竞争力进行评价排名。评价分析篇首先从行业角度出发对金融发展进行总体描述，其次对省内相关金融机构进行研究分析。融资篇以实体经济的融资问题为研究重点。探索篇结合河南省情对一些热点和新点的问题进行思考和研究，区域篇选取郑州、焦作和周口为特色进行研究。

本书是各行业和各部门的心血，在编撰工作中，针对涵盖内容分别邀请了相关机构、高等院校和政府部门的专家学者，代表了河南金融发展与创新的权威观点。书中既有翔实的分析报告又有深入的数据解析，提供了了解河南金融、投资河南必要的参考内容。

序

2013年是全面贯彻落实党的十八大精神的开局之年，也是三大国家战略规划实施的重要一年。面对复杂的形势和严峻挑战，全省认真贯彻中央关于金融工作的方针和部署，深入推进金融改革，不断强化金融监管能力，积极稳妥化解金融风险隐患，全面提升金融业对外开放水平，金融业整体实力和活力显著增强，有力支撑了全省经济结构调整和转型升级，有效保障了民生改善和社会和谐稳定。2013年，河南金融业增加值达到1181.77亿元，金融机构人民币各项存款余额37049.49亿元，各项贷款余额23100.87亿元；境内外上市公司95家，募集资金总额达1831.32亿元；保险业实现保费收入916.52亿元，推动全省经济社会发展保持了稳中有进、稳中向好的良好态势。

在肯定成绩的同时，我们也清醒地认识到，与沿海发达省份和经济社会发展要求相比，河南省金融业发展仍然滞后，主要在金融总量、融资结构、金融主体培育、金融市场活跃程度等方面还存在较大差距，信用体系建设有待完善，金融监管能力仍需加强，维护金融秩序稳定的任务依然较重；中小微企业融资困难，金融对实体经济支持仍然不足，等等。对此，我们要高度重视，在今后的工作中进一步加大力度，采取有效措施加以改进，推动全省金融业实现新的发展。

2014年是全面贯彻落实党的十八届三中全会精神、全面深化改革的开局之年，也是完成“十二五”规划的攻坚之年，更是河南经济深度调整的关键之年。整体来看，河南金融业发展机遇与挑战并存，机遇大于挑战。一是2014年我国将坚持稳中求进工作总基调，继续实施积极的财政政策和稳健的货币政策，把宏观经济向稳健增长的方向引导，这一政策意图的落实有助于为河南经济发展提供一个有利的货币金融环境。二是金融体系改革与创新为河南金融发展带来新动力。党的十八届三中全会将金融改革进一步推进，利率和汇率市场化改革、多层次资本市场建设不断深化，财税体制改革、民间金融机构开放、投融资体制改革为河南经济社会和金融市场发展注入了强劲动力。三是三大国家战略为河南金融发展带来了新机遇。国家粮食核心区、中原经济区、郑州航空港经济综合实验区三大国家战略叠加，相辅相成，为河南金融业发展创造需求的同时，也带来了诸多政策红利。四是新型城镇化科学推进为河南金融发展带来新需求。2013 年底的河南省委九届六次全会通过了《中共河南省委关于科学推进新型城镇化的指导意见》，全省新型城镇化将加快推进，进一步带动消费和投资增长，对河南金融发展提出了新的需求。

金融是现代经济的核心，是推动中原崛起、河南振兴、富民强省的重要保障。加快金融业发展是深入贯彻落实国家三大战略规划的需要，是与全国同步全面建成小康社会的需要，是增强区域综合竞争力的需要，是应对当前严峻复杂形势的根本举措。我们必须从全局和战略高度，深刻认识金融在打造富强河南、文明河南、平安河南、美丽河南中的地位和作用，把握“调中求进、变中取胜、转中促好、改中激活”的核心要求，突出扩需求、创优势、破瓶颈、惠民生“四个着力”应对之策，认真贯彻落实好中央和省委金融工作部署，全面推动金融改革、开放和发展，加强完善金融服务体系，繁荣主体、拓宽市场、完善杠杆、规范秩序，提升金融支撑能力，形成种类齐全、结构合理、服务高效、安全稳健的现代金融体系，进一步增强金融对全省经济社会发展的支撑能力。

本报告对 2013 年度河南金融发展与改革的各个方面进行了全面、系统的总结和分析，反映了与河南金融业发展息息相关的重要事件、基本数据与重大政策变化，并对 2014 年河南金融发展的走势进行了分析与预测。全书既注重了权威性，又兼顾了实用性，既把握了全面性，又拓展了应有的深度，对金融实业界和学术研究界全面了解河南金融业发展有着重要的参考价值。

《河南金融发展报告（2014）》是河南第一本金融蓝皮书，由于我们撰写经验不足，自身科学能力和水平有限，书中难免有偏颇之处，敬请读者批评指正。

编　者

2014 年 3 月

目录

BⅠ 总报告

BⅡ 评价分析篇

BⅢ 融资篇

BⅣ 探索篇

BⅤ 区域篇

皮书数据库阅读使用指南

总 报 告

General Reports

B.1 2013～2014年河南省金融业运行分析与展望

河南省社会科学院课题组*

摘 要：

2013年，河南省金融业表现出稳中有进的总体态势。2013年全省金融业在支农支小方面成果显著，服务实体经济能力增强，区域金融发展不平衡。预计2014年，全省人民币各项存款余额将会突破4万亿元，人民币贷款余额有望突破2.5万亿元，社会融资规模将突破5500亿元，河南省继续推动有实力、有条件的企业到境内外股票市场融资，鼓励各个市（县、区）发行地方政府债券，地区银行和金融资源整合加速，2014年中原银行的组建工作将逐一稳步推进。

关键词：

河南省　金融业　运行分析及展望

* 课题组负责人：喻新安、谷建全；课题组成员：完世伟、赵然、武文超、王芳、石涛。

一　2013 年河南省金融业运行分析

在国家面临经济转型，河南省经济结构逐步调整的关键时期，2013 年河南省金融业继续执行稳健性经营的货币政策，在充分服务地方经济结构升级，促进地方经济发展的同时，加大了对中原经济区、郑州航空港经济综合实验区、国家粮食核心区等三大国家战略规划区的支持力度，在有力克服国内外不利因素影响的同时，勇于创新，金融总量规模逐步扩大，金融质量不断提升，更好地实现了服务地方经济发展的职能。

（一）河南省金融发展的基本特点

1. 银行业稳健发展，支持实体经济发展的能力增强

2013 年，河南省银行业继续执行稳健性货币政策，在国内经济下行的情况下，采取有的放矢的措施，创新性经营，取得了良好的发展态势。截至 2013 年 10 月底，全省存款余额突破 35000 亿元，月均存款余额 35630. 763 亿元，月均存款增速 1. 31%；贷款余额保持 20000 亿元以上规模，月均贷款余额 21702. 125 亿元，月均贷款增速 1. 19%。在控制不良贷款率低于 2% 的前提下，全行业累计实现赢利 503. 22 亿元（见图 1）。

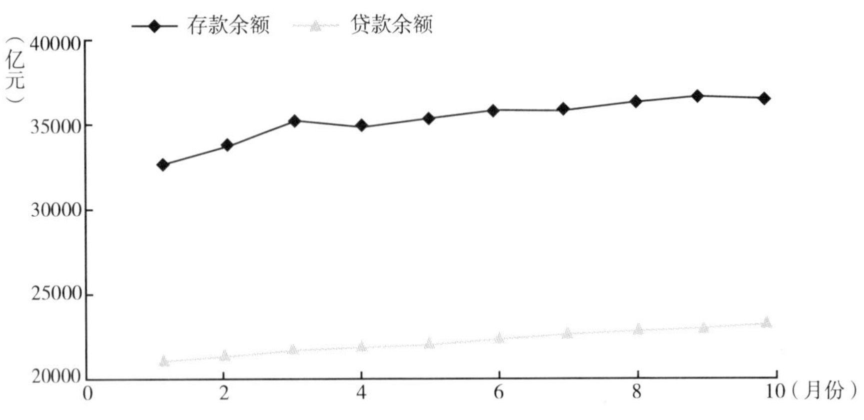

图 1　2013 年前三季度河南省银行业发展态势

（1）银行业支持河南省实体经济发展效果明显

金融是现代经济的核心，充分发挥金融的资源配置作用，能够有效地促进资源优化配置。2013～2014 年河南省银行业支持实体经济发展的能力逐步增强，作用效果明显。总体而言，2013 年河南省银行业支持对经济总量增长的冲击效应约为 1.8%，表明 1% 的银行业支持（主要是信贷支持）能够促进全省经济总量增长 1.8 个百分点。“三化”协调发展是实体经济发展的重要载体，河南省作为国家“三化”协调发展的示范区，金融业支持全省“三化”协调发展的作用明显。2013～2014 年，河南省银行业支持“三化”协调发展的冲击效应约为 4%，并保持上升的态势，表明 1% 的银行业支持（主要是信贷支持），能够使得“三化”发展的协调度提高 4 个百分点，在未来这一比例有上升的趋势，充分说明银行业支持“三化”协调发展的效果明显。

此外，在地方金融服务实体经济发展方面，周口市、焦作市等在金融业支持实体经济方面取得了显著成果，尤其是周口市坚持经济与金融相融的发展理念，积极培育本地金融市场，并将金融产业的发展纳入全市经济社会整体产业规划，在引导金融服务实体经济的同时，促使金融产业做大做强。截至 2013 年 10 月末，周口市贷款较年初实际增加 16.4%，高于全省平均增幅 3 个百分点；辖区银行业金融机构实现赢利 18.8 亿元；辖区银行业不良贷款余额 49.4 亿元，不良贷款占比 6.9%，4 家国有商业银行不良贷款率已降至 1.5%；4 家国有商业银行取得授权授信权限并放大授信额度，资产业务恢复性增长，贷款增量占比逐年提高，4 家国有商业银行贷款增量占比已提高至 68.2%。

（2）支农规模扩大，农村金融创新支持力度增强

2008 年，河南省被中国人民银行总行、中国银行业监督委员会确定为农村金融产品和服务方式创新试点省份，涉农贷款规模逐步扩大，截至 2013 年 10 月末，河南省银行业支农贷款余额为 9706.4 亿元，较 9 月上升 104.41 亿元，同比增长 17.1%；较年初新增 462.2 亿元，比年初增长 15.62%。此外，2013 年，人民银行郑州中心支行已安排 10 亿元支农再贷款、10 亿元再贴现专项额度，并增强差别存款准备金动态调整参数弹性，引导示范县（市）加大涉农信贷投放。

在扩大涉农贷款规模的同时，河南省不断加大农村区域金融创新力度，积

极探索农村金融创新模式，其中，固始县、长葛市的涉农信贷模式较为典型。在创新涉农信贷方式上，固始县推出的农村五权（山权、林权、地权、房权、水权）抵押贷款，长葛市推出的循环经济融资、行业协会担保贷款，激活了当地农村金融市场。为了激活全省的农村金融市场，激发农村金融创新的积极性，2013 年 3 月 6 日，人民银行郑州中心支行等 6 个监管机构联合举办河南省农村金融创新示范县（市）授牌仪式暨农村金融创新工作推进会议，确立长葛市、武陟县、永城市、固始县、伊川县、沁阳市、滑县、沈丘县、新乡县、邓州市等 10 个县（市）为农村金融创新示范县（市），至此，河南省全省农村金融创新区域初具规模。

（3）非信贷支持方式多元化，信贷规模稳中有增

在国内采取稳健性货币政策的情况下，为了进一步增加全省信贷支持规模，河南省银行业通过创新方式，通过增加非信贷支持规模，实现支持经济发展方式多元化。通过联合贷款、委托贷款、总行直贷以及信托贷款等多种方式，截至 2013 年前三季度，河南省银行业新增表外贷款余额为 949.69 亿元，同比增加 53.19%；前三季度河南省银行新增各项人民币贷款额为 3482.7 亿元，其中，通过剥离、核销等方式处置不良资产、物抵债，获得资金 38.7 亿元。银行间非金融企业债务融资总量连续三年倍增，截至 2013 年 10 月末，河南省银行间金融支持直接债务融资 612.25 亿元，其中，短期融资券 180.5 亿元，中期票据 47 亿元，非公开定向债务融资工具 380.3 亿元，区域集优票据 4.45 亿元。

在河南经济结构转型的关键时期，河南省银行业继续加强对大中型企业支持之外，强化了对中小企业、“三农”的信贷支持力度。截至 2013 年 10 月末，全省银行业支小（含小微企业主、个体工商户以及票据融资等）贷款余额 4158.3 亿元，较同期有所下降，同比增长 25.8%；较年初增加 829.5 亿元，同比增加 29.79%。其中，新增小微企业贷款占企业贷款的比重为 56.1%，同比上升了 11.4%，支小力度较上年显著增加。

（4）区域金融机构整合力度加大，郑汴同城已实现，中原银行获筹批复

改制后的城市商业银行，具有地域分离性，存贷脱节等问题与区域金融发展不相适应，难以形成对区域实体经济的高效支持，整合区域性金融机构成为提高效率的关键。作为近邻，郑州、开封具有得天独厚的地域优势，2013 年 1

月开始，两地开始实施“五同城一共享”，即电信同城、金融同城、交通同城、产业同城、生态同城、文化教育等资源共享，其中，金融同城业务已实现：一是银行卡和存折业务同城。两地间存折、存单（定期、定活两便）、银行借记卡业务视为行内同城业务，不再收取异地业务费用；将跨行两地间银行借记卡业务视为跨行同城业务，仅收取跨行业务费用，不再收取异地业务费用。二是资金汇划同城。推动各银行业金融机构将行内两地间资金汇划视为行内同城业务，不再收取异地资金汇划费用；降低两地间跨行资金汇划业务收费，单笔5万元（含）以下的业务不再收取资金汇划费用。三是票据业务同城。实现转账支票等银行票据在郑州、开封两市辖区内按照同城方式使用。四是分支机构同城。将允许银行业金融机构（村镇银行除外）在郑州、开封两市辖区以同城方式设立分支机构。

与此同时，为了整合城市商业银行资源，提高区域金融资源利用效率，2013年4月11日，省政府办公厅下发《关于印发2013年河南省金融工作专项方案的通知》，《通知》指出由河南省政府金融办牵头，研究重组省级银行的可信性方案及模式，计划将河南省13家城商行（开封、新乡、南阳、信阳、安阳、鹤壁、商丘、驻马店、漯河、许昌、周口、三门峡、濮阳）进行整合，而运作较好的郑州银行、洛阳银行、平顶山银行、焦作银行则单独保留银行牌照，独立发展。在中原银行成立之前，湖北银行、贵州银行、江苏银行、甘肃银行、徽商银行都是由省内城商行合并重组而成。在未来，采取差异化经营模式，建立精品化社区银行，也是河南省区域银行机构发展的方向。

（5）抗风险能力、跨境业务能力增强，盈利能力稳步提升

随着国内经济“软着陆”趋势明显，尤其是房地产等行业的泡沫风险加剧了非系统性风险，为了强化自身抗风险能力，河南省银行业采取了不良资产剥离、定期财务审计等多种措施，降低了不良资产率，截至2013年末，河南省银行业不良贷款余额为432.04亿元，较年初减少13.01亿元；不良贷款率为1.84%，较年初下降了0.35%。扣除农发行政策性挂账后，全省银行业金融机构不良贷款余额和比例分别为254.33亿元和1.08%。严格按照国家银行监管的相关指标，强化了对中小法人金融机构的监管，截至2013年末，河南省中小法人金融机构资本充足率达到13.28%，拨备覆盖率达到239.39%，达

到国家银行经营要求，抗风险能力进一步增强。此外，在进一步强化风险控制的同时，银行业的赢利能力逐步提升。通过创新经营方式，增加理财产品等多种途径，截至2013年，河南省银行业累计实现利润634.62亿元，同比增加138.68亿元，增长27.96%。

此外，辖内银行机构不断扩大跨界业务范围，增强跨界业务能力。河南省全省共有18家银行机构具备国际结算能力，国际结算范围覆盖全省18个市区，服务品质涵盖跨境货物贸易、收益和经常转移、外商直接投资、人民币外债、融资等多种业务种类，截至2013年10月末，全省银行机构累计结算人民币270.89亿元，较同期具有较大增长。

（6）银行等金融机构规模逐步加大①

2013年末，全省银行业金融机构网点12161家，比年初增加208家。法人机构（总部）共有230家，比年初增加13家。其中，城市商业银行17家；农村信用社117家，比上年减少7家；村镇银行61家，比年初增加12家；农村商业银行26家，比上年增加7家；农村合作银行0家；农村资金互助社3家；信托公司2家；财务公司4家，比年初增加1家。分支机构中一级分行（分公司、办事处）共有26家，比年初增加2家。其中，政策性银行2家；大型商业银行5家；股份制商业银行9家；外资银行3家，比年初增加1家；邮储银行1家；资产管理公司4家；财务公司2家，比年初增加1家。2013年末，全省银行业金融机构从业人员191572人，比年初增加4540人。其中，法人机构从业人员79738人，比年初增加3173人；分支机构从业人员112194人，比年初增加1367人。

2. 保险业发展稳中有进，区域差异化突出

2013年，河南省保险业在认真贯彻落实国家保险监管政策以及服务辖内经济发展的同时，积极开拓创新，保持了本行业的平稳运行。截至2013年10月末，月均保费收入459.66亿元，月均增速27.57%；月均保费支出129.58亿元，月均增速31.41%，实现月均保费赢利358.13亿元，月均赢利增速13.10%（见图2）。

---

① 数据来源于河南省银监局的统计资料。

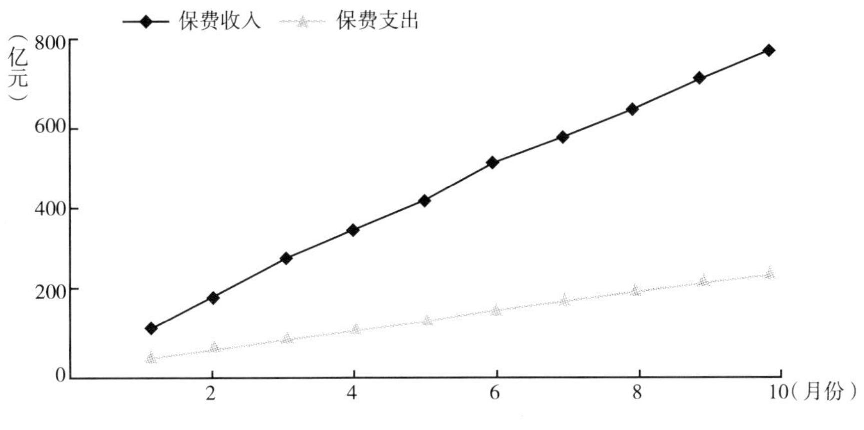

图2　2013年前三季度河南省保险业发展态势

（1）保险助推实体经济的能力增强

保险助推实体经济的能力增强，截至2013年9月，平安集团通过债券计划累计投资河南交通投资集团、河南铁路投资集团55亿元，并就航空港建设、养老基地、债权融资等与河南省有关方面达成近3年投资2000亿元的合作意向。

（2）区域保险发展不平衡

从表1中，我们可以看出河南省保险业区域发展不均衡。依据河南省前三季度保险行业状况，保险收入排在前五位的城市依次是郑州市、南阳市、洛阳市、周口市、商丘市，其中，前三季度全省财险收入为1080.506亿元，财产险收入排名前五位的城市依次是郑州市、洛阳市、南阳市、周口市、商丘市，郑州市的财险收入是第二位的洛阳市的3.936倍，是其他地、市、区的7倍以上，最低的是济源市，前三季度财险收入仅为10.779亿元，可见财险收入地区差距很大；前三季度全省寿险收入为3230.561亿元，寿险排在前五位的城市依次是郑州市、南阳市、洛阳市、周口市、商丘市，前三季度寿险收入最低的是济源市，仅为23.955亿元，约为郑州市前三季度财险收入的3.518%，二者差距甚大，但是，地区间寿险收入的方差明显要小于财险收入间的方差，可见，地区间的寿险收入相对集中，离散程度低；前三季度河南省全省意外伤害险收入为70.5亿元，意外伤害险排在前五位的城市依次是郑州市、洛阳市、南阳市、新乡市、安阳市，前三季度大部分地区的意外伤害险低于5亿元，仅有郑州市的意外伤害险大于5亿元，最低的是济源市，该市前三季度的意外险收入仅为最高的郑州市的2.65%，形成郑州市一枝独大的局面，可见，河南省全省的意外伤害险收入普遍不高；前三季度河南省全省健康险收入为215.07亿元，健康险排名前五位的城市依次是郑州市、南阳市、洛阳市、新乡市、焦作市，最低的是济源市，前三季度济源市健康险收入仅占郑州市健康险收入的5.04%，且前三季度郑州市健康险收入是位居第二的南阳市的38.579%，地区间差距较大。

表1 河南省主要地市区保险收入对比

单位：亿元

城　市	合计	财产险	寿险	意外伤害险	健康险
郑州市	1113.451	354.656	681.022	21.912	55.861
南阳市	375.644	71.620	278.161	4.312	21.551
洛阳市	341.498	90.097	229.834	4.854	16.713
周口市	289.573	56.564	222.728	2.079	8.201
商丘市	261.360	53.727	195.511	3.421	8.701
新乡市	244.864	45.419	182.800	4.178	12.467
驻马店市	235.705	44.914	177.446	3.125	10.220
安阳市	217.500	48.451	155.019	3.830	10.199
平顶山市	214.477	45.254	156.597	2.408	10.218
许昌市	208.396	50.106	147.201	3.034	8.056
焦作市	205.635	46.190	144.394	3.424	11.626
信阳市	203.804	41.236	152.409	1.857	8.302
濮阳市	196.177	38.011	145.728	2.646	9.792
开封市	159.097	25.918	123.113	2.587	7.479
漯河市	123.418	19.592	96.381	1.715	5.730
三门峡市	107.846	21.954	78.425	3.287	4.181
鹤壁市	58.981	15.283	39.630	1.162	2.906
济源市	38.135	10.779	23.955	0.583	2.817
河南省本级	1.076	0.735	0.208	0.086	0.047
全　　省	4596.637	1080.506	3230.561	70.500	215.070

此外，从河南省全省保险主要收入种类来看，前三季度依据收入总量的排名依次是：寿险、财产险、健康险、意外伤害险，其中，寿险、财产险的规模在1000亿元以上，健康险、意外伤害险收入低于300亿元，前者规模是后者规模的3倍以上，差距显著。

（3）寿险收入明显高于财险收入，外资显著低于中资

从表2中，我们可以看出：总体而言，前三季度，河南省全省主要寿险公司的收入为3493.251亿元，主要财险公司的收入为1103.385亿元，财险公司的收入是寿险公司收入的31.586%，其中，外资机构主要进入的是寿险领域，外资机构的收入约是河南省省内中资机构寿险收入的2.46%。

表2　河南省主要寿险公司与财险公司收入对比

单位：亿元

寿险公司		财险公司	
公司名称	合计	公司名称	合计
国寿股份豫分	1099.503	人保股份豫分	336.546
太保寿豫分	446.798	国寿财产豫分	167.402
泰康豫分	342.401	平安财豫分	147.647
新华豫分	334.927	中华联合豫分	91.427
人保寿险豫分	243.604	太保财豫分	90.128
中邮人寿豫分	223.311	阳光财产豫分	41.956
平安寿豫分	196.238	大地财产豫分	31.911
太平人寿豫分	157.942	英大财产豫分	29.153
生命人寿豫分	72.899	永安豫分	25.409
华夏人寿豫分	61.102	天安豫分	17.149
民生人寿豫分	46.380	太平保险豫分	15.926
国寿存续豫分	29.723	华安豫分	14.803
华泰人寿豫分	29.697	信达财险豫分	13.991
合众人寿豫分	26.247	中银保险豫分	12.778
阳光人寿豫分	24.888	浙商财产豫分	10.231
工银安盛豫分	24.740	永诚豫分	7.945
中荷人寿豫分	20.898	都邦豫分	7.344
长城豫分	17.639	安诚豫分	6.946
百年人寿豫分	17.333	天平车险豫分	6.678
国华人寿豫分	12.459	渤海豫分	6.334
信泰豫分	10.627	民安豫分	5.922
人保健康豫分	10.520	紫金财产河南分公司	4.736
农银人寿豫分	8.902	华泰豫分	4.316
平安养老豫分	7.169	出口信用豫分	3.787
交银康联豫分	5.880	安邦豫分	2.920

续表

寿险公司		财险公司	
公司名称	合计	公司名称	合计
天安人寿豫分	5.033		
光大永明豫分	3.473		
中英人寿豫分	3.031		
恒安标准豫分	2.845		
幸福人寿豫分	2.803		
英大人寿豫分	2.000		
太平养老豫分	1.928		
安邦人寿豫分	0.267		
泰康养老豫分	0.044		
全省合计	3493.251	全省合计	1103.385

从河南省主要寿险公司的收入来看，前三季度，中资寿险公司收入前五名的公司依次是国寿股份豫分、太保寿豫分、泰康豫分、新华豫分、人保寿险豫分，前三季度收入规模均高于 240 亿元，其中，国寿股份豫分公司的收入为 1099.503 亿元，是河南省全省其他同行公司的 2 倍以上，且前五名寿险公司的收入占全省寿险收入的 60% 以上；最低的后三名依次是泰康养老豫分、安邦人寿豫分、太平养老豫分，寿险保费收入低于 3 亿元，是前五名公司的 0.4% 左右。外资机构中，寿险收入排名依次为华泰人寿豫分、工银安盛豫分、中荷人寿豫分、交银康联豫分、恒安标准豫分、中英人寿豫分，寿险收入普遍低于 30 亿元，其收入差距较大，前三位公司的收入是后三位公司收入的 5 倍以上。

从河南省主要财险公司的收入来看，前三季度主要财险公司收入前五名的公司依次是人保股份豫分、国寿财产豫分、平安财豫分、中华联合豫分、太保财豫分，收入均高于 90 亿元，其中，人保股份豫分的收入远超同行公司，前五名主要财险公司收入占全省主要财险公司收入的 50% 以上；最低的后三名依次是安邦豫分、出口信用豫分、华泰豫分，收入均低于 4.5 亿元，前五名公司收入是后三名公司收入的 30 倍以上，差距较大。

3. 证券行业规模逐步上升，资本市场融资能力增强

2013 年，河南省证券业继续发挥融通造血功能，截至 2013 年 9 月底，辖

内共有上市公司 65 家，待发行 1 家，再审公司 17 家，辅导公司 21 家；证券经营机构 155 家，开户数为 414.90 万户，代理交易金额达到 6648.01 亿元；期货经营机构 78 家，开户数 7.27 万户，代理交易金额达到 80388.23 亿元。

（1）证券行业规模逐步扩大

2013 年河南省证券行业规模逐步扩大。一是证券经营机构规模逐步扩大。通过不断改善经营方式，创新经营服务，截至 2013 年 5 月底，辖区共有证券经营机构 155 家，其中证券公司 1 家、证券分公司 6 家、证券营业部 148 家、证券投资咨询机构 1 家。辖区证券营业部投资者开户数为 4149016 户，其中机构投资者 4112 户，个人投资者 4144904 户；客户托管资产总额 3425.27 亿元，代理买卖证券总额 6648.01 亿元。二是期货经营机构规模显著上升。截至 2013 年 5 月底，辖区期货经营机构共有 78 家，其中期货公司 3 家，分别为万达期货、国信期货、中原期货；期货营业部 75 家。辖区期货营业部账户数量共计 72659 户，其中法人账户 2496 户，自然人账户 70163 户；代理成交量 12090.26 万手，代理成交金额 80388.23 亿元。

（2）企业上市规模不断扩大，后备上市力量充足

在国家政策的大力扶持下，河南省辖内上市企业规模不断扩大。截至 2013 年 9 月末，辖区共有境内上市公司 66 家，其中中小板 22 家、主板公司 36 家、创业板 8 家；境外上市企业 36 家。全省上市企业数量在全国各省市区境内排名居第 10 位，在中部六省排第 2 位。值得一提的是，全国涉农上市企业 44 家中，有 9 家是河南省的涉农上市公司，河南农业大省的地位在资本市场进一步稳固。从上市企业的分布特点来看，全省 66 家上市公司有 2/3 的企业集中在郑州、洛阳、焦作以及许昌等地，其中，郑州 21 家，洛阳 9 家，焦作 7 家，许昌 5 家，新乡、信阳、商丘、济源和漯河分别有 2 家，驻马店、周口、三门峡、开封和濮阳分别有 1 家，鹤壁市尚未有上市公司。从上市公司的行业分布特点来看，主要资源性企业、制造性企业以及涉农企业为主，第三产业的上市公司数量较少。

此外，已过会待发行 1 家，在辅导 19 家，在审 17 家，上市后备力量充足。从行业细分来看，有 9 家涉农上市公司，1 家文化产业公司；50% 的上市公司具有高新技术企业资格，其中，创业板和中小板块公司的占比为 76%，

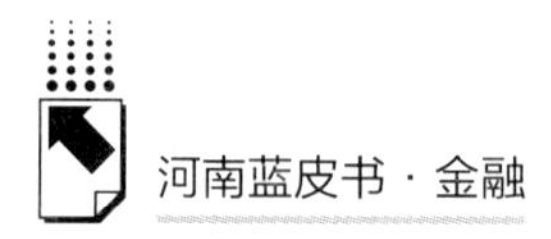

此外，34%的上市公司为本行业的龙头企业，具有行业领先优势。从经营业绩来看，2013年前三季度，河南省主要上市公司的营业收入和公司资产规模分别同比增长1.24倍、1.61倍。

（3）上市企业融资能力不断提高，“证企对接”成效显著

全省资本市场融资规模逐步扩大，2013年前三季度，主要公司IPO规模264.12亿元，居中部六省第2位，全国第11位。近年来，全省积极开展了“证企对接”活动，河南省辖内43家证券公司已经与郑州市160多家企业进行融资对接，帮助企业完成融资需求。截至2013年9月，已经完成了23个对接项目，融资规模达到210.77亿元。主要上市公司的再融资规模也逐步扩大，截至2013年9月，12家主要上市公司实现再融资142.14亿元，其中，6家公司发行债券，实现债券融资86.3亿元；6家公司定向增发，实现融资55.84亿元。另外，积极改善公司质量，不断提高公司治理水平，已有2家公司完成资产重组方案，涉及金额为35.6亿元，另有3家公司重组方案得到证监会批准，正在完成重组。

（4）直接资本市场融资能力增强

2013年，河南省直接资本市场活跃度显著提高，融资能力逐步增强，截至2013年11月末，全省通过资本市场实现直接融资1996.9亿元，其中股票融资203.49亿元，债券市场融资786.25亿元，信托融资488.54亿元。在境内沪深两市IPO尚未开启的情况下，全省辖内2家企业成功赴加拿大、香港上市，12家上市公司重组并购再融资150.7亿元。此外，信托产业也加快了与产业发展的对接活动，2013年6月，中原信托与郑州航空港经济综合实验区建立了战略合作关系，开启了以信托资金助力郑州航空港区建设的大门。首笔10亿元信托资金于6月14日募集到位，并拨付郑州航空港区，支持航空港区建设。

（二）河南省金融发展中存在的问题

2013～2014年，河南省金融发展取得了较大的进步，在稳步推进省内各项金融政策，推动金融深化的现实下，金融业发展还存在诸多与市场不相匹配的地方。尤其是与国内发达地区相比，在市场成熟度、金融支持经济发展力度

等诸多方面存在不足，主要集中在以下几个方面。

1. 银行业信贷配给不足，信贷风险增加

（1）银行业信贷配给矛盾突出

信贷配给不足是国内大多数银行面临的突出问题。当前银行业在信贷配给上普遍的配给方向是资产规模大、风险小的优质大型企业，突出表现在能源类等垄断企业，主要集中在铁路、城建、公路、电力、房地产等传统产业；对风险大、资产规模小的部分新兴产业、中小企业等资金投放较小，尤其是现代物流、文化旅游、食品加工、先进制造业、现代农业等优势产业项目。从议价能力上看，优质企业对于银行是买方垄断，具有很强的议价能力，而风险高的企业是卖方垄断，议价能力低，而议价能力意味着银行价格制定以及相对于利润的可得的规模，实际上，大多数银行信贷投放于优质企业利润很薄，而风险高的企业却利润高。为了满足新兴产业的需要，银行会部分地给予信贷配给，但是贷款利率高，不利于此类企业的健康发展。此外，即使面对优质客户，在近年来国家信贷紧缩的政策下，银行由于自身授信额度、存贷比等诸多政策条例的限制，也难以满足部分优质客户的信贷需求。

（2）中小企业信贷配给不足，融资缺口较大

2013 年，在国家政策的支持下，河南省中小企业的贷款增速明显高于大中型企业，贷款状况得到有效的缓解，但是由于中小企业数量大、资金需求多，目前有限的银行信贷难以满足中小企业，尤其是小微企业的资金需求，中小企业信贷配给仍旧不足，融资缺口较大。大多数银行认为，中小企业自身条件不足是其难以获得有效信贷的关键因素。此外，还包括中小企业财务信息不透明、财务制度不规范，中小企业产品附加值低、中小企业信用评价制度及机构不健全等诸多因素的影响。

（3）河南省银行业信贷风险加大

2012 年河南省主要大型企业，包括钢铁、煤炭、有色金属、电力、光伏、造纸等行业出现效益下滑迹象，其中，钢铁、有色金属、煤炭前三季度利润分别下降 14.8%、13.9%、32.8%，2013 年，上述企业的经营效益并没有出现显著好转，由于银行在此类机构投放信贷额较多，导致银行信贷风险加大，突出表现在：一是作为河南省省内的支柱性产业，煤炭、电解铝、钢铁以及光伏

等产业的产能，在国际国内环境的影响下，出现了严重的产能过剩情况，在成本上升、市场需求下降的情况下，企业的经营效益差，导致资金链短缺，使得银行等信贷极其容易产生不良资产。二是造纸业受到市场以及环境控制的影响，河南省省内部分企业出现持续性亏损，行业风险较大，威胁信贷资金的安全。

此外，中小企业受到诸多因素的影响，经营风险增加，还款能力欠佳，信贷风险上升，容易产生不良资产。据中国人民银行郑州中心支行调查总队的调查数据显示，2013 年河南省中小企业面临困难的排序依次是“劳动力成本和原材料上升较快”，其中，47.0% 的被调查企业认为“原材料成本上升较快”，56.7% 的被调查企业认为“劳动力成本上升较快”；企业资金周转放缓；对小微企业税收扶持力度偏小，10.7% 的被调查企业“享受减半征收企业所得税政策”，5.3% 的被调查企业“得到过国家中小企业发展基金支持”。

（4）金融支持民生发展、生态环境建设的力度薄弱

2013～2014 年，金融支持对提高居民富裕程度的冲击效应值较低，绝对值低于 0.2，也即河南省信贷对于提高居民的富裕程度没有起到显著的效果；而居民富裕的程度对金融支持的冲击效应却呈现波动上升的趋势。由此可见，河南省用于民生的金融支持项目力度较小，不能够有效满足居民民生需要对金融的需求，必须加大对此的扶持力度，创新金融服务方式，提高金融服务的水平。

与此同时，2013～2014 年，金融支持对生态环境改善的冲击效应非常不明显，呈现负值；而生态环境改善对金融支持的冲击效应也非常不明显。与民生工程一样，生态环境建设都是公共物品，在投资上，公共物品的回报率相对较低，而且回收期长，主要由政府承担建设投资，而政府又以自身的信誉作担保进行融资建设，这部分被融资的资金，在会计上当期会减损金融机构的利润，且容易成为坏账，这一特性导致金融机构不愿意投资生态环境建设。为此，如何减轻政府的融资压力、提高金融服务效率，尤其是创新在公共物品投资的方式，是金融支持生态环境建设的重点。

2. 保险行业经营效益下滑，市场秩序有待规范

2013 年河南省保险行业发展取得了显著的进步，随着“中原经济区”、

“郑州航空港经济综合实验区”等国家战略经济规划的付诸实施，河南省保险行业心有余力不足的情况，突出表现在以下几个方面。

（1）经营管理水平较低，赢利能力有所下滑

2013 年前三季度，河南省主要财产险公司的承保赢利规模达到 10.77 亿元，承保利润率 6.18%，但是较上年同期下降了 0.76 个百分点。其中，企业财产保险以及农业政策性保险的利润贡献率较高，达到 15.34%，财险赢利能力下滑的重要阻力在于：一是经济形势导致产险竞争激烈化，受到国内经济金融形势的变化以及极端气候的影响，保险公司的经营压力增大；在保费需求抑制的情况下，国家加息以及银行积极发售新型理财产品，导致保险产品的吸引力下降，保险公司之间的竞争力度进一步加大。二是管理水平较低，经营成本增加。河南省省内保险公司的经营管理能力较国内同行业发达地区有较大差距，表现在服务水平不高、风险管理控制不足、信息化建设水平较低，此外，经营管理水平不高，导致管理费用增加，受到物价水平的影响，用工费用、人伤费用也逐步上升。三是社会信用环境较差，导致公众难以增加对保险的消费。

（2）市场运行还不够规范

河南省保险市场虽然发展很快，但是市场运行机制没有与之相匹配，导致运行不畅。一是河南省本地经济发展程度不高，保险的承保市场大但发育程度低，导致业务的供需矛盾突出。二是河南省保险市场制度机制不健全，被保人的自身利益难以得到有效保护。保险代理人的信息不对称，被保人也存在诸多信息不对称的违规操作问题，导致双方的利益难以得到有效的保护，市场秩序有待深入规范。

3. 证券行业区域性发展不平衡，证券发展与经济发展区域性不匹配

作为金融不发达省份，仅有一家证券公司总部位于河南省境内，证券行业的区域性发展不平衡现象显著，地方经济发展实力与当地证券市场发育程度不相匹配，服务实体经济发展的能力不足。

（1）区域性上市企业数量与当地经济发展程度不相匹配

区域性上市企业数量与当地经济发展程度不相匹配。南阳市作为河南省重要的经济区域，其生产总值在全省排第二位，仅次于洛阳，远高于许昌和焦

作，然而却只有3家境内上市公司，远少于焦作和许昌。与此相反，作为河南省上市公司最少的地市，2012年鹤壁市的GDP为510.9亿元，而济源市的GDP仅为409.5亿元，与鹤壁市GDP规模相当，济源市却拥有两家上市公司。此外，作为省内重要的工业市区，截至2013年末，三门峡仅有大有能源一家上市公司，与当地GDP的省域地位不相匹配。

此外，区域内部的上市企业的分布也不均匀。作为全省上市公司最多的地区，郑州市有21家上市公司，其中，16家上市公司位居郑州市内，3家公司位于巩义市，2家公司位于新郑市，而2013年，新密市的GDP接近郑州市GDP的10%左右，高于新郑市，低于巩义市，但是，新密市尚无上市公司。

（2）涉农上市企业较少，与农业大省的地位不匹配

2010年，《国务院关于支持河南省加快建设中原经济区的指导意见》明确要求中原经济区“加快转变农业发展方式”，不断提高农业专业化、规模化、标准化、集约化水平，建成全国农业现代化先行区，并确立了河南省国家粮食核心区的地位，建立和巩固农业资本市场的地位，对于河南省农业大省地位的维护具有重要的意义，但是，河南省涉农资本企业较少。

据统计，2013年全省各类农业产业化组织机构超过1.3万家，其中，涉农龙头企业超过6000家，销售收入过亿元的企业超过500家。但是，在A股市场上，全省农林牧渔业上市公司只有1家（雏鹰农牧），食品行业有上市公司5家（华英农业、双汇发展、好想你、莲花味精、三全食品），数量占河南省全部上市公司的比例不到10%，涉农上市企业的力量不足。此外，作为全国优质的畜产品生产基地和优质农产品生产基地，河南省拥有众多国内知名的名特优产品，但是没有一家种植类上市公司，也即，资本市场的现状与河南省农业大省的地位不匹配。

二　2014年河南金融发展形势展望

当前是我国进入全面深化改革和经济结构转型升级的关键时期，河南省经济处于转型升级的过程之中，是爬坡过坎、攻坚转型的关键时期。2013年河南省金融业继续执行稳健性经营的货币政策，银行、保险、证券等行业稳步发

展，金融市场主体不断壮大。展望2014年，河南省金融业面临着国内外复杂的宏观环境，存在着诸多有利和不利因素。河南金融在充分服务全省经济转型升级的同时，还要继续加大服务中原经济区、全国粮食生产核心区和郑州航空港经济综合试验区三大国家战略的力度，在稳健监管的同时勇于创新，继续提升金融发展的规模和质量，更好地实现服务地方经济发展的职能。

（一）2014年国内外金融形势的总体判断

1. 全球经济逐渐走向复苏，金融市场仍存在一定风险

2013年，国际金融市场在波动中分化。经济复苏、资本流动与刺激政策主导下的国际金融市场波动依旧，但分化日趋显著。美元和欧元等关键国际货币涨跌互现，发达国家资本市场纷纷创出新高，新兴市场则动荡加剧、整体疲软。根据世界银行预测，全球产出增长率仅为2.4%，低于2012年的2.6%。美、德等发达国家长期国债收益率反弹，欧元区边缘国家国债收益率则继续回落。黄金市场转向熊市，全年国际黄金价格跌幅近30%；大宗商品市场分化加剧，其中白银全年累计跌幅达35.4%；玉米、黄金、镍、小麦跌幅均超过20%；铝、铂、铜、铅、锌跌幅超过10%。展望未来，在国际金融危机爆发五年之后，世界经济在2014年有望在高收入经济体复苏的拉动下出现回升；中国继续强劲增长，将带动发展中国家经济走强。世界银行预测，2014年全球GDP增长将在2013年2.4%的基础上升至3.2%，发展中国家增长率有望从2013年的4.8%上升至2014年的5.3%，中国GDP增速将维持在7.7%。

美联储将逐步退出量化宽松政策，相关政策和预期将可能引发新兴市场动荡。2013年美国经历了政府停摆的干扰，但在制造业复兴、房地产复苏和页岩气革命等因素推动下，美国经济持续增长，失业率下降。美联储从2013年5月开始酝酿退出量化宽松的货币政策，并于12月正式宣布小幅削减购债规模。尽管这一政策尚未全面实施，但相关预期给新兴市场带来了不小冲击，东南亚、东欧和南美等地资本大规模外流。美联储在2013年的最后一次货币政策会议结束后宣布，从2014年1月开始，将每个月量化宽松政策缩减100亿～750亿美元，抵押贷款支持证券（MBS）和国债分别缩减50亿美元，并维持0～0.25%的基准利率不变。在这一政策影响下，国际金融市场将受到一

定的冲击，预计美元将于年初步入升值通道，资本流动可能加剧，债券市场风险增加，黄金和大宗商品价格也将不可避免地受其影响。

欧洲经济摆脱衰退。2013 年，欧洲经济实现了稳定的改革和复苏，经济形势大为改观。欧洲各国继续推进财政一体化进程，建立欧洲银行业联盟，欧洲央行降息并坚持直接货币交易计划，使得国际资本重新流入。债务负担较重的欧洲国家经济情况得到了缓解。展望 2014 年，整个欧洲经济将全面走出近年来金融危机和主权国家债务危机的影响，经济发展走向稳定和增长的轨道。

日本经济持续复苏。2013 年，安倍政府推出了一系列经济政策，即以日元贬值为主导的大胆金融政策、扩大公共支出的激进财政政策和以振兴民间投资为核心的经济成长战略，力图使日本摆脱经济低迷和通货紧缩的困境。目前来看，该政策导致日元大幅贬值、股票市场飙升，产生了一定的刺激效应，推动日本经济超预期复苏。但是从中长期来看，如果没有切实的结构性改革举措，日本经济复苏恐难以为继。新兴经济市场中，主要国家经济增速下滑，部分国家汇市、股市出现剧烈波动，资本外流至发达国家严重，发达国家经济的逐步复苏冲击了新兴经济体的经济增长。印度第二季度 GDP 同比增长 4.4%，创 10 年新低；俄罗斯第二季度增长 1.2%，2009 年来最差；巴西第二季度增长 3.3%。

全球金融业将继续平稳发展。为保障国际金融业稳定运行，近年来各国监管机构继续推进政策协调和调整监管要求，加快监管改革与监督实施步伐。巴塞尔委员会放宽了银行业新资本协议Ⅲ的实施要求，推动流动性监管、资本监管、系统性重要金融机构监管等方面实施国际标准，国际银行业呈现平稳发展势头。监管体系的改善、金融环境的日趋稳定，都有利于金融业服务全球经济从连年的低迷中走向复苏。

2. 国内经济增长在转型中放缓，金融领域创新和风险并存

2013 年中国经济增速非预期性回落，通胀水平保持温和可控，投资仍然是中国经济增长的主要动力。新一届政府力推改革，政策红利释放，工业增速回升，经济稳定。但是，部分行业的产能过剩现象仍然严重，有抑制周期性复苏的倾向。当前中国经济环境较为复杂，经济发展中不协调、不可持续的因素仍没有得到根本性改善，未来中国经济要在稳定经济平稳发展的同时积极推进

改革转型。2013年10月底召开的十八届三中全会对全面深化改革问题做出了总体部署，金融领域的改革同样成为改革的重点工作。财税体制改革、金融机构对内对外开放、多层次资本市场体系建设、利率和汇率市场化改革、金融市场监管和宏观调控体系改革、投融资体制改革等多项工作包含其中。“民营银行”、“股票发行注册制”等名词成了民间的热门话题，养老保险、社保体系改革等问题同样引起了广泛关注。

2013年，国内的金融市场体现了改革、创新和风险并存的态势。7月份央行全面放开金融机构贷款利率管制，以及9月份国债期货时隔18年后重新上市体现了利率市场化的稳步推进。8月份，国务院批准的上海自贸区对人民币国际化和资本跨境流动提出了相应的试点和规划。2013年还被称为“中国互联网金融元年”，余额宝、众筹、P2P网贷、比特币等互联网新型业务模式和产品不断出现和快速发展。然而，改革和创新发展的同时，风险也与之并存。地方债务问题依旧严重，8月份国务院启动了全国地方政府性债务审计，年底公布的审计结果显示全国各级政府负有偿还责任的债务206988.65亿元，负有担保责任的债务29256.49亿元，可能承担一定救助责任的债务66504.56亿元，政府性债务不断增加的同时总体风险可控。银行理财、银信银证合作、同业业务等金融机构表外业务快速发展，民间担保、民间借贷等问题不断涌现，中国版的“影子银行”逐渐走入人们视野。金融创新服务经济社会发展的同时，6月份的“钱荒”也使得监管部门和市场认识到了金融创新带来的风险。

2013年12月召开的中央经济工作会议提出坚持稳中求进的工作总基调，按照宏观政策要稳、微观政策要活、社会政策要托底的思路，中央提出，在2014年要继续实施积极的财政政策和稳健的货币政策，进一步完善调整财政支出结构，提高资金使用效率，完善结构性减税政策，扩大营改增试点行业，保持货币信贷及社会融资规模合理增长，改善和优化融资结构和信贷结构，提高直接融资比重，推进利率市场化和人民币汇率形成机制改革，增强金融运行效率和服务实体经济能力。用改革的精神、思路、办法来改善宏观调控，寓改革于调控之中。努力释放有效需求，充分发挥消费的基础作用、投资的关键作用、出口的支撑作用。

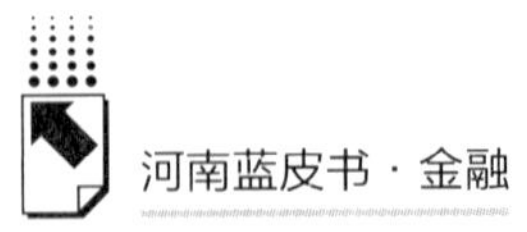

（二）2014 年河南金融运行环境分析

1. 有利条件

根据中央经济工作会议精神，2014 年我国将坚持稳中求进的工作总基调，按照宏观政策要稳、微观政策要活、社会政策要托底的思路，继续实施积极的财政政策和稳健的货币政策。中央宏观调控思路要把宏观经济向稳健增长的方向引导，这一政策意图的落实也有助于为河南经济发展提供一个有利的货币金融环境。此外，2013 年李克强总理曾多次提出要优化金融资源配置，“用好增量、盘活存量”，更有力地支持经济转型升级。未来河南财政资金的使用、金融资源的分配也应当遵循这一导向。

金融体系改革与创新为河南金融发展带来新环境。2013 年，十八届三中全会将金融改革进一步推进，利率、汇率市场化改革，多层次资本市场建设不断深化，财税体制改革、民间金融机构开放、投融资体制改革为区域经济社会和金融市场发展带来了全新的政策环境，国家整体金融监管体系更趋完善。2013 年，金融市场“自下而上”的创新不断涌现，互联网金融这一新型金融业态的发展既为中小企业融资带来了新途径，又为居民理财提供了新的渠道，金融产品更加丰富，金融资源配置效率进一步提高，服务实体经济的力度不断增强。河南省需要在未来利用这股改革创新的热潮，一方面实施推进省内金融机构和金融资源整合，推动金融运作机制创新，另一方面鼓励各类金融机构通过业务创新盘活区域金融资源。2014 年 1 月，我国股票市场 IPO 在停摆 1 年多之后重新开闸，为河南省上市后备企业从股市融资带来了机会。此外，国家社会保障体制的改革将为居民更好、更安心的生活提供制度保障。2014 年，金融业的改革创新将成为促进中原崛起、河南振兴、富民强省的一股重要力量。

三大国家战略为河南金融发展带来了新机遇。2013 年 3 月，国务院正式批复《郑州航空港经济综合实验区发展规划（2013 ~ 2025）》，这是继国家粮食核心区、中原经济区之后，河南又一个上升为国家战略的发展规划。2014 年，河南省将在继续推进中原经济区、粮食核心区规划实施的同时，下大力气推进航空港经济实验区建设。三大国家战略叠加，相辅相成，为河南省带来了

诸多政策红利，河南经济发展气势恢宏。金融是当代经济的核心。无论是发展中原经济区，推动产业结构调整和转型升级、打造河南经济升级版，还是推动农业农村发展、农民增收，以及发展郑州航空经济、临空经济、建设现代综合交通枢纽，都需要金融的支持，大型商业银行、信托、保险、证券、风险和产业投资、村镇银行等各种金融机构和金融业态都将起到重要作用。三大国家战略的推进是河南金融的发展所面临的最为重大的新机遇，如何更好地服务三大国家战略的发展，推动河南经济平稳、快速、高质量发展将成为河南金融业的主要任务。

新型城镇化科学推进为河南金融发展带来新需求。城镇化是未来我国以及河南省扩大内需的最大潜力所在，也是河南经济社会发展诸多矛盾的聚焦点。2013年底的省委九届六次全会通过了《中共河南省委关于科学推进新型城镇化的指导意见》，明确了科学推进新型城镇化的指导思想、主要目标、基本原则和重点任务。这些工作的推进将会进一步带动消费和投资增长，成为明年全省经济增长的重要动力，同时新型城镇化中的资金问题也为河南金融发展提出了新的需求。由于近年来"土地财政"的难以为继，通过财政和金融手段创新资金多元筹措机制将成为河南省科学推进新型城镇化的重要手段。

2. 不利因素

国内外宏观经济和金融市场均存在不确定性。就国际环境而言，尽管世界经济复苏态势明显，但各大经济体和金融市场仍存在一些不确定性。美联储退出量化宽松政策可能引起债券和其他金融市场波动，并导致利率和汇率的风险，在此影响下，部分新兴经济体面临资本流动和融资成本变化的冲击，金融风险上升。不同经济体经济复苏和货币政策态势出现分化，全球经济难言稳定。由此导致的出口需求变化、国际投资变化、利率汇率变动、大宗商品价格变化的风险都可能对河南省发展产生不利影响。从国内来看，经济增速放缓，长期增长动力缺乏，当前经济运行中面临不少风险和挑战。投资驱动的发展模式逐渐力竭的同时，消费的提升缺乏动力。企业受制于融资困难，同时一些行业产能过剩，自主创新能力亟待提升。地方债、影子银行等问题仍然存在，可能使宏观经济和金融市场产生借贷利率上升、金融机构坏账增加、流动性短缺等问题，河南省处于国家宏观经济和金融环境之下也会受其影响。此外，尽管

IPO已经开闸，但是股票市场的财务虚报、高价发行等问题仍然存在，为股票市场发展蒙上了一层阴影。

河南省经济发展仍旧存在问题。从省内看，结构调整任务还很艰巨，新的经济增长点尚未形成，产能过剩现象依然存在。国务院化解过剩产能的五大行业，河南省就有钢铁、水泥、电解铝、平板玻璃四个，这些行业受宏观环境与政策变化影响大，回升空间有限、动力不足，对经济增长的下拉作用仍然会持续较长一段时间。战略性新兴产业占比低，短期内还难以对全省经济形成重要支撑。在经济增长动力缺乏，国家大力淘汰过剩和落后产能的情况下，商业银行的不良贷款比例可能会提高。

地方性的金融机构和问题存在一定风险。全国存在的地方政府性债务问题在河南省也很突出，尽管近几年河南省地方投融资平台不断地进行规范和整合，但是由于新型城镇化推进比较快，政府性债务比例普遍较高；2013年，河南省小微企业不仅贷款增速高于大中型企业，贷款占比也有较大提升，融资状况有所缓和，但在多种因素制约下小微企业的融资缺口仍较大，企业的钱荒问题在特定时期和范围内依旧普遍存在；中小企业担保公司和民间借贷风险尚未消除。2013年底，国务院办公厅下发了《关于加强影子银行业务若干问题的通知》，中小企业担保公司和民间借贷的监管责任将可能下放给地方政府，经历过2012年安阳的担保公司大量违约外逃，河南紧抓了相关问题的治理，风险尽管已经得到一定的缓解，但是依旧普遍存在；金融机构服务三农能力仍有待提高，村镇银行需要进一步发展；居民投资理财需求不能得到有效满足，尽管近年来全国和河南省金融市场上涌现了大量的基金、信托、银行和保险理财等新金融产品，但其中存在宣传失真、兑付风险、收益过低等问题，居民理财需求仍有待进一步满足。

（三）2014年河南金融发展展望

2013年河南省全省经济社会发展稳中有升、稳中有进、稳中向好，运行质量有所改善，内生动力持续增强。全省金融业继续执行稳健性经营的货币政策，银行、保险、证券等行业稳步发展，市场主体不断壮大。未来一年，河南金融将围绕中原崛起、河南振兴、富民强省的总目标，在充分服务河南省经济转型升级的同时，还要继续加大服务中原经济区、粮食生产核心区和郑州航空港经济综合试验区三大国家战略力度，在稳健监管的同时勇于创新，继续提升金融发展的规模和质量，更好地实现了服务区域经济发展的职能。2013 年前 9 个月，全省人民币各项存款余额为 37503.5 亿元，人民币贷款余额为 22591.2 亿元，社会融资规模达到 4703.7 亿元。近年来，河南省的人民币存贷款余额指标的增速在 15%以上，尽管 2014 年河南乃至全国都将面临经济转型、增速放缓的现状，以及居民理财业务发展导致的“存款搬家”，但是我们相信河南的货币信贷指标仍将保持稳定增长。2014 年，全省人民币各项存款余额将会突破 4 万亿元，人民币贷款余额有望突破 2.5 万亿元，社会融资规模将突破 5500 亿元，河南省继续推动有实力有条件的企业到境内外股票市场融资，鼓励各个市（县、区）发行地方政府债券。

中原银行组建推动地区银行和金融资源整合。组建省级银行是河南金融界关心和期盼的大动作。一直以来，河南有着全国最多的城市商业银行，却没有一家本土省级商业银行。2013 年 4 月 11 日，河南省人民政府办公厅下发的《关于印发 2013 年河南省金融工作专项方案的通知》中提到，要积极组建地方法人金融机构，中原银行组建计划重启。中原银行将可能会把河南省 13 家城商行（开封、新乡、南阳、信阳、安阳、鹤壁、商丘、驻马店、漯河、许昌、周口、三门峡、濮阳）进行整合，而运作较好的郑州银行、洛阳银行、平顶山银行、焦作银行则单独保留银行牌照独立发展。2014 年，中原银行的组建工作将逐一稳步推进，有利于整合河南省内的金融资源，为中原崛起、河南振兴提供动力支持。

展望 2014 年，国内外宏观环境仍然错综复杂，我国经济发展已经从高速增长期换挡进入中高速增长期，结构性矛盾仍然突出，维持宏观经济稳定的情况下进行全面深化改革和经济发展方式转型升级成为未来全国经济工作的方向。就金融市场而言，创新与风险并存的情况仍将持续。河南金融将在 2014 年通过稳健监管和积极创新实现市场规模、体制机制、发展质量和市场参与者的全面提升，更好地为中原崛起、河南振兴、富民强省总目标服务。

三　促进河南省金融稳健运行的对策建议

（一）鼓励金融创新，强化金融服务实体经济能力

1. 优化信贷结构，加大信贷投放力度

立足河南实际，紧紧围绕中原经济区、郑州航空港经济综合实验区和国家粮食生产核心区的建设，充分发挥银行作为融资主渠道的作用，鼓励各家银行积极向总行争取在河南的信贷规模支持，稳步增加信贷投放，保证资金供应的合理充裕。要注重加强各种金融工具和融资方式的协调配合，重点增强全省重大基础设施、基本公共服务体系建设，“三农”、节能减排和生态环境等符合国家产业政策，技术水平高、创新能力强、发展前景好的行业和项目，不断优化信贷结构，支持全省经济转型升级实现又好又快发展。

2. 加快金融创新，提升创新服务水平

要紧紧围绕服务实体经济、提高金融产品多样化程度和金融服务个性化水平，着力增强金融创新驱动力，把金融创新作为推动发展的内力。要积极运用政策手段，激励各类金融机构主动创新，充分调动起金融机构和金融从业人员金融创新的积极性和主动性。鼓励银行业金融机构在做优做强传统业务的基础上，积极探索产品、机制及服务模式创新，发展资产托管、基金理财、投资银行等新兴业务，提高金融服务能力和效率，同时，要继续深入探索金融同业合作新模式，不断拓展业务发展空间。

3. 改善金融服务，支持中小企业健康发展

中小企业是全省经济的重要组成部分，而融资难一直是制约中小企业发展的瓶颈之一。国有商业银行应充分发挥支持中小企业发展的主渠道作用，切实加大对中小企业的信贷投放规模，重点支持那些科技含量高、发展前景好、符合国家产业导向的中小企业发展，不断探索标准化的信贷支持模式，确保中小企业贷款增速不低于各项贷款的平均增速。科学引导小额贷款公司、村镇银行、担保公司、典当行等金融组织发展，加强融资模式、服务手段及抵押方式的创新，形成与国有银行贷款相互补充的中小企业金融服务体系，满足其融资

需求。同时，选择一批符合条件的中小企业争取上市融资，试点发行中小企业集合债券和短期融资券，不断提高中小企业直接融资比例。

4. 完善农村金融体系，增强对“三农”和县域经济金融支持

要加快完善全省农村金融组织体系，进一步深化农村信用社改革，不断提高资本实力和抵御风险能力，强化其支农主力军的市场定位，增强支持“三农”和县域经济发展的责任意识及服务意识；科学推进组建村镇银行、小额贷款公司等新型金融机构，鼓励发展满足农村经济特点和需要的金融产品和服务，不断拓宽“三农”融资渠道。立足“三农”和县域经济的生产经营特点，大力推进产品和机制创新，重点围绕基础设施建设、农业产业化、农业高科技、县域中小企业转型升级等领域加强产品和服务创新，打破传统的抵押担保要求，探索抵押、质押和联保贷款新模式，切实提升农村金融服务质量和水平。

（二）深入推进改革开放，形成多元化的金融组织体系

1. 继续深化地方金融组织体系改革

推动河南现有金融机构加快改革创新，不断丰富、完善金融产品，改进、提升金融服务，使其成为资产质量优良、管理规范、核心竞争力强的现代银行机构；支持中原信托、百瑞信托、中原证券等加大创新力度，转变发展模式，不断扩充其资本实力，打造差异化的核心竞争力，在条件成熟的情况下大力拓展海外市场，逐步提升其参与国际市场竞争的能力。依托河南独特的区位优势、产业优势及三大国家战略所带来的政策优势，积极吸引各类金融机构和金融中介机构来豫设立地区性总部、分支机构，或是与本地金融机构开展深层次的合作。着力加快组建省级银行进程，目前，省级银行组建取得了实质性进展，以13家城市商业银行合并组建中原银行的方案初步获得通过，下一步要加快对13家城市商业银行进行清产核资，综合考虑各种有利条件和制约因素，争取早日组建完成。进一步深化中小金融机构改革，不断完善农村信用社的经营管理体制，探索建立村镇银行等农村新型金融机构，探索整合部分省辖市城区农村信用社组建农村商业银行，不断完善农村金融服务体系，增强农村金融发展活力。

2. 进一步推进保险行业优化发展

要积极推进全省保险行业实现优化升级，推动保险业走差异化发展道路，在扩大现有保险机构经营规模的基础上，突出自身的竞争优势，确立不同的市场定位和管理模式，从技术、品牌、管理及后台支持等方面不断提高保险行业的差异化经营水平，持续拓展全省保险业的发展空间。着力优化保险市场空间布局，吸引境内外优秀保险机构进驻河南，鼓励多种资本形式参与保险行业的发展，支持特色鲜明的地方保险机构率先做大做强，打造著名保险品牌。在提升传统保险形式的同时，结合社会保障体系改革，探索发展农业保险、巨灾保险、责任保险，不断完善农村医疗合作保险、养老保险、健康保险，努力提高保险业服务水平，为全省经济社会加快发展保驾护航。

3. 加快推进郑东新区金融集聚核心功能区建设

要充分抓住中原经济区和郑州航空港经济综合实验区加快建设的重大历史机遇，立足郑东新区独特的区位优势、完善的基础设施、良好的金融产业优势，加快推进郑东新区金融集聚核心功能区建设。一方面要推动各类金融机构集聚发展。积极吸引各类金融机构省级总部集聚郑东新区，支持银行、证券、保险、信托、基金等金融机构设立区域性总部并开展各项金融业务，引导小额贷款公司、担保公司、典当行等准金融机构科学发展，形成与传统金融互相补充的、完善的区域金融体系，增强全省金融业发展活力；另一方面要健全和完善金融后台服务支持体系，提升全省金融后台服务能力。依托郑东新区金融后台服务园区，鼓励引导更多境内外金融机构在此设立金融后台服务中心、基地等，力争将郑东新区建设成为立足郑州、服务中原、辐射中西部的全国重要的金融中后台项目集聚区。

4. 努力提升金融业对外开放水平

要牢固树立开放理念，塑造浓厚的开放氛围，支持省内金融机构加强与外资金融机构展开合作，鼓励外资金融机构入股省内的城市商业银行、农村信用社等中小金融机构，通过先进的业务技术、经营理念及管理模式的渗入，不断提升河南本土金融机构的整体发展水平和市场竞争力。抓住中原经济区和郑州航空港经济综合实验区建设的有利契机，加强与世界银行、亚洲开发银行等国际金融组织的合作，深化跨区域金融交流与合作，积极承接金融产业转移和金

融功能外溢；推动金融创新先行先试，探索进行跨境人民币贸易和投资业务，争取开展电子商务国际结算业务，发展和完善综合保税区离岸金融业务。

（三）大力发展资本市场，健全分层有序的金融市场体系

1. 着力推进企业上市融资

加强对企业上市的组织和领导，不断优化政策环境，在专项扶持资金、项目落地导向等方面对企业进行引导和扶持，积极推动符合条件的企业通过资本市场进行融资，对于已经实现上市融资的企业要进行适当奖励。要加强对拟上市企业的跟踪服务，督促企业按照证券市场的相关要求规范运作，保持生产经营活动的稳定增长，推动其尽快实现上市。加强对企业上市后备资源的培育，综合考察企业实力，根据资本市场不同板块上市条件的特点和差异，结合企业的经营状况、发展前景及口碑信誉等方面，筛选建立优质后备企业数据库，对企业上市进行重点扶持与指导。

2. 充分发挥债券市场融资功能

债券市场是资本市场体系的重要组成部分。大力发展债券市场，不仅有助于缓解经济社会发展中的资金瓶颈问题，降低企业的财务成本，提高企业经营管理水平，同时还具有经济稳定器的作用，因此必须充分发挥债券市场对实体经济融资的服务功能。要适当放宽企业发行债券的相关制度限制，鼓励本省中小企业扩大短期融资券、中期票据、中小企业集合票据等发行规模，加快发行区域集优债券，创新中小企业融资模式。着力培育发债主体，重点支持先进制造业、高成长性服务业、基础设施、能源保障等领域的企业集团发行债券募集建设资金。支持河南地方性法人金融机构发行债券补充资本金，提高风险抵御能力，鼓励其扩大小型、微型企业金融债券的发行规模，增强其对小型、微型企业的信贷投放能力。

3. 发展壮大期货市场

随着中原经济区建设的不断推进，河南作为全国粮食生产核心区和现代农业基地的战略地位将更加重要，优势进一步凸显，这将为包括粮油在内的农产品行业带来良好的发展机遇。首先，要继续加大对郑州商品交易所的支持力度。郑州商品交易所是我国第一家期货交易所，目前期货交易品种主要包括了

粮、棉、油、糖等大宗农产品。下一步，要着力加强对期货新品种的研究开发力度，逐步健全农产品期货品种体系和架构体系，不断完善大宗期货商品价格形成机制，谋取交易品种的国际定价权，力争把郑州商品交易所打造成为品种齐全、服务先进、竞争力强的现代化期货交易所。此外，加强对期货公司及其功能作用的宣传，使更多人了解其价格发现与规避风险功能，从而在日常生产经营活动中主动利用期货及其他衍生品工具进行风险管理与套期保值，增强期货市场服务实体经济的能力。

（四）优化金融生态环境，提升金融服务经济社会的质量和水平

金融生态环境建设是一项长期而又复杂的工程，需要多个部门、采取多项措施共同努力，方能达到预期的成效。

1. 加快社会信用体系建设

社会信用体系是现代市场经济和金融体系正常运转的基础。要研究、出台个人信用、企业信用征集和使用管理、信用服务机构监督、信用信息查询等一系列与征信活动相关的法规，逐步建立健全全省征信法律法规体系。加快构建和完善征信信息平台，利用已有和在建的网络基础设施，不断完善企业和个人的基础信息，以及工商、税务、法院、质监等部门的相关信用信息，扩大征信数据库的覆盖面，完善信息共享机制，强化金融机构科学决策的信息支撑。引导会计师事务所、审计师事务所、征信机构、信用评级机构等信用中介机构规范发展，在提升专业技能水平的同时，加强职业道德、纪律的培养，提高行业整体服务水平。同时，要努力培育政府、社会、个人的诚信意识，挖掘河南金融文化内涵，逐步形成有河南特色并兼具包容性的金融文化价值体系。

2. 规范发展中小企业信用担保机构

进一步加强政府的支持引导作用，尽快出台并完善针对中小企业信用担保机构发展的各项扶持政策，明确在政府注资、减税等方面的优惠政策，引导和鼓励民间资本进入融资性担保行业，增强行业的资本实力，推动建立能够有效防范和化解风险的风险分担机制，明确担保机构和商业银行之间合理的风险分担比例，解决担保机构风险偏大、利润偏低等问题以促进其稳健发展。探索建立风险准备金制度、再担保体系等，加快构建多层次的担保机构风险补偿机

制，有效防范、控制、分解和化解风险，支持全省信用担保机构做强做大。加强对担保机构的监督管理，建立健全担保机构的市场准入、日常监管和退出机制，进一步规范其经营行为，督促其完善各项风险管理制度，以保障担保业务健康发展。

3. 积极稳妥地引导民间金融发展

适当放宽市场准入，积极引导民间资本进入金融领域和实体经济，拓宽民间资本投资范围，支持民间资本参与城市商业银行、农村信用社的改制工作，鼓励民间资本发起设立村镇银行、小额贷款公司、农村资金互助社等金融机构，将那些信誉良好、管理规范、业绩优良的民间金融组织逐步转化为民营中小银行，从而促进民间金融的规范发展。优化民间金融发展的法制环境，将民间金融尽快纳入统一的金融监管体系，加快立法以赋予民间金融合法地位，针对民间金融的特点明确其经营范围和经营模式，引导完善内部风险防范与控制机制，充分激发民间金融的发展活力，以缓解经济社会发展中巨大的融资需求。

4. 构建专业化的金融人才队伍

人力资源是生产活动中最为活跃的因素，对生产力的发展起着决定性的作用。因此，要强化人力资源是第一资源的观念，为金融人才成长创造良好的环境，加大投入力度，采取引进和培训相结合的方式构建多层次金融人才队伍。结合河南金融业发展规划制定金融业人才培养与发展专项计划，实现金融机构需求与高等院校培养的对接。定期对金融从业人员进行专项培训和综合业务培训，促进金融从业人员的知识更新，提升整体综合素质。制定和完善中高端亟须金融人才引进、培养和使用的优惠政策，着力引进境内外金融创新领军人才、拔尖人才、紧缺人才和创新团队，不断满足全省金融业加快发展过程中的人才需求。

（五）强化风险监管、防范金融风险

强化风险监管、防范金融风险可以从两个方面入手：一是构建区域金融风险控制体系，二是建立区域金融监管协作机制。

1. 构建区域金融风险控制体系

构建区域金融风险控制体系，金融监管体系的核心构架在于构建金融风险评估和金融风险识别体系，定期监测区域金融风险，并发布监测报告，从而防范区域性系统风险以及市场风险的发生。此外，要加强对国内国际潜在金融风险的理论研究，建立区域金融非系统性风险的应急预案，提高区域金融的稳定水平。

2. 建立区域金融监管协作机制

建立包含河南省金融办、银监局、保监局、证监局、工商税务等机构在内的区域金融风险监管协调机制。进一步加强地方金融监管部门之间的协调，通过协调合作，不断提供区域性金融风险的监管能力。对于非正规金融机构，如担保公司、小额贷款公司等，也要建立常态化的监管机制，保持区域金融市场稳定、有序、健康发展。

B.2

河南省城市金融竞争力评价报告

河南省社会科学院课题组*

摘　要：

金融发展是河南省经济发展的短板，提升金融发展竞争力具有重要的现实意义。本文首次构建包含金融产业绩效、金融机构实力、金融市场规模、金融市场开发程度、金融发展生态环境在内的河南省城市金融竞争力评价体系，基于《河南省统计年鉴（2013）》的统计数据，利用熵值法，对河南省18个主要地市区的城市金融竞争力进行评价，以期找出全省区域金融发展特点、城市金融竞争力的差距及其原因，并提出了提升河南省城市金融竞争力水平的政策建议，以加快全省金融产业的发展，不断提高金融业服务河南省经济转型的能力。

关键词：

河南　城市金融　金融竞争力　评价

一　城市金融竞争力评价的重要意义

（一）河南省金融发展的概况

多年来，在省委、省政府的大力支持下，河南省金融监管机构实行稳健的货币政策，金融业取得了一定的发展成果。截至2013年10月底，全省银行机构存款余额突破35000亿元，月均存款余额35630.763亿元，月均存款增速

* 课题组负责人：喻新安、谷建全；课题组成员：完世伟、赵然、石涛、武文超、王芳。

1.31%；贷款余额保持20000亿元以上规模，月均贷款余额21702.125亿元，月均贷款增速1.19%；在控制不良贷款率低于2%的前提下，全行业累计实现赢利503.22亿元。保险行业月均保费收入459.66亿元，月均增速27.57%；月均保费支出129.58亿元，月均增速31.41%，实现月均保费赢利358.13亿元，月均赢利增速13.10%。证券行业，辖区内共有上市公司65家，待发行1家，再审公司17家，辅导公司21家；证券经营机构155家，开户数为414.90万户，代理交易金额达到6648.01亿元；期货经营机构78家，开户数7.27万户，代理交易金额达到80388.23亿元。

金融是现代经济的核心，金融业发展的好坏，直接关系着全省经济发展的水平以及国计民生状况。当前，河南省金融业发展取得了一定的成果，但是，与国内先进省市相比，还存在效率不高、竞争力不强等问题；与助推全省经济转型的要求相比，金融业仍然是打造全省经济升级版的薄弱环节。提升金融业发展质量，提高金融业竞争力具有急迫性，开展全省城市金融竞争力评价工作意义十分明显。

（二）构建河南省城市金融竞争力评价的现实意义

当前，全省积极以国家粮食核心区、郑州航空港国家综合试验区、中原经济区的建设为契机，努力打造经济升级版，但是，与河南省GDP全国第五的地位相比，河南省金融业发展与之不相匹配。开展河南省城市金融竞争力的评价，对全省主要城市金融发展的各项指标进行定量分析研究，发现问题，解决问题，提升竞争力，具有重要的现实意义。一是城市金融竞争力评价可以客观地分析全省主要城市金融发展竞争力水平、发展潜力。通过城市金融竞争力评价体系，可以横向、纵向对比分析全省主要城市金融发展的各项现状，客观公正地反映全省城市金融发展的态势及存在的问题，避免了唯总量的单一或主观评价标准。二是能够为全省主要城市金融管理者提供金融业发展的决策依据。通过评价城市金融竞争力，我们可以分析促进金融业发展的微观部分的发展现状，从而反映各个地区金融业发展的不足，以及具有的优势部分，为省委、省政府及各地区金融业管理者制定关于金融业发展的未来规划提供决策参考依据。

二　城市金融竞争力评价指标体系的设计及方法选择

（一）城市金融竞争力的内涵

亚当·斯密和大卫·李嘉图的资源禀赋论可以认为是竞争力分析的早期原理。目前，国内城市金融竞争力的内涵并没有统一的认识，参照倪鹏飞博士主编的《中国城市竞争力报告（2013）》关于城市竞争力的观点，结合现有学者的研究成果，本文将城市金融竞争力定义为在金融经营、金融环境、金融政策等多重因素的创造和维持下，为城市金融自身发展提供区域资源优化配置的能力。

对城市竞争力的评价源于20世纪80年代，最早开始研究的是瑞士洛桑国际管理学院，他们认为金融竞争力是国家金融竞争力的重要组成部分，并将金融竞争力分为四大类27个指标，也即资本市场效率竞争力、资本成本竞争力、银行部门效率竞争力以及股票市场活力竞争力，不足之处在于该体系中并没有体现金融市场的规模，因而适合国家金融竞争力的评价，不适合城市等区域性金融竞争力的评价。Z/Yen公司从市场发展度、商业环境、人才环境、城市综合竞争力以及基础设施等方面构建城市金融竞争力评价指标体系，并对巴黎、纽约等城市的金融竞争力进行评价，使该指标体系成为国际权威性的评价指标。国内学者褚伟（2002）、张建森等（2008）、谢太峰等（2010）、梁小珍等（2011）、李正辉等（2012）、周孝坤等（2013）等对国内城市金融竞争力进行了评价，但是对区域性的金融竞争力评价，还存在不足，尤其是对城市基础设施、生态环境等方面的关注力度不够。因此，结合国内现有学者的研究成果，基于河南省金融业发展的现状，本文将构建河南省城市金融竞争力评价体系，对河南省城市金融竞争力进行客观、科学、合理的评价。

（二）河南省城市金融竞争力评价指标体系的设计原则

作为农业大省、工业大省，河南省金融发展具有其特殊性，在构建河南省城市金融竞争力体系时，必须基于这个现状，城市金融竞争力评价要对城市金融发展进行科学合理的评价，反映城市金融发展的现状，发现发展中存在的问题。同时，在考虑省情的情况下，评价要符合理论研究成果，也要遵循数据可得性。因此，在构建河南省城市金融竞争力评价指标体系时，本文将遵循以下原则。

1. 科学性原则

城市金融竞争力体系的构建必须是建立在科学性原则的基础上的，也即在现有理论研究的指导下，使得指标体系在概念以及逻辑结构上合理、严谨，反映被评价对象的实质。同时，必须理论结合实际，尊重被评价对象的客观现实，对其进行客观评价。

2. 结构优化原则

评价指标体系中的诸多指标之间是相互联系、相互交织的。因此，为避免内在联系的层次叠合，要围绕结构优化原则，明晰城市金融竞争力评价指标的层次性，增强指标之间的系统性。

3. 可操作性原则

城市金融竞争力评价要遵循可操作性原则，一方面简化指标体系，评价方法能够保证科学、客观；另一方面，要遵循数据可得性，保证被评价对象评估数据的获得渠道可信，评估数据易得。

（三）河南省城市金融竞争力评价指标体系结构

在现有理论研究的基础上，结合河南省金融发展的现状，本文构建的河南省城市金融竞争力评价体系包含五个部分：金融业绩效、金融机构实力、金融市场规模、金融市场开放程度、金融发展生态环境，其中，加大了对金融发展生态环境的评价力度，具体如表1所示。

表1　河南省城市金融竞争力评价指标体系

一级指标	二级指标	三级（四级）指标
金融业绩效	金融业增加值	金融业增加值、金融产值占GDP的比重
	金融从业人员	金融从业人员人数、金融从业人员占全体劳动人数的比重
	金融总资产	金融业总资产及其年增长率

续表

一级指标	二级指标	三级(四级)指标
金融机构实力	银行类机构	本地市场业务量(存款总额、贷款总额)、本地法人机构(国内前十名金融机构数量、国内前十名金融机构资产规模)
	证券类机构	本地上市公司规模(上市公司总市值、上市公司数)、本地法人机构(国内前十名金融机构数量、国内前十名金融机构资产规模)
	保险类机构	本地保险业务量(保费收入、赔付及给付额)、本地法人机构(国内前十名金融机构数量、国内前十名金融机构资产规模)
金融市场规模	股票市场	证券交易额
	债券市场	国债债券发行额
	货币市场	同业拆解市场(交易额)、回购市场(交易额)、票据市场(交易额)
金融市场开放程度	吸收程度	金融保险业实际利用外资额、利用省外资金额
	吸纳程度	年末外商企业数、进出口总额
金融发展生态环境	经济发展状况	地区生产总值、第三产业增加值、固定资产投资总额
	安居环境	卫生环境状况(垃圾无害化处理率)、城市绿化(城市绿化覆盖率、人均公共绿地面积)、生活状况(恩格尔系数)
	基础设施	通信能力(固定电话用户数、年末移动电话用户数、国际互联网用户数)、城市交通交通能力(人均道路面积、万人城市轨道交通数)
	教育资源状况	教育环境(万人普通高等学校数)、公共图书馆、公共图书馆藏书量
	社会治安环境	交通事故发生数、火灾事故发生数

（四）河南省城市金融竞争力评价指标说明

1. 金融业绩效

金融业绩效指标直观地反映了城市金融竞争力的大小，表现为金融业的规模以及金融业的人员等指标。参照国家金融统计年鉴和城市统计年鉴的标准，结合指标设计的原则，本文构建的金融业绩效指标包括金融总资产、金融业增加值、金融从业人员三个二级指标，其中，金融总资产用金融行业总资产及其增长率来量化；金融业增加值用金融业增加值、金融产值占 GDP 的比重来量化；金融业从业人员用金融从业人员人数、金融从业人员占全体劳动人数的比重来量化。

2. 金融机构实力

金融机构包括银行、证券、保险三大类，是城市金融的核心组成部分。金融机构实力主要用来展示城市金融发展的实力，包括银行机构的实力、证券机构的实力以及保险机构的实力等三部分，其中，银行机构及证券机构的实力由本地市场业务量（存款总额、贷款总额）、本地法人机构（国内前十名金融机构数量、国内前十名金融机构资产规模）等指标来量化；保险机构的实力由本地保险业务量（保费收入、赔付及给付额）、本地法人机构（国内前十名金融机构数量、国内前十名金融机构资产规模）等指标来量化。

3. 金融市场规模

依照中国人民银行关于金融市场的界定，金融市场包括股票市场、债券市场、货币市场、外汇市场、贵金属市场等，但是，地方区域性金融中主要关注的还是具有地方区域性差异的市场，包括股票市场、债券市场等。基于河南省区域金融的实际，本文的金融市场规模指标的二级指标包括股票市场、债券市场以及货币市场等三个市场，其中，股票市场由证券交易额来量化；债券市场由国债债券发行额来量化；货币市场由同业拆解市场（交易额）、回购市场（交易额）、票据市场（交易额）等指标来量化。

4. 金融市场开放程度

金融市场的开放程度，与金融市场的发展具有密切的关系，尤其是与金融市场的人才引进、资金的引进、管理理念的引进等都有直接的关联。考虑到区域金融的特殊性，本文对金融市场开放程度的量化主要从吸收与吸纳两个方面进行。其中，吸收程度主要是吸收外资的规模，包括金融保险业实际利用外资额、利用省外资金额等；吸纳程度主要是吸纳外企的数量，包括年末外商企业数、进出口总额等。

5. 金融发展生态环境

金融发展生态环境是金融产业发展的外部环境，是金融发展不可或缺的组成部分。一般而言，城市金融发展会受到当地经济发展程度、安居环境等指标

的影响，因此，本文构建的城市金融发展生态环境指标包括经济发展状况、安居环境、基础设施、教育资源状况、社会治安环境。其中，经济发展状况指标包含地区生产总值、第三产业增加值、固定资产投资总额等次级指标；安居环境包括卫生环境状况（垃圾无害化处理率）、城市绿化（城市绿化覆盖率、人均公共绿地面积）、生活状况（恩格尔系数）等次级指标；基础设施包括通信能力（固定电话用户数、年末移动电话用户数、国际互联网用户数）、城市交通交通能力（人均道路面积、万人城市轨道交通数）等次级指标；教育资源状况包括教育环境（万人普通高等学校数）、公共图书馆、公共图书馆藏书量等次级指标；社会治安环境包括交通事故发生数、火灾事故发生数等次级指标。

（五）城市金融竞争力评价方法

1. 金融竞争力方法评述

从现有研究成果来看，金融综合竞争力评价的方法主要有主成分分析法、因子分析法、层次分析法、熵值法、数据包络分析法等（梁小珍等，2011；李正辉等，2012；周孝坤，2013）。一方面，主成分分析法、因子分析法、层次分析法，均需要样本数为变量数的3倍及以上才能够通过KMO以及球形检验；另一方面，主成分分析法与因子分析法会从现有样本中自主选择相应的成分，从而打乱了最开始的评价体系划分，不能综合评价样本。层次分析法的不足之处在于难以客观地确定指标的权重，一旦选取专家打分赋权法，就会增加评价的主观性。数据包络分析法主要是分析投入与产出的效率，不能够细分指标的实际效能。而熵值法能够细分指标的效能，不受样本量与变量数目的限制，且权重由样本自身确定，不受主观约束。综上，本文主要采取熵值法，评价河南省城市金融竞争力状况。

2. 金融竞争力评价方法原理

作为一种常见的综合竞争力评价方式，熵值法是一种客观赋权法，该法依据评价指标承载的信息量来确定相应指标的权重，从而确定指标的最终得分。

（1）确立样本数据矩阵

我们假设被评价样本总体为矩阵 $A = \{X_{ij}\}_{nm}$，其中个体 X_{ij} 表示第 i 个方案的第 j 个指标的数值，有：

$$A = \begin{pmatrix} X_{11} & \cdots & X_{1m} \\ \vdots & \vdots & \vdots \\ X_{n1} & \cdots & X_{nm} \end{pmatrix}_{nm}$$

n 表示有指标的个数，m 表示样本的个数，在本文分析中，$n=37$，$m=18$。

（2）数据的非负化处理

由于熵值法计算的是某一指标占同一指标总值的比重，故不需要进行数据的标准化处理，但是如果有负数存在，就必须进行非负化处理。为了避免求熵值时对数的无意义，故而对数据进行平移。

正向指标，有：

$$X'_{ij} = \frac{X_{ij} - \min(X_{1j}, X_{2j}, \cdots, X_{nj})}{\max(X_{1j}, X_{2j}, \cdots, X_{nj}) - \min(X_{1j}, X_{2j}, \cdots, X_{nj})} + 1,$$

其中，$i = 1, 2, \cdots, n; j = 1, 2, \cdots, m$

负向指标，有：

$$X'_{ij} = \frac{\max(X_{1j}, X_{2j}, \cdots, X_{nj}) - X_{ij}}{\max(X_{1j}, X_{2j}, \cdots, X_{nj}) - \min(X_{1j}, X_{2j}, \cdots, X_{nj})} + 1,$$

其中，$i = 1, 2, \cdots, n; j = 1, 2, \cdots, m$

记非负化处理后的数据为 X_{ij}。

（3）计算第 i 个方案在第 j 项指标下占该指标的比重

第 i 个方案在第 j 项指标下占该指标的比重为：

$$P_{ij} = \frac{X_{ij}}{\sum_{i=1}^{n} X_{ij}} (j = 1, 2, \cdots, m)$$

（4）第 j 项指标熵值的计算

第 j 项指标熵值 $e_{ij} = -k \times \sum_{i=1}^{n} P_{ij}(\ln(P_{ij}))$，其中 $k > 0$，一般令 $k = \frac{1}{\ln m}$，则有，$e_{ij} \in [0,1]$，为避免对数计算时无数学意义的值出现，故修正第 j 项指标下第 i 个方案在占该指标比重的计算公式为：$p_{ij} = \frac{1 + X_{ij}}{1 + \sum_{i=1}^{n} X_{ij}}$。

(5) 第 j 项指标差异系数的计算

第 j 项指标，指标值 X_{ij} 的差异越大，对方案评价的作用越大，熵值就越小。则有：$g_j = 1 - e_j$，g_j 越大说明该指标越重要。

(6) 第 j 项指标权数的计算

第 j 项指标的权数为：

$$W_j = \frac{g_j}{\sum_{j=1}^{m} g_j}, j = 1,2\cdots,m$$

(7) 第 i 个方案的综合得分

第 i 个方案的综合得分为：

$$S_{ij} = \sum_{j=1}^{m} W_j \times P_{ij}(i = 1,2,\cdots,n)$$

S_{ij} 值越大，说明该指标越优，反之，越差。

三　河南省城市金融竞争力评价结果及分析

（一）数据来源及数据处理

本报告采用的河南省城市金融竞争力评价指标体系中包含有 35 个指标，运用《河南省统计年鉴（2013）》对郑州、洛阳等 18 个城市的截面数据来对河南省城市金融竞争力进行评价。受到数据来源的限制以及相关指标的国内统一性，在实证部分采用的指标与前文构建的评价指标体系中的指标有所区别。第一，金融总资产没有权威机构的统计数据，量化统计具有一定的复杂性，统计的可操作性低，故在评价金融业绩效时，没有采用金融总资产指标。第二，由于银行市场、保险市场、证券市场的本地法人机构状况的相关数据在地级城市中的机构数量差异很大，也即数据会存在异方差干扰评价结果，故在评价金融机构实力时，没有采用本地法人机构状况指标。第三，由于国内货币市场的交易利率是受国家限制的，回购市场、票据市场的利率是统一的，同业拆借的现实利率数据不可获得，且地市级城市的货币市场存量较小，故在评价金融市场规模时采用评价货币市场指标。基于指标选取的原则、城市金融竞争力的内涵要求以及河南省城市金融发展的现状，筛选后的指标体系对城市金融竞争力的评价更具有科学性、现实性、合理性。

（二）评价结果及分析

1. 河南省城市金融竞争力综合排名分析

表2是河南省18个地市（不含县级市）的金融竞争力评价得分及排名，涵盖了所评价城市金融竞争力的6个部分：城市金融综合竞争力、金融业绩效竞争力、金融机构实力、金融市场规模、金融开放程度、金融发展生态环境。

表2 河南省城市金融竞争力排名

地区	综合竞争力		金融业绩效竞争力		金融机构实力		金融市场规模		金融市场开放程度		金融发展生态环境	
	得分	排名	得分	排名	得分	排名	得分	排名	得分	排名	得分	排名
郑州市	0.0856	1	0.0119	1	0.0171	1	0.0051	1	0.0124	1	0.0392	1
洛阳市	0.0614	2	0.0082	3	0.0114	2	0.0036	2	0.0084	2	0.0297	3
南阳市	0.0567	3	0.0070	8	0.0098	4	0.0030	6	0.0072	5	0.0297	4
信阳市	0.0559	4	0.0069	9	0.0093	12	0.0029	9	0.0064	16	0.0304	2
新乡市	0.0555	5	0.0072	6	0.0095	8	0.0029	10	0.0075	3	0.0285	5
焦作市	0.0553	6	0.0083	2	0.0098	3	0.0031	4	0.0073	4	0.0268	11
平顶山市	0.0552	7	0.0079	5	0.0097	6	0.0030	7	0.0069	11	0.0276	9
周口市	0.0542	8	0.0068	11	0.0094	9	0.0029	11	0.0070	10	0.0282	6
安阳市	0.0541	9	0.0069	10	0.0097	5	0.0030	5	0.0072	6	0.0273	10
商丘市	0.0534	10	0.0065	15	0.0093	11	0.0029	8	0.0071	8	0.0277	8
许昌市	0.0529	11	0.0066	12	0.0095	7	0.0031	3	0.0070	9	0.0267	12
驻马店市	0.0528	12	0.0065	13	0.0093	10	0.0028	13	0.0065	15	0.0277	7
三门峡市	0.0527	13	0.0081	4	0.0090	15	0.0027	16	0.0068	12	0.0261	16
开封市	0.0519	14	0.0062	18	0.0093	14	0.0027	15	0.0071	7	0.0267	14
濮阳市	0.0515	15	0.0063	16	0.0093	13	0.0029	12	0.0064	17	0.0267	13
漯河市	0.0513	16	0.0065	14	0.0089	16	0.0028	14	0.0066	13	0.0266	15
鹤壁市	0.0506	17	0.0071	7	0.0087	18	0.0026	18	0.0065	14	0.0257	17
济源市	0.0490	18	0.0062	17	0.0087	17	0.0027	17	0.0063	18	0.0251	18

（1）河南省城市金融竞争力综合评价

河南省城市金融竞争力实力居前五位的依次是：郑州市（得分 0.0856，第 1 位）、洛阳市（得分 0.0614，第 2 位）、南阳市（得分 0.0567，第 3 位）、信阳市（得分 0.0559，第 4 位）、新乡市（得分 0.0555，第 5 位）。

河南省城市金融竞争力实力居后五位的依次是：济源市（得分 0.0490，第 18 位）、鹤壁市（得分 0.0506，第 17 位）、漯河市（得分 0.0513，第 16 位）、濮阳市（得分 0.0515，第 15 位）、开封市（得分 0.0519，第 14 位）。

（2）河南省城市金融业绩效竞争力评价

河南省城市金融业绩效竞争力居前五位的依次是：郑州市（得分 0.0119，第 1 位）、焦作市（得分 0.0083，第 2 位）、洛阳市（得分 0.0082，第 3 位）、三门峡市（得分 0.0081，第 4 位）、平顶山市（得分 0.0079，第 5 位）。

河南省城市金融业绩效竞争力居后五名的依次是：开封市（得分 0.00615，第 18）、济源市（得分 0.00623，第 17 位）、濮阳市（得分 0.0063，第 16 位）、商丘市（得分 0.006476，第 15 位）、漯河市（得分 0.006477，第 14 位）。

（3）河南省城市金融机构实力评价

河南省城市金融机构实力居前五位的依次是：郑州市（得分 0.0171，第 1 位）、洛阳市（得分 0.0114，第 2 位）、焦作市（得分 0.00979，第 3 位）、南阳市（得分 0.00975，第 4 位）、安阳市（得分 0.00972，第 5 位）。

河南省城市金融机构实力居后五位的依次是：鹤壁市（得分 0.00866，第 18 名）、济源市（得分 0.00868，第 17 位）、漯河市（得分 0.0089，第 16 位）、三门峡市（得分 0.0090，第 15 位）、开封市（得分 0.0093，第 14 位）。

（4）河南省城市金融市场规模评价

河南省城市金融市场规模居前五位的依次是：郑州市（得分 0.0051，第 1 位）、洛阳市（得分 0.0036，第 2 位）、许昌市（得分 0.00308，第 3 位）、焦作市（得分 0.00307，第 4 位）、安阳市（得分 0.00304，第 5 位）。

河南省城市金融市场规模居后五位的依次是：鹤壁市（得分 0.0026，第 18 位）、济源市（得分 0.00268，第 18 位）、三门峡市（得分 0.00271，第 16 位）、开封市（得分 0.00272，第 15 位）、漯河市（得分 0.00276，第 14 位）。

（5）河南省城市金融市场开放程度评价

河南省城市金融市场开放程度居前五位的依次是：郑州市（得分0.0124，第1位）、洛阳市（得分0.0084，第2位）、新乡市（得分0.0075，第3位）、焦作市（得分0.0073，第4位）、南阳市（得分0.0072，第5位）。

河南省城市金融市场开放程度居后五位的依次是：济源市（得分0.0063，第18位）、濮阳市（得分0.0064，第17位）、信阳市（得分0.00643，第16位）、驻马店市（得分0.00646，第15位）、鹤壁市（得分0.00649，第14位）。

（6）河南省城市金融发展生态环境竞争力评价

河南省城市金融发展生态环境竞争力居前五位的依次是：郑州市（得分0.0392，第1位）、信阳市（得分0.0304，第2位）、洛阳市（得分0.0297，第3位）、南阳市（得分0.0297，第4位）、新乡市（得分0.0285，第5位）。

河南省城市金融发展生态环境竞争力居后五位的依次是：济源市（得分0.0251，第18位）、鹤壁市（得分0.0257，第17位）、三门峡市（得分0.0261，第16位）、漯河市（得分0.02661，第15位）、开封市（得分0.02668，第14位）。

2. 河南省城市金融业绩效竞争力评价分析

表3是河南省城市金融业绩效竞争力排名，金融业绩效主要分为两个部分：一是金融业增加值，二是金融从业人员。

表3　河南省城市金融业绩效竞争力排名

地　区	金融业绩效		金融业增加值		金融从业人员	
	排名	总分	排名	总分	排名	总分
郑州市	0.0119	1	0.0055	1	0.0063	1
洛阳市	0.0082	3	0.0037	2	0.0046	4
南阳市	0.0070	8	0.0032	6	0.0038	7
信阳市	0.0069	9	0.0032	5	0.0037	12
新乡市	0.0072	6	0.0034	4	0.0038	9
焦作市	0.0083	2	0.0031	9	0.0052	3
平顶山市	0.0079	5	0.0035	3	0.0044	5

续表

地　　区	金融业绩效		金融业增加值		金融从业人员	
	排名	总分	排名	总分	排名	总分
周 口 市	0.0068	11	0.0030	11	0.0038	8
安 阳 市	0.0069	10	0.0032	8	0.0037	11
商 丘 市	0.0065	15	0.0030	12	0.0035	13
许 昌 市	0.0066	12	0.0032	7	0.0035	16
驻马店市	0.0065	13	0.0031	10	0.0035	15
三门峡市	0.0081	4	0.0029	14	0.0053	2
开 封 市	0.0062	18	0.0029	15	0.0033	18
濮 阳 市	0.0063	16	0.0029	16	0.0034	17
漯 河 市	0.0065	14	0.0028	18	0.0037	10
鹤 壁 市	0.0071	7	0.0030	13	0.0041	6
济 源 市	0.0062	17	0.0028	17	0.0035	14

（1）河南省城市金融业增加值评价

河南省城市金融业增加值评价居前五位的依次是：郑州市（得分0.0055，第1位）、洛阳市（得分0.0037，第2位）、平顶山市（得分0.0035，第3位）、新乡市（得分0.0034，第4位）、信阳市（得分0.00322，第5位）。

河南省城市金融业增加值评价居后五位的依次是：漯河市（得分0.00276，第18位）、济源市（得分0.0028，第17位）、濮阳市（得分0.00285，第16位）、开封市（得分0.00286，第15位）、三门峡市（得分0.00287，第14位）。.

（2）河南省城市金融从业人员竞争力评价

河南省城市金融从业人员竞争力居前五位的依次是：郑州市（得分0.0063，第1位）、三门峡市（得分0.0053，第2位）、焦作市（得分0.0052，第3位）、洛阳市（得分0.0046，第4位）、平顶山市（得分0.0044，第5位）。

河南省城市金融从业人员竞争力居后五位的依次是：开封市（得分0.0033，第18位）、濮阳市（得分0.0034，第17位）、许昌市（得分0.0035，第16位）、驻马店市（得0.0035，第15位）、济源市（得分0.0035，第14位）。

3. 河南省城市金融机构实力排名分析

表4是河南省城市金融机构实力排名，金融机构实力主要分为三个部分：一是银行类机构实力，二是证券类机构实力，三是保险类机构实力。

表4 河南省城市金融机构实力排名

地区	金融机构综合实力		银行类机构实力		证券类机构实力		保险类机构实力	
	得分	排名	得分	排名	得分	排名	得分	排名
郑州市	0.0171	1	0.0055	1	0.0063	1	0.0054	1
洛阳市	0.0114	2	0.0034	2	0.0041	2	0.0040	2
南阳市	0.0098	4	0.0032	3	0.0033	6	0.0032	6
信阳市	0.0093	12	0.0030	6	0.0032	15	0.0030	11
新乡市	0.0095	8	0.0031	5	0.0034	5	0.0030	10
焦作市	0.0098	3	0.0029	12	0.0035	3	0.0033	5
平顶山市	0.0097	6	0.0031	4	0.0033	12	0.0034	4
周口市	0.0094	9	0.0030	10	0.0033	10	0.0031	8
安阳市	0.0097	5	0.0030	11	0.0033	14	0.0035	3
商丘市	0.0093	11	0.0030	9	0.0033	11	0.0030	9
许昌市	0.0095	7	0.0030	7	0.0033	13	0.0032	7
驻马店市	0.0093	10	0.0030	8	0.0033	8	0.0030	14
三门峡市	0.0090	15	0.0029	14	0.0033	9	0.0029	16
开封市	0.0093	14	0.0029	13	0.0033	7	0.0030	13
濮阳市	0.0093	13	0.0028	15	0.0034	4	0.0030	12
漯河市	0.0089	16	0.0028	16	0.0032	16	0.0029	15
鹤壁市	0.0087	18	0.0028	17	0.0032	17	0.0027	18
济源市	0.0087	17	0.0027	18	0.0031	18	0.0028	17

（1）河南省城市银行类机构实力评价

河南省城市银行类机构实力居前五位的依次是：郑州市（得分0.0055，第1位）、洛阳市（得分0.0034，第2位）、南阳市（得分0.0032，第3位）、平顶山市（得分0.00306，第4位）、新乡市（得分0.00305，第5位）。

河南省城市银行类机构实力居后五位的依次是：济源市（得分0.0027，第18位）、鹤壁市（得分0.00279，第17位）、漯河市（得分0.00282，第16位）、濮阳市（得分0.00284，第15位）、三门峡市（得分0.0029，第14位）。

（2）河南省城市证券类机构实力评价

河南省城市证券类机构实力居前五位的依次是：郑州市（得分0.00627，第1位）、洛阳市（得分0.00405，第2位）、焦作市（得分0.00355，第3位）、濮阳市（得分0.00343，第4位）、新乡市（得分0.00341，第5位）。

河南省城市证券类机构实力居后五位的依次是：济源市（得分0.00313，

第18位）、鹤壁市（得分0.00315，第17位）、漯河市（得分0.00322，第16位）、信阳市（得分0.00324，第15位）、安阳市（得分0.00326，第14位）。

（3）河南省城市保险类机构实力评价

河南省城市保险类机构实力居前五位的依次是：郑州市（得分0.00538，第1位）、洛阳市（得分0.00401，第2位）、安阳市（得分0.00346，第3位）、平顶山市（得分0.00337，第4位）、焦作市（得分0.00331，第5位）。

河南省城市保险类机构实力居后五位的依次是：鹤壁市（得分0.00272，第18位）、济源市（得分0.00281，第17位）、三门峡市（得分0.00285，第16位）、漯河市（得分0.00285，第15位）、驻马店市（得分0.00300，第14位）。

4. 河南省城市金融市场规模评价

表5是河南省城市金融市场规模评价排名，金融市场规模主要分为两个部分：一是证券市场（证券交易规模），二是债券市场（国债发行规模）。

表5 河南省城市金融市场规模评价排名

地　区	金融市场规模		证券市场规模		债券市场规模	
	排名	总分	排名	总分	排名	总分
郑州市	0.0051	1	0.0028	1	0.0023	1
洛阳市	0.0036	2	0.0021	2	0.0015	2
许昌市	0.0031	3	0.0018	3	0.0013	10
焦作市	0.0031	4	0.0018	4	0.0013	12
安阳市	0.0030	5	0.0017	5	0.0014	5
南阳市	0.0030	6	0.0016	7	0.0015	3
平顶山市	0.0030	7	0.0016	6	0.0013	7
商丘市	0.0029	8	0.0016	8	0.0013	6
信阳市	0.0029	9	0.0016	9	0.0013	9
新乡市	0.0029	10	0.0016	10	0.0013	11
周口市	0.0029	11	0.0015	14	0.0014	4
濮阳市	0.0029	12	0.0016	11	0.0013	13
驻马店市	0.0028	13	0.0015	15	0.0013	8
漯河市	0.0028	14	0.0016	12	0.0012	16
开封市	0.0027	15	0.0015	16	0.0012	14
三门峡市	0.0027	16	0.0015	17	0.0012	15
济源市	0.0027	17	0.0016	13	0.0011	18
鹤壁市	0.0026	18	0.0014	18	0.0012	17

（1）河南省城市证券市场规模评价

河南省城市证券市场规模居前五位的依次是：郑州市（得分0.00284，第1位）、洛阳市（得分0.00209，第2位）、许昌市（得分0.00176，第3位）、焦作市（得分0.00176，第4位）、安阳市（得分0.00169，第5位）。

河南省城市证券市场规模居后五位的依次是：鹤壁市（得分0.00142，第18位）、三门峡市（得分0.00149，第17位）、开封市（得分0.00149，第16位）、驻马店市（得分0.00149，第15位）、周口市（得分0.00149，第14位）。

（2）河南省城市债券市场规模评价

河南省城市债券市场规模居前五位的依次是：郑州市（得分0.00226，第1位）、洛阳市（得分0.00150，第2位）、南阳市（得分0.00147，第3位）、周口市（得分0.00138，第4位）、安阳市（得分0.00136，第5位）。

河南省城市债券市场规模居后五位的依次是：济源市（得分0.00113，第18位）、鹤壁市（得分0.00116，第17位）、漯河市（得分0.00121，第16位）、三门峡市（得0.00122，第15位）、开封市（得分0.00124，第14位）。

5. 河南省城市金融市场开放程度评价

表6是河南省城市金融市场开放程度评价排名，金融市场开放程度主要分为两个部分：一是金融市场吸收度，二是金融市场吸纳度。

表6 河南省城市金融市场开放程度排名

地　区	金融市场开放程度		金融市场吸收度		金融市场吸纳度	
	排名	总分	排名	总分	排名	总分
郑州市	0.0124	1	0.0062	1	0.0062	1
洛阳市	0.0084	2	0.0049	2	0.0035	3
新乡市	0.0075	3	0.0040	3	0.0035	2
焦作市	0.0073	4	0.0040	4	0.0033	6
南阳市	0.0072	5	0.0038	8	0.0034	4

续表

地区	金融市场开放程度		金融市场吸收度		金融市场吸纳度	
	排名	总分	排名	总分	排名	总分
安阳市	0.0072	6	0.0039	5	0.0033	8
开封市	0.0071	7	0.0038	7	0.0033	7
商丘市	0.0071	8	0.0039	6	0.0032	15
许昌市	0.0070	9	0.0036	12	0.0034	5
周口市	0.0070	10	0.0038	9	0.0032	12
平顶山市	0.0069	11	0.0037	10	0.0032	14
三门峡市	0.0068	12	0.0037	11	0.0031	18
漯河市	0.0066	13	0.0034	13	0.0032	10
鹤壁市	0.0065	14	0.0034	14	0.0031	17
驻马店市	0.0065	15	0.0033	16	0.0032	11
信阳市	0.0064	16	0.0033	15	0.0032	16
濮阳市	0.0064	17	0.0031	17	0.0032	9
济源市	0.0063	18	0.0031	18	0.0032	13

（1）河南省城市金融市场吸收度评价

河南省城市金融市场吸收度居前五位的依次是：郑州市（得分 0.00617，第 1 位）、洛阳市（得分 0.00491，第 2 位）、新乡市（得分 0.00403，第 3 位）、焦作市（得分 0.00399，第 4 位）、安阳市（得分 0.00392，第 5 位）。

河南省城市金融市场吸收度居后五位的依次是：济源市（得分 0.00309，第 18 位）、濮阳市（得分 0.00315，第 17 位）、驻马店市（得分 0.00325，第 16 位）、信阳市（得分 0.00326，第 15 位）、鹤壁市（得分 0.00336，第 14 位）。

（2）河南省城市金融市场吸纳度评价

河南省城市金融市场吸纳度居前五位的依次是：郑州市（得分 0.00619，第 1 位）、新乡市（得分 0.00350，第 2 位）、洛阳市（得分 0.00349，第 3 位）、南阳市（得分 0.00344，第 4 位）、许昌市（得分 0.00336，第 5 位）。

6. 河南省城市金融发展生态环境竞争力评价

表 7 是河南省金融发展生态环境竞争力评价，金融发展生态环境竞争力主要分为五个部分：一是经济发展状况，二是安居环境，三是基础设施，四是科教环境，五是社会治安环境。

表7　河南省城市金融发展生态环境竞争力排名

地　区	金融发展环境总评		经济发展		安居环境		基础设施		科教环境		社会治安环境	
	得分	排名	得分	排名	得分	排名	得分	排名	得分	排名	得分	排名
郑州市	0.0392	1	0.0072	1	0.0113	2	0.0105	1	0.0102	1	1.29024E－06	18
信阳市	0.0304	2	0.0045	4	0.0124	1	0.0074	7	0.0062	5	1.29336E－06	11
洛阳市	0.0297	3	0.0053	2	0.0098	11	0.0078	4	0.0068	2	1.29048E－06	17
南阳市	0.0297	4	0.0047	3	0.0108	3	0.0076	6	0.0066	4	1.29149E－06	16
新乡市	0.0285	5	0.0044	5	0.0096	12	0.0078	3	0.0066	3	1.29211E－06	13
周口市	0.0282	6	0.0043	7	0.0099	10	0.0080	2	0.0059	11	1.29337E－06	10
驻马店市	0.0277	7	0.0042	11	0.0099	9	0.0077	5	0.0058	14	1.29726E－06	6
商丘市	0.0277	8	0.0042	10	0.0102	7	0.0072	8	0.0061	8	1.29205E－06	14
平顶山市	0.0276	9	0.0042	9	0.0104	6	0.0070	13	0.0061	9	1.29201E－06	15
安阳市	0.0273	10	0.0043	6	0.0096	13	0.0072	9	0.0061	6	1.29225E－06	12
焦作市	0.0268	11	0.0042	12	0.0094	18	0.0072	10	0.0061	7	1.3005E－06	3
许昌市	0.0267	12	0.0043	8	0.0094	17	0.0071	11	0.0059	12	1.30768E－06	1
濮阳市	0.0267	13	0.0039	15	0.0104	5	0.0068	14	0.0056	15	1.2957E－06	8
开封市	0.0267	14	0.0041	13	0.0096	15	0.0071	12	0.0059	13	1.29393E－06	9
漯河市	0.0266	15	0.0038	16	0.0105	4	0.0068	15	0.0055	16	1.30004E－06	4
三门峡市	0.0261	16	0.0040	14	0.0096	14	0.0065	18	0.0060	10	1.29636E－06	7
鹤壁市	0.0257	17	0.0037	17	0.0099	8	0.0066	17	0.0054	17	1.30298E－06	2
济源市	0.0251	18	0.0036	18	0.0095	16	0.0068	16	0.0053	18	1.298E－06	5

（1）河南省城市金融经济发展环境评价

河南省城市金融经济发展环境竞争力居前五位的依次是：郑州市（得分0.007242，第1位）、洛阳市（得分0.00525，第2位）、南阳市（得分0.00469，第3位）、信阳市（得分0.00445，第4位）、新乡市（得分0.00440，第5位）。

河南省城市金融经济发展环境竞争力居后五位的依次是：济源市（得分0.00362，第18位）、鹤壁市（得分0.00373，第17位）、漯河市（得分0.00379，第16位）、濮阳市（得分0.00393，第15位）、三门峡市（得分0.00404，第14位）。

（2）河南省城市金融安居环境评价

河南省城市金融安居环境竞争力居前五位的依次是：信阳市（得分

0.0124，第1位）、郑州市（得分0.0113，第2位）、南阳市（得分0.0108，第3位）、漯河市（得分0.0105，第4位）、濮阳市（得分0.0104，第5位）。

河南省城市金融安居环境竞争力居后五位的依次是：焦作市（得分0.00935，第18位）、许昌市（得分0.00944，第17位）、济源市（得分0.00947，第16位）、开封市（得分0.00957，第15位）、三门峡市（得分0.00959，第14位）。

（3）河南省城市金融基础设施环境评价

河南省城市金融基础设施环境竞争力居前五位的依次是：郑州市（得分0.01052，第1位）、周口市（得分0.00803，第2位）、新乡市（得分0.00783，第3位）、洛阳市（得分0.00780，第4位）、驻马店市（得分0.00772，第5位）。

河南省城市金融基础设施环境竞争力居后五位的依次是：三门峡市（得分0.00646，第18位）、鹤壁市（得分0.00662，第17位）、济源市（得分0.00677，第16位）、漯河市（得分0.00681，第15位）、濮阳市（得分00682，第14位）。

（4）河南省城市金融科教环境评价

河南省城市金融科教环境竞争力居前五位的依次是：郑州市（得分01016，第1位）、洛阳市（得分00684，第2位）、新乡市（得分00661，第3位）、南阳市（得分00656，第4位）、信阳市（得分00616，第5位）。

河南省城市金融科教环境竞争力居后五位的依次是：济源市（得分0.00527，第18位）、鹤壁市（得分0.00538，第17位）、漯河市（得分0.00548，第16位）、濮阳市（得分0.00556，第15位）、驻马店市（得分0.00584，第14位）。

（5）河南省城市金融社会治安环境评价

河南省城市金融社会治安环境竞争力居前五位的依次是：许昌市（得分1.30768E－06，第1位）、鹤壁市（得分1.30298E－06，第2位）、焦作市（得分1.3005E－06，第3位）、漯河市（得分1.30004E－06，第4位）、济源市（得分1.298E－06，第5位）。

河南省城市金融社会治安环境竞争力居后五位的依次是：郑州市（得分

1.29024E－06，第18位）、洛阳市（得分1.29048E－06，第17位）、南阳市（得分1.29149E－06，第16位）、平顶山市（得分1.29201E－06，第15位）、商丘市（得分1.29205E－06，第14位）。

四　评价分析与建议

（一）评价

基于《河南省统计年鉴2013》，利用熵值法，本文对郑州、南阳、洛阳等河南省18个主要城市的金融竞争力进行了评价，经过研究分析，认为郑州、洛阳、南阳、信阳、新乡等5市的金融竞争力居全省前五位，而济源、鹤壁、漯河、濮阳、开封等5市的金融竞争力居全省后五位。2012年，河南省金融发展取得了显著成果，但存在诸多不足，发展特点表现在以下几个方面。

1. 区域金融发展不平衡

区域金融发展不平衡是河南省城市金融发展的一个重要特征。2012年，河南省18个地市GDP前三位的依次是郑州、洛阳、南阳，与本文测度的金融竞争力排名相符合，上述三城市可以称为河南省金融发展的第一梯队，其中，郑州市的城市金融竞争力二级指标在全省稳居前三。但是，与此三个城市金融发展的程度，尤其是郑州市金融发展的程度相比，其他地市金融发展的程度有较大差距：郑州市的金融竞争力得分是最低得分济源市的1.7469倍；前五名城市的金融竞争力得分是后五名城市金融竞争力得分的1.2391倍。另外，从区域来看，以郑州为中心，周围临近城市，如洛阳，新乡等地区的金融竞争力明显高于其他地区。

2. 金融业绩效值较低

从金融业绩效竞争力来看，全省大部分地区的金融业增加值贡献率不高，金融从业人员数量与金融业增加值不相匹配。2012年，全省大部分地市的金融业增加值竞争力值低于0.4，仅有郑州市高于0.4，区域差异明显。这与当地金融市场发育程度不高、金融机构数量较少，金融创新产品较少具有显著的关系。目前，仅有中原证券、百瑞信托等几家金融企业总部位于河南省，金融

业的聚集度不高，难以发挥规模效应。此外，金融从业人员数量与金融业增加值不相匹配。金融业增加值与金融从业人员的数量呈负向关系，也即金融业增加值越高，金融从业人员越少；而金融从业人员越多，金融业增加值越高，这说明，全省普遍存在金融从业人员较多，而金融业增加值不高的现象，也即金融经营的效率不高。一方面是金融从业人员过多，与现有金融经营规模相互不匹配；另一方面是由于当地金融机构的管理效率不高。

3. 金融市场开放度不高

整体而言，河南省主要地市的金融开放程度不高，仅有郑州市的金融开放程度得分超过了0.01，其他地区均低于0.01。由于河南省位于中国中部地区，具有十分便捷的交通优势，虽然GDP居全国第五位，但是，由于工业基础、农业基础薄弱，经济发展的“质”还不够高，投资的吸引力相对于中国中东部地区而言，还存在欠缺的地方。在金融市场吸纳方面，由于处于内港地区，工农业产品的附加值不高，除去郑州富士康对外贸的影响，省内其他城市的进出口贸易额不高；省内没有吸引外资的人文、科教等资源优势，使得在外资吸纳方面，仅有郑州市有较高的吸纳度，其他地市吸纳度均不高。

4. 金融发展生态环境良好

河南省具有良好的金融发展生态环境。从全省金融发展生态环境竞争力评价中，我们可以看出，全省18个地市的金融发展生态环境竞争力指数高于0.025，在竞争力评价体系中具有较高的权重，其中，除去经济发展环境、社会治安环境、科教环境相对欠缺之外，安居环境、基础设施等方面具有显著优势，尤其是安居环境竞争力指数较高。经济发展仍然是金融竞争力发展的短板，这与当地的产业结构不足、产值科技含量低有较大关联；科教环境不足，省内仅有郑州大学一所国内“211”工程大学，河南大学一所重点大学。但是，南阳、信阳等地在全国是有名的安居城市，除去郑州、焦作等城市外，其他地市的生态环境建设相对较好；郑州航空港国家综合实验区成为国内航空货物运输的门户，具有显著的地理位置优势。

（二）建议

针对河南省城市金融发展的现状，提出如下建议。

1. 大力发展实体经济，支持金融业的发展

郑州、洛阳、南阳等地的金融竞争力与 GDP 相匹配的现实，印证了实体经济是金融发展的重要支撑，是防止金融业泡沫的有利基础，实体经济发展程度的好坏直接关系到金融业发展程度的观点。为此，要以河南省建设国家粮食核心产区、中原经济区以及郑州航空港国家综合实验区为契机，提升河南省工业、农业发展水平，为河南省金融发展提供有利保证，尤其是要拓宽实体经济发展的影响力、辐射力，为金融服务的发展提供更多的需求空间。

2. 强化金融人才队伍建设，提高经营管理效率

强化人才队伍建设、提高金融管理效率是提升河南省金融业竞争力的关键。一是要以能力建设为核心，改革创新为动力，建立和完善人才引进、培养、激励体制机制。二是创新金融管理模型，尤其是借鉴国内外金融机构管理的先进理念，依据河南省金融机构发展的实际，提高当地金融机构经营管理的能力。三是政府强化对金融业发展的政策扶植力度，尤其是要建立和完善对高层次金融人才的引进策略，不断提高本地人才队伍综合素质水平。

3. 活跃金融市场，扩大金融市场规模

目前，河南省 GDP 居全国第五位，但是，本地金融市场规模较小，与当地经济发展水平不相匹配。因此，必须活跃金融市场，扩大金融市场规模。一方面，加大对本地企业上市的力度，在原有上市企业规模的基础上，强化对郑州、洛阳、焦作、许昌等地之外的城市企业上市支持。一方面，要继续加大债券市场融资规模，尤其是对地方债务融资，要采取公开、透明、合理的债券融资方式，在合理规避风险、降低融资成本的基础上，扩大融资规模，活跃本地的金融市场。此外，随着温州民间监管法律的推行，河南省也可以采取类似的方式，在有力监管民间资本的前提下，还可以放松民间资本市场，提高民间资本市场在本地活跃的程度，扩大本地的资本市场规模，为经济发展提供更多的融资渠道，促进本地经济的发展。

4. 继续优化金融发展外部环境

金融发展生态环境是金融发展的外部环境，对金融的发展具有重要的影响。结合河南省的实际，要不断优化金融发展的外部环境。一是要加大对安居环境的建设力度，尤其是要强化对空气质量的监测力度，为留住人才提供较好

的环境空间。二是要加大对科教的投入力度，为金融发展提供有利的智力支持。三是要提高社会治安管理水平，良好的治安环境，尤其是较低的社会犯罪率能够提高金融安全水平。四是加大金融基础设施建设的力度，作为金融欠发达地区、人口大省，一方面，河南省要提高金融基础设施的人口覆盖率，不断满足人们的金融需求；另一方面，要提高金融发展的硬件设施水平，包括通信、网络等基础设施的建设水平。

参考文献

褚伟：《中国金融竞争力的 IMD 指标实证分析》，《财贸经济》2002 年第 5 期。

张建森、余凌曲、熊文祥：《中国城市金融竞争力评价的指标体系研究》，《开放导报》2008 年第 8 期。

谢太峰、朱璐：《中国主要城市金融竞争力的实证研究》，《武汉金融》2010 年第 2 期。

梁小珍、杨丰梅、部慧、车欣薇、王拴红：《基于城市金融竞争力评价的我国多层次金融中心体系》，《系统工程理论与实践》2011 年第 10 期。

李正辉、闫瑾：《金融稳定与金融竞争力协同效应测度及其国际比较研究》，《统计与信息论坛》2012 年第 2 期。

周孝坤、冯钦：《西部城市金融竞争力与层级金融增长极的构建》，《统计与决策》2013 年第 15 期。

倪鹏飞：《中国城市竞争力报告（2013）》，社会科学文献出版社，2013。

评价分析篇

Analysis and Evaluation

B.3

2013～2014年河南省货币信贷形势分析与展望

李 伟　李玉欣　尚钊靖*

摘　要：

2013年，河南省积极贯彻稳健的货币政策，引导金融机构盘活存量、用好增量，灵活运用再贷款、再贴现等货币政策工具引导信贷结构优化，加大直接融资推动力度，促进货币信贷和社会融资总量适度增长。金融支持地方经济发展的方式更趋多元化，对小微企业、“三农”支持力度不断加大，民生金融工程成效显著，跨境人民币业务发展迅速。但全省金融盘活存量压力较大，小微企业融资难问题依然存在。2014年，影响全省金融发展的有利因素和不利因素相互交织，金融支持经济结构调整任务很重。建议有效发挥货币政策工具的引导作用，提高金融

* 李伟、李玉欣、尚钊靖，人民银行郑州中支货币信贷管理处。

体系配置效率，盘活存量、优化增量，支持经济结构调整和转型升级，保持全省货币信贷及社会融资规模合理适度增长，为经济回升提供有利的货币金融环境。

关键词：

河南　金融　运行态势　预测展望

一　2013 年河南省货币信贷运行基本情况

（一）货币信贷大量增加，支持全省经济发展实力增强

至 2013 年末，全省金融机构本外币各项贷款余额 23511.4 亿元，同比增长 15.8%，高于全国平均增速 1.9 个百分点，较年初新增 3144.2 亿元，同比多增 493.4 亿元。其中，人民币各项贷款余额 23100.9 亿元，同比增长 15.3%，高于全国平均增速 1.2 个百分点，高于上年同期 0.9 个百分点，较年初新增 3004 亿元，同比多增 480.8 亿元。

（二）信贷投向重点突出，对小微企业、“三农”支持力度不断加大

至 2013 年末，河南省小微企业贷款余额 4305.5 亿元，同比增长 27.9%，高于全省人民币贷款增速 12.6 个百分点；比年初增加 976.7 亿元，同比多增 333.3 亿元，小微企业贷款新增占企业贷款新增额比重的 32.5%，同比提高了 7 个百分点。涉农贷款余额 9901.6 亿元，同比增长 20%，高于全部贷款增速 4.7 个百分点，全年新增 1644 亿元，同比多增 481.8 亿元，其中农户贷款较年初新增 477.3 亿元，同比多增 372 亿元。

（三）非银行信贷融资同比增长较多，金融支持方式更趋多元化

2013 年河南省金融机构通过总行直贷、联合贷款、信托贷款、委托贷款等方式新增表外贷款 1209.8 亿元，同比多增 600 亿元，核销、剥离处置不良

贷款、以物抵债金额共计91亿元，综合考虑以上因素，河南省金融机构人民币各项贷款实际新增4304.8亿元。银行间市场非金融企业债务融资工具总量在实现2011年、2012年连续倍增的基础上，2013年直接债务融资768.8亿元。其中，短期融资券214亿元、中期票据102亿元、非公开定向债务融资工具390.3亿元、区域集优票据4.45亿元、普通金融债50亿元、证券公司短期融资券8亿元。

（四）跨境人民币业务发展迅速，业务覆盖面不断扩大

2013年，全省金融机构累计办理跨境人民币结算金额425.2亿元。业务覆盖全部18家具备国际结算能力的金融机构，全省18个城市全部开办跨境人民币业务。业务品种覆盖跨境货物贸易、服务贸易、收益和经常转移、境外项目人民币贷款、外商直接投资、人民币外债、跨境担保、融资等。

二　2013年人民银行主要工作措施及成效

（一）认真贯彻落实稳健的货币政策，促进货币信贷和社会融资总量合理适度增长

一是定期召开河南省金融形势分析暨窗口指导会，引导金融机构把握好信贷投放的力度和节奏，盘活存量、用好增量，保持货币信贷和社会融资规模合理适度增长。二是建立《金融支持“三化”发展和郑州航空港综合实验区情况定期监测制度》，积极与郑州航空港综合实验区搭建直通车，为金融支持“三化”发展和郑州航空港综合实验区等重点领域建设搭建合作平台。三是在全省范围内灵活调剂再贷款、再贴现限额，充分发挥短期再贷款流动性供给功能和再贴现引导信贷结构优化的作用。落实农村信用社改革激励约束政策，及时下拨总行对双达标县域法人金融机构定向安排的奖励支农再贷款限额。四是对全省考核达标的县域农信社（农商行）和村镇银行，执行较同类机构低1个百分点的存款准备金率；对64家考核达标的农行县级“三农事业部”执行较正常低2个百分点的存款准备金率，增加“三农”、小微企业等薄弱环节的信贷资金来源。五是及时转发人民银行总行《关于进一步推进利率市场化改

革的通知》，引导金融机构加快提高自主定价能力，大力推动利率市场化改革。

（二）加大直接融资推动力度，拓宽企业融资渠道

一是深入推动“区域集优”模式融资，支持地市多批次开展“区域集优”票据融资，已发行区域集优中期票据4.45亿元。二是建立发债后备企业培育机制。在全省范围内初步筛选出211家成长性较强的企业，建立发债企业后备库，为各承销银行有针对性地进行企业遴选和培育奠定基础。三是支持省内法人金融机构发行金融债补充资金。经初审并指导，郑州银行成功发行总额人民币50亿元金融债，专项用于小微企业贷款；中原证券公司获准发行证券公司短期融资券，首期发行8亿元。四是开展直接债务融资激励引导。会同省财政厅、金融办召开激励引导申报资金联合审核会议，全省多家发债企业、承销银行、担保机构将获得引导激励资金。

（三）深入开展金融创新工作，支持三农和小微企业发展

一是联合省政府金融办、省财政厅、河南银监局、河南证监局、河南保监局对10个示范县授牌并对农村金融创新工作进行动员部署，开展农村金融创新示范县（市）创建与培育活动。二是分片区召开工作座谈会，出台相关配套政策，以家庭农场等新型农村经营主体为重点，引导示范县（市）试点推出或借鉴推广一批创新型农村金融产品或服务方式，实施强农惠农农村金融创新工程。三是联合省工信厅制定下发《河南省“小巨人”企业融资培育工作实施方案（2013～2015年）》，深入开展“小巨人”企业融资培育工作，对信用等级较高的“小巨人”企业进行发债培育，支持其上市融资、发债融资、股权投资、信托融资，拓宽“小巨人”企业的融资渠道。四是优化“小巨人”企业名录，引导金融机构对科技型、创新型等后备小微企业进行融资辅导和培育，并通过创建“成长之星”活动的开展，引导地方政府与金融机构出台专项优惠政策，解决中小微型企业融资难题。

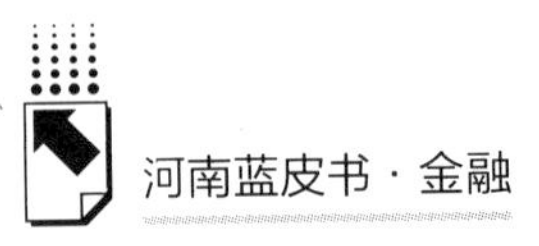

（四）积极做好扶贫开发、创业促就业等民生金融工程

一是启动金融支持扶贫工程，加大对集中连片特困地区和贫困县的资金投入。作为牵头行，起草相关制度，联合武汉分行、合肥中支在信阳市召开大别山片区扶贫开发金融服务工作座谈会，加强金融扶贫联动协调。二是加大对大别山区、秦巴山区集中连片特困地区以及53个国家和省扶贫开发工作重点县的金融支持。创建3个金融支持扶贫开发示范区、3个示范县，“以点带面、示范带动、整体推进”，加大对贫困地区、贫困人口的金融支持。并借助扶贫贴息贷款加大对贫困户、重点扶贫龙头企业的金融支持。三是开展创业富民金融服务工程，积极支持高校毕业生、大学生“村官”、妇女创业促进就业和实现更高质量就业。以小额担保贷款、对高校毕业生就业创业金融服务为载体，贷款发放量、惠及人数持续居全国前列。

（五）落实房地产市场调控政策，加强保障房融资模式创新

一是认真落实差别化住房信贷政策。组织召开河南省房地产金融形势分析会，加强与相关部门的沟通联系，及时传达房地产信贷政策和对土地储备融资的监管，督促金融机构严格落实相关政策规定。二是引导金融机构做好公租房、廉租房项目信贷支持工作。至2013年末，省级保障性住房融资平台获得融资承诺301.5亿元，按项目成熟度分批签订银团合同，前三批项目已达成协议，第四批银团正在组建中。三是加强与住房公积金中心的政策协调，督促金融机构规范开展住房公积金缴存和贷款业务。督促部分地市认真做好住房公积金贷款支持保障性住房建设试点工作，积极探索经验。四是牵头开展河南省发行保障性住房建设项目非公开定向债务融资工具工作，支持发行非公开定向债务融资工具，运用银行间债券市场融资支持棚户区（含城中村）建设。

（六）稳步推进跨境人民币业务工作

一是召开河南省跨境人民币业务联席会，协调解决跨境人民币业务推进过程中遇到的问题。走进国际贸易企业大户开展政策宣传和业务培训，联合省工行开展为期一个月的有奖知识竞答活动，不断扩大业务影响力。二是按照

“一企一策”原则，采取有效措施，推动大型企业集团开展人民币境外放款、跨境担保等新业务，不断提高跨境人民币结算在进出口总额中的比重和业务种类覆盖面。三是制定下发《关于简化河南省经常项下跨境人民币结算银行审核流程的通知》，简化金融机构经常项目审核流程，促进贸易便利化。

（七）加强政策宣传

一是加强货币政策宣传引导。编发《稳健货币政策知识问答》，就热点问题予以宣传解释，努力在全省营造有利于调控的舆论氛围；在《河南日报》、《经济视点报》、《郑州晚报》等刊登专题宣传材料，宣传稳健货币政策。二是开展支农再贷款政策宣传。编制《河南省支农再贷款宣传手册》，将支农再贷款支持“三农”的典型做法进行宣传，并在《金融时报》和《河南日报》分别对部分地市支农再贷款的典型做法和河南省支农再贷款使用成效进行宣传报道。三是做好金融市场宣传活动。组织已开展黄金市场业务的省级金融机构在《大河报》专刊以《增强自我保护意识选择正规投资渠道》为主题的黄金投资者风险教育活动；编发《银行间债券市场融资知识手册》，开展银行间债券市场融资宣传普及工程，为政府、企业及相关部门提供参考。四是做好利率政策和货币市场基准利率（Shibor）建设的宣传工作，解释好利率调控及利率市场化的相关政策，正确引导舆论。

三　2013 年河南省金融形势需重点关注的问题

（一）金融机构的存量贷款盘活难度较大

经济发展需要信贷资金支持，但在资本充足率、风险管理能力、存贷比、流动性等多重约束下，商业银行信贷总量不可能持续高速增长。根据国家政策导向，商业银行信贷对经济增长的贡献方式，由新增信贷投放拉动向增量优化及存量信贷结构调整和提高资金使用效率转变。受历史因素影响，河南省金融机构贷款多集中于大型企业和基础设施建设项目，其中不乏属于“两高一剩”或其他受限制领域的企业、项目，但因客户结构及经营模式转变较慢，对大型客户的依赖使得存量贷款盘活难度较大。同时，目前河南省新经济增长点和新兴产业大多仍处于培育、孵化阶段，中小企业发展尚未真正形成规模，造成贷款投放重点向新兴行业和领域转变的难度较大。

（二）去产能化使银行资产质量承压

2013年以来，受需求下降的影响，产能过剩行业运营风险更为突出，化解产能严重过剩成为当前和今后一个时期河南推进产业结构调整的重点所在。去产能化一方面会带来经济增速的下滑；另一方面，去产能化对银行资产质量构成压力。一是钢铁、电解铝和光伏等行业产能过剩严重，去产能压力大，市场仍处于周期底部，受产品价格和成本双重约束，行业亏损较严重，企业资金链较紧张，短期内难以乐观。某商业银行分行反映虽然对产能过剩行业及时采取了压缩授信等一系列措施，但仍不能将资金从中安全、全额退出，致使在电解铝等行业中产生了较大额度的不良贷款。二是受需求和价格下跌等影响，煤炭行业经营效益普遍下降，部分客户赢利降幅较大，企业资金链偏紧，行业整体经营风险较大。某商业银行分行认为产能过剩的背景下，部分双高企业成本倒挂，持续大额亏损，部分企业涉及民间借贷，个别企业甚至停产，威胁到银行信贷资产的安全，资产质量向下迁徙的压力加大。三是造纸行业整体赢利水平低，个别企业甚至亏损，持续经营能力较弱，行业风险管控压力较大。有商业银行分行认为产能过剩行业的行业性亏损不断扩大和深入，威胁信贷资金安全。因此，去产能化使银行资产质量承压已是不争的事实。

（三）多因素制约下小微企业融资困难

2013年，河南省小微企业不仅贷款增速高于大中型企业，贷款占比也有较大提升，融资状况有所缓和，但在多种因素制约下，小微企业的融资缺口仍较大。一是原材料价格和劳动力成本等要素价格快速上涨增加了企业资金需求。国家统计局河南调查总队对全省规模以下工业企业问卷调查结果显示，企业认为“劳动力成本和原材料上升较快”是规模以下工业企业当前面临的最突出问题，其中42.7%的企业反映“劳动力成本上升较快”，15.2%的企业反映“原材料成本上升较快”，生产成本上涨增加了企业的资金需求。二是企业

资金周转放缓。调查总队调查结果显示，受经济景气度影响，2013 年末全省规模以下工业企业应收账款占主营业务收入的比例为 6.2%，较上年同期提高了 0.5 个百分点，加剧了流动资金周转的难度。三是对小微企业税收扶持力度偏小。调查总队对企业问卷调查结果显示，规模以下工业企业“享受减半征收企业所得税政策”的企业仅占 9.0%，“得到过国家中小企业发展基金支持”的企业仅占 5.5%。

四　2014 年河南省金融形势展望

（一）不利因素

从外部看，不确定事件不时发生，美联储退出量化宽松政策可能引发金融市场震荡，并引起长期利率的上升；部分新兴经济体面临资本流动和融资成本变化的冲击，金融风险上升；政治因素将对全球经济带来一定冲击。不同经济体经济复苏和货币政策态势出现分化，全球经济难言稳定。

从国内来看，当前经济运行中面临不少风险和挑战。新的强劲增长动力尚待形成，经济可能将在较长时期内经历一个降杠杆和去产能的过程，房地产、地方政府性债务等问题比较突出，结构调整和转变发展方式的任务十分艰巨。

从省内来看，结构调整任务还很艰巨，新的经济增长点尚未形成，产能过剩现象依然存在，经济企稳回升尚不牢固。受经济下行、企业经营困难影响，多数银行反映不良贷款反弹压力加大，金融风险防控压力加大。

总体来看，不利因素短期内难以消除，内外部环境依然错综复杂，结构调整和转变发展方式的任务十分艰巨，存量贷款盘活的难点亟待突破。

（二）有利因素

城镇化、郑州航空港经济综合实验区和中原经济区建设为河南经济发展提供了较大的增长空间，经济发展的潜能较大。

宏观调控政策依然是注重处理好稳增长、调结构、促改革之间的关系，保持货币信贷和社会融资规模合理适度增长的目标不变，有助于为河南经济发展提供一个有利的货币金融环境。

金融改革进一步推进，利率、汇率市场化改革不断深化，金融产品更加丰富，有利于提高金融资源配置效率，增强对实体经济的支持力度。

金融机构通过总行直贷、联合贷款、信托贷款、委托贷款等方式新增表外贷款，在银行间市场主承销发行直接债务融资工具，运用核销、剥离处置不良贷款，以物抵债来盘活存量贷款的方式，实际信贷资金新增、多增显著，非银行信贷融资作用日益增强。

（三）走势预判

预计将按照总量稳定、结构优化的要求，继续实施稳健的货币政策，坚持“中性”操作，保持政策的延续性和灵活性，对法人金融机构适时适度预调微调，保持全省货币信贷和社会融资规模合理适度增长，把握好稳增长、调结构、促改革、防风险的平衡点，创造一个稳定的货币金融环境，推动结构调整和转型升级。同时，进一步优化金融资源配置，把政策落到实处，用好增量、盘活存量，更有力地支持结构调整，更好地服务于实体经济发展。继续引导金融机构推进利率市场化改革，提高金融资源配置效率，促进经济持续健康发展。

五　促进河南省货币信贷平稳运行的政策建议

（一）加强窗口指导，保持全省货币信贷及社会融资规模合理适度增长，为经济回升提供稳定的货币金融环境

一是协调各金融机构认真研究金融支持城镇化及郑州航空港经济综合实验区相关优惠政策，主动加大与总行的汇报沟通，多向总行争取信贷资金资源。二是引导各金融机构进一步主动加强与地方党政和经济部门的沟通与协调，不断发掘符合国家产业政策、适于做大做强的大项目和好项目，做好项目储备，搞好项目衔接。对已签约的项目，通过改进贷款审批流程，加速贷款审批进度，尽早给予信贷支持，力争实现银企双赢。三是按照差别准备金动态调整的

要求，合理布局各地区法人金融机构的信贷规划。探索优化法人金融机构信贷调控方式，在用足用好全省信贷规划总量的同时，力争满足全省不同区域经济发展对资金的需求。

（二）有效发挥货币政策工具的引导作用，提高金融体系配置效率

一是在全省范围内科学调配再贷款限额，并实施量化考核，使用支农再贷款、再贴现的金融机构的涉农贷款和农户贷款不断提高，服务“三农”的能力不断提升。二是全省开展支农再贷款系列宣传活动，通过支农再贷款引导金融机构逐步下调“三农”贷款利率，降低“三农”融资成本。三是引导金融机构高度重视利率市场化改革进程加快推进带来的挑战，加快业务和管理转型，建立健全自主定价机制，逐步扩大产品市场化定价范围，主动适应利率市场化改革进程。

（三）盘活存量、优化增量，支持经济结构调整和转型升级

一是利用人民银行总行加快推动信贷资产证券化的机遇，引导各银行业金融机构积极向其总行争取政策倾斜，盘活存量信贷资产，腾挪更多的信贷资金用于支持河南省经济发展。二是大力推动金融创新，推动包容性金融增长。深入实施强农惠农农村金融创新、“小巨人”企业融资培育、创业富民金融服务、金融支持扶贫开发以及保障性住房融资等“五项重点民生金融工程”，引导金融机构加大对“三农”、中小微企业、就业创业社会群体、集中连片特困地区和贫困县，以及保障性住房安居工程的支持，促进民生改善和社会和谐发展。三是继续引导金融机构加大对重点在建续建项目、现代服务业、节能环保、战略性新兴产业等的信贷支持，更好地推动重点领域和行业转型和调整。四是落实好差别化住房信贷政策，支持保障性住房、中小套型普通商品住房建设和居民首套自住普通商品房消费，坚决抑制投机投资性购房需求。

（四）加强银行间市场机制建设，更好地服务实体经济发展

一是充分发挥央行职能作用，按照分层管理的理念，通过建立完善银行间市场非现场监管和现场检查制度，加强对区域内市场成员的管理，促进市场成

员进一步加强自律管理，在规范中发展。二是继续完善银行间市场融资企业培育机制，适时调整集合类、单体类发债后备企业名单，督促承销商做好对接服务，定期举行企业融资培训，帮助企业更好地运用银行间债券市场融资。三是探索搭建“市场成员债务工具投资分销平台”，推动全省各市场成员开展业务合作，实现优势互补，鼓励市场成员参与承销、分销和投资省内企业发行的债务工具，确保省内企业债券顺利发行。

参考文献

国务院办公厅：《关于金融支持经济结构调整和转型升级的指导意见》，2013 年 7 月 1 日。

中国人民银行：《2013 年第三季度中国货币政策执行报告》，2013 年 11 月 5 日。

《2012 中国区域金融运行报告》（电子版）。

周小川：《十八届三中全会公报专题辅导报告》，《金融时报》2013 年 11 月 18 日。

河南统计网：《2013 年前三季度我省经济形势运行分析》，2013 年 11 月 2 日。

B.4

2013～2014年河南保险业运行形势分析与展望

巴 力 宋伟伟*

摘 要：

2013年，宏观经济形势的不确定性对河南保险业的影响不容忽视，特别在经济增速明显放缓的背景下，河南保险业坚持立足服务河南经济社会全局，着力防范风险，调整结构，转变发展方式，保持了平稳健康的发展态势。尽管仍存在着市场运行不够规范、经营管理水平不高、产品同质且单一，行业诚信建设滞后等一系列问题，但不可否认的是，河南保险业在服务地方经济发展、助推产业结构升级、服务新农村建设、参与多层次社会保障体系建设等方面都发挥了巨大的作用。随着改革和创新的不断深化，在业内外共同驱动下，2014年的河南保险业在服务地方经济建设全局、转变发展方式、改进监管方式和转移监管重点等方向将焕发出新的活力。

关键词：

河南 保险市场 形势 展望

2013年，社会宏观经济形势的不确定性对河南保险业的影响不容忽视，特别在经济增速明显放缓的背景下，河南保险业坚持立足服务河南经济社会全局，着力防范风险，调整结构，转变发展方式，保持了平稳健康的发展态势。

---

* 巴力，河南财经政法大学金融学院金融系主任，副教授；宋伟伟，河南财经政法大学金融学院讲师。

尽管仍存在着一些问题和矛盾，但随着改革和创新的不断深化，在业内外因素共同驱动下，2014 年的河南保险业将会焕发出新的活力。

一 2013～2014 年河南省保险业运行态势

（一）寿险、财险业务发展稳中有进

2013 年，在河南省产险、寿险经营主体数量及机构与 2012 年保持同等规模的情况下，产险、寿险业务业绩都出现了较大幅度的相对增长。与同期国内其他省市相比，一些产寿险公司在河南的分支机构的业务规模与利润增长态势喜人。从保险费收入来看，河南已成为稳居全国前列的保险大省，一些保险机构的赔付状况和资产状况有了很大改善。比如，河南产险公司 2013 年 1～10 月保费收入 200.27 亿元，同比增长 21.14%，高于全国平均水平 4.25 个百分点。

（二）个人长期寿险、意外伤害保险、健康保险和责任保险发展态势良好

随着人们风险与保险意识的增强，城乡居民可支配收入的增加，人们对健康的普遍重视以及国家对养老、健康、责任等多项保障事业的推动，2013 年，河南省各种长期寿险、短期保险（如意外险）以及健康保险发展迅速。2013 年，与取消保险最高返还利率相适应，一些保险机构推出了新的定价产品，保险产品在金融理财产品体系中的竞争力有所增强，一些资产性寿险产品市场反应良好。随着法制的健全和人们维权意识的觉醒，一些责任保险（如医疗责任保险、污染责任保险）逐渐成为河南保险市场热点。

（三）河南政策性农业保险成效显著

经过各级政府的持续推动，河南政策性农业保险成效显著，主要体现为“四个快”：一是业务增速快，近 3 年全省政策性农业保险业务增速为 30%；二是政策性农业保险经营主体数量增加快，截至 2013 年末，河南省经营政策

性农业保险的公司达到8家；三是政策性农业保险的经营品种增加快，截至2013年末，全省主要政策性农业保险公司开办的农业保险业务品种达到14种，其中玉米、小麦等品种占比较高，支农、惠农的政策效果比较好；四是农业保险公司的经营效益提升快，2013年气候自然条件优越，经营效益较好，对经办保险公司效益形成反哺，2013年利润接近之前三年总和。

（四）理赔服务质量明显提升

通过近几年的经营、宣传和认识，全省主要保险公司的保险服务理念、技术和技能，尤其是理赔服务上的硬件和软件都有了很大改善。金融法庭的设立、保险诉前调解机制的合理运行，有效化解了保险理赔中的矛盾；保险监管部门实施的保险案件问责在提升理赔服务方面也收效明显。具体体现在：一是寿险方面，通过开辟绿色通道，主动提前赔付，增加多种附加值服务，在赔付的人性化、贴心化方面迈进了一大步。二是产险方面，主要针对车险理赔难进行综合治理，通过小额财产案件快赔快处机制、理赔服务社会评价等措施，提升保险公司理赔服务水平，治理成效有所显现。据统计，2013年1～9月，全省平均车险立案时效为0.53天，同比减少0.22天；车险结案周期为12.94天，同比减少了2天；赔款支付时效为2天，同比减少了1.66天。

（五）出口信用保险助推地方经济实力发展效果明显

2013年以来，中国出口信用保险公司河南省分公司在有效合理地控制经营风险的前提下，积极实施稳健性的承保政策，创新承保方式，助推地方经济发展，取得了显著效果。截至2013年6月末，中国信保河南分公司在短期出口信用保险项下，实现承保金额21.87亿美元，同比增长31.35%；服务小微出口企业235家，同比增长79.4%；向企业累计支付赔款665万美元，同比增长23%。

此外，该公司还加大了对企业融资的力度，强化与银行之间的合作，2013年中国工商银行河南省分行与中国出口信用保险公司河南分公司签署了信用保险与融资业务合作协议。企业在完成投保信用保险、银行签署《赔款转让协议》等环节后，中国信保的合作银行可给予企业短期贷款，可以灵活选择融资币种，从而降低汇率风险。截至2013年6月末，中国信保河南分公司支持全省企业获得银行融资21.27亿元人民币，同比增长65.52%。

二 2013～2014年河南省保险业运行问题

当前，河南保险业已站在新的发展起点上，进入新的发展阶段。2013～2014年，河南省保险业总体形势良好，但是在改革发展进程中仍然面临诸多不确定因素，一些矛盾和问题值得关注。

（一）河南省保险业保障服务能力不足

2013年，河南保险业积极服务经济社会发展，完善社会保障体系，参与社会风险管理，但与人民群众的期待相比，还存在较大差距。一是服务广度有差距。虽然河南保险业近年发展速度较快，但是覆盖面不宽，许多重点领域，如民生领域投保率不高，还不能满足人民群众的风险转移需求。二是服务深度有差距。从2013年末的统计数据看，河南省保险业的保障水平还处于较低层次，尤其是从当年的灾害理赔数据上看，全省的保险赔款与重大灾害经济损失的赔偿比例未超过15%，与发达国家30%的水平相比，差距巨大。三是服务质量有差距，2013年，全省社会公众对保险业的服务满意度不高，突出表现在销售误导、理赔难等问题，行业诚信建设滞后，社会认可度、美誉度不高，是上述问题形成的主要原因。

（二）主要产险公司经营业绩有下滑迹象

2013年1～10月，河南产险市场承保赢利10.77亿元，承保利润率6.18%，全国排第16位，低于上年同期0.76个百分点，高于全国水平4.82个百分点。如无政策性农业保险、企业财产保险等险种的拉动，整体效益可能出现比较明显的下滑。

受宏观环境、监管政策等因素利好的影响，2010～2012年，河南省主要产险公司普遍进入赢利周期，实现了较高的利润回报，提升了偿付能力。但自2012年以来，随着省内产险市场价格战的出现，尤其是手续费竞争不断激烈，

省内的终端车险优惠幅度达到30%（暗折暗扣，现金返还），持续推高车险的保单获取成本。2013 年，除人保、太保、平安等 7 家规模较大的保险公司以外，全省其余大部分保险公司于当年上半年进入盈亏平衡点，其中，车险经营亏损情况突出。如果市场延续 2013 年的盈亏速度，未来 2 ~3 年新的风险将在中小产险公司中积聚，影响河南省中小产险公司的经营业绩。

三　2014 年河南保险业发展展望

2013 年，党的十八届三中全会审议通过的《中共中央关于全面深化改革若干重大问题的决定》明确了保险业在完善和发展中国特色社会主义制度中的地位和作用，以及在全面深化改革中所肩负的责任和义务，河南保险业要深刻领会三中全会对保险业改革发展的新要求，增强责任感和使命感，把握机遇，敢于担当，主动作为，全面推进保险业各项改革。

（一）发展机遇与挑战

1. 发展机遇

（1）宏观政策环境红利释放

2013 年，党的十八届三中全会的召开，明确了保险业在社会经济发展中的地位和作用，给保险业发展带来了新的有利政策环境。一是保险是市场经济不可或缺的制度安排和政府为民惠而不费的有效途径，通过降低政府社会保障的载荷，完善社会保障体系，保险业发展可获得有效的制度设计支持。二是惠民工程、农业现代化政策的机遇。当前，国家在人口老龄化问题上给予了一定的政策支持，同时在农业现代化、巨灾赔付方面也有足够的政策扶持，这给保险业带来了新的发展机遇。三是保险业的深化改革带来了新机遇。寿险费率改革政策，以市场化为导向的商业车险条款费率管理制度改革，加强资金运用风险监管制度建设，完善市场退出和风险处置制度的设计与运行，能够有力地促进保险业务模式、经营机制、风险管控等创新。

（2）经济环境更加有利

2013 年，河南经济平稳较快增长的发展趋势明显，有利于促进保险业健康发展。一是经济形势的好转为保险业发展奠定基础。2014年，河南省在产业升级的成效基础上，着力实施产业振兴规划，加快构建现代产业体系，具有比较优势的电子信息、生物医药、新材料、新能源等产业发展较快，产业的发展将会增加更多的保障需求，为保险业拓宽服务领域创造机遇。二是通胀预期和加息预期，助推保险业发展。2014年通胀预期和加息预期上升，使得居民的消费欲望降低，保险抗风险的预计增强，可以助推保险理财产品的发展。此外，随着延迟退休、养老金并轨等社会民生工程的社会热度高涨，商业养老保险成为保险业经营的又一重要方向，给保险业发展带了新的机遇。

2. 面临的挑战

（1）宏观经济形势更为复杂

2013年金融危机矛盾最尖锐，冲击最大的时期已然过去，但世界经济复苏基础仍然薄弱，我国经济发展面临的形势更为复杂。预计2014年全省经济在保持平稳发展的态势下，经济增长的内生动力和自主创新能力仍然不够，经济增长的质量仍然不高，农业稳定发展和农民持续增收的基础仍不稳固，这些可能会给保险业发展带来不利影响。

（2）经济社会发展提出新要求

经济社会的快速发展必将会激发更多潜在的保险需求，保险需求的个性化和层次的多样化，对保险业提升服务能力提出了新的更高的要求。2014年，全省产业升级速度加快，社会人均消费水平将会上升到新的阶段，必然要求保险业提供更加优质的配套服务，但全省保险业发展的深度、广度仍然不够充分，难以满足全省经济发展质量整体上升的新要求。此外，随着全省人民生活水平的提高，对互联网的应用日益深入人心，人们的消费模式正在发生重大的改变，在这个过程中，必然会产生新的风险，也蕴含着保险新产品发展的契机，但现实却是产品同质化、单一性，很难适应多元化的保险需求。

（二）2014河南保险业发展展望

1. 服务经济建设全局，保险功能作用将充分发挥

在全球经济持续低迷影响下，中国经济增速进一步趋缓，经济发展面临着前所未有的压力和挑战。河南省人口多、底子薄、基础弱、人均水平低、发展

不平衡的基本省情尚未根本改变，但是中原经济区建设逐步进入全面推进阶段，“三化”的进一步协调发展，使得保险业发展的机遇和优势仍然很明显。

2014 年，随着十八届三中全会决议的落实，一系列的利好政策的出台必将为河南保险业的发展注入新的活力。如完善保险经济补偿机制，建立巨灾保险制度；鼓励金融创新，丰富金融市场层次和产品；完善农业保险制度；鼓励社会资本投向农村建设，允许企业和社会组织在农村兴办各类事业；稳步推进城镇基本公共服务常住人口全覆盖，把进城落户农民完全纳入城镇住房和社会保障体系，在农村参加的养老保险和医疗保险规范接入城镇社保体系；在大病保险中引入商业保险的分摊机制，以税收递延促进企业年金、职业年金和个人商业养老保险的发展。此外，2014 年河南省将继续加大引入保险资金促进省内重大项目建设的力度，并积极推进成立以本省股东为投资主体的总部位于河南的保险法人机构，以培育建设河南保险业的资金、技术和人才高地。

以上这些决议的逐步落实必将给保险业带来巨大的发展契机。特别是 2013 年河南省保险业集中力量治理理赔难等行业顽疾，大大提升了消费者的满意度，提升了行业的社会形象。由此可以预见，2014 年，河南保险的业务领域将会继续拓宽，险种覆盖面将不断扩大，保障功能将得到更好发挥。

2. 保险业加快转变发展方式，综合实力将不断增强

2014 年河南保监局，河南保险业界继续深化险种结构调整，保险业重规模轻绩效的粗放经营模式继续向集约化的经营模式转变，综合实力将进一步增强。同时，从保险公司发展目标和策略选择看，多元化发展、差异化经营的市场格局将会逐步形成。从保险公司考核政策看，财产险公司加大利润指标考核权重，人身险公司加大续期率和期缴考核权重，保障性险种重回市场主流，利润导向更加明显。从险种业务结构看，财产险公司加快非车险业务发展，人身险公司的健康险业务、意外险业务将取得同期高于寿险的增速。可以预见，在 2014 年，保险业特别是人身险的发展将走出近年的保费增速放缓的颓势，进入另一轮快速发展轨道，河南保险业的赢利能力将不断提高。

3. 监管力度增强

尽管监管部门近两年不断加大查处力度，但基层保险公司弄虚作假、侵害消费者利益的问题仍然普遍存在，反映出保险公司内控管理水平不高的问题长期没有改变。以河南的情况来看，农业保险、车船税代收代缴、资金安全等仍是案件高发的重点领域。2014 年，继续强化保险市场监督，深化市场改革将是监管机构的重要举措。在监管强化上，产险方面，全省将重点治理虚列手续费、虚挂应收、虚假批退保费、虚假理赔等弄虚作假行为；寿险方面，全省将抓好内控和合规性综合检查，继续开展销售误导综合治理专项检查，严肃整治夸大收益、违规承诺、虚假宣传等误导行为。

2014 年，河南保监部门将在加大市场监管力度、严厉打击违法违规问题的基础上，积极改进监管方式，切实做到科学监管、有效监管。通过对河南省内保险分支机构偿付能力指标的跟踪监测，对偿付能力风险起到预判、预警的作用。对保险公司理赔服务质量进行分类监管，强化行业自律，完善违约处理制度。在诸多风险之中，要重点关注寿险期满给付和退保风险、资金运用风险、偿付能力不达标风险、非寿险投资型业务风险、案件风险，以及综合经营中的风险传递。在这一过程中，加强非现场、动态监管成为重要的方式，例如将利用退保月度监测、现金流压力测试、偿付能力分析等手段及时发现风险苗头，做到风险关口前移。

参考文献

马路路：《河南省保险市场调查分析》，《知识经济》2013 年第 10 期。

王成意：《河南省保险业与经济发展协调性研究》，《时代金融》2013 年第 21 期。

卢克贞、宋新红：《河南省保险市场的发展与监管》，《金融理论与实践》2003 年第 9 期。

董笑晗：《河南省保险市场调查报告》，《现代经济信息》2010 年第 9 期。

B.5

中国农业发展银行河南省分行的现状及发展

中国农业发展银行河南省分行课题组*

摘　要：

中国农业发展银行河南省分行以服务“三农”为己任，坚持政策性银行办行方向，在服务国家粮棉油宏观调控、维护国家粮食安全和主要农产品市场稳定、保护农民利益、支持河南农业和农村经济发展方面发挥了积极作用，彰显了农业政策性银行的独特支农地位。“十二五”期间，河南省分行将紧紧围绕省委、省政府决策部署，以支持中原经济区建设为重点，用领导方式转变带动发展方式转变，为河南省域经济发展做出新的贡献。

关键词：

中国农业发展银行　河南　信贷支农

一　中国农业发展银行河南省分行运行态势分析

（一）机构概况

中国农业发展银行（以下简称农发行）河南省分行于1995年1月5日成立，是河南省唯一一家农业政策性金融机构。全省共有151个分支机构，其中市级分行16个、直属支行1个，县级支行133个，干部职工3600多人（见表1）。

* 课题组成员：田永强、王燕。

表 1　2012 年度机构人员统计

单位：个

行　别	机构数					人数
	合计	省分行	省分行营业部	市级分行	县级支行	
省分行	1	1	—	—	—	122
营业部	8	—	1	—	7	305
开　封	7	—	—	1	6	187
洛　阳	11	—	—	1	10	234
三门峡	7	—	—	1	6	129
平顶山	8	—	—	1	7	158
许　昌	7	—	—	1	6	163
漯　河	5	—	—	1	4	127
安　阳	7	—	—	1	6	150
鹤　壁	4	—	—	1	3	92
新　乡	10	—	—	1	9	211
焦　作	8	—	—	1	7	162
濮　阳	7	—	—	1	6	163
南　阳	15	—	—	1	14	322
商　丘	10	—	—	1	9	279
周　口	12	—	—	1	11	304
驻马店	11	—	—	1	10	268
信　阳	12	—	—	1	11	283
济　源	1	—	—	—	1	27
合　计	151	1	1	16	133	3686

截至 2013 年 10 月 31 日，农发行各项贷款余额 1477.71 亿元，贷款总量居全国省级分行第 3 位，商业性贷款存量居全国省级分行第 1 位。企事业单位存款日均余额 211.66 亿元，居全国省级分行第 4 位。全省中间业务收入总额 5435 万元，同比增加 401 万元，居全国省级分行第 4 位。资产利润率为 1.82%，同比下降 0.01 个百分点。成本收入比为 15.69%，同比下降 0.48 个百分点。利润总额 26.99 亿元，同比提高 0.57 亿元。人均利润 73.9 万元，同比提高 2.36 万元。

作为河南省唯一一家农业政策性金融机构，河南省分行贷款业务范围涵盖粮棉油购销调销、面粉加工、油脂加工、棉纺、制药、林果业、畜牧养殖及加

工、造纸、茶业、酿酒、渔业及农业开发和农业基础设施建设等20多个行业及领域。

（二）2013年主要信贷业务情况

1. 粮油信贷业务

2013年，河南省粮食生产连续10年增产，总产量达到1142.74亿斤，增幅为1.3%。[①] 为保证国家粮食安全和农民增产增收，河南省分行始终把支持粮食收购作为全行工作的重中之重，坚持在不“打白条”的前提下防控风险的指导思想和“多收粮、收好粮、防风险”的总体要求不动摇，认真做好政策性贷款发放与管理工作，审慎积极办好商业性信贷业务，准确把握政策，加强贷款营销，有效防控风险，信贷支农力度进一步加大，粮油信贷业务实现科学有效发展。2013年10月底，粮油贷款余额达到947.81亿元，余额占全行业贷款比为64.1%。认真执行国家粮食宏观调控和购销政策，积极支持储备企业增储轮换收购和农业产业化龙头企业、粮食加工企业、粮食购销企业入市收购。截至2013年10月底，累计发放粮油收购资金308.51亿元，支持企业收购粮油299.76亿斤。积极开展贷款营销，进一步强化客户维护，实现商业性贷款业务的有效发展，农业产业化龙头和加工企业贷款稳健增长。截至2013年10月底，粮油商业性贷款余额103.79亿元。

2. 棉花收购信贷业务

坚持树立在不“打白条”的前提下防控风险的指导思想，正确处理好报收购与防风险的关系，防止因工作不到位而使农发行支持的企业收购资金供应出现问题。严格执行总行收购政策，提前做好收购贷款资格认定、网点布局、额度核定、预案制定等各项准备工作，确保棉花收购和入储工作的顺利进行。截至2013年10月底，累计投放新棉收购贷款8.43亿元，共支持27家企业累计收购皮棉93.44万担。

3. 非粮棉油农业产业化龙头企业贷款

非粮棉油农业产业化龙头企业贷款是指依据国家政策规定，对农业产业化龙

---

① 数据来源于国家统计局2013年11月29日发布的数据。

头企业发放的，用于包括林业、园艺、水果、中药材、茶和其他类产业的贷款。截至2013年10月末，共支持非粮棉油产业化龙头企业48家，贷款余额37.87亿元。

4. 农业科技、生产资料、小企业贷款

农业科技贷款围绕提高农业综合生产能力，进一步加大贷款支持力度，重点支持了种业、农机、节水灌溉、中低产田改造等实用农业科技成果的转化和产业化项目，支持加快发展现代农业。2013年末，农业科技短期贷款授信额度1.4亿元，银行承兑5.03亿元。农业生产资料贷款主要用于支持规模大、行业地位突出的农资流通企业化肥、农药、农膜等流动资金需求，用于支持经省级农业机械化主管部门批准、列入省级以上补贴名录的农机企业流动资金需求。农业小企业贷款是为解决农业小企业生产经营活动过程中的资金需要而发放的贷款。贷款对象是农、林、牧、副、渔业从事种植、养殖、加工、流通的各类所有制和组织形式的小企业〔小企业划分标准参照《关于印发中小企业划型标准规定的通知》（工信部联企业〔2011〕300号）的规定〕。

5. 专项储备贷款

专项储备贷款主要用于执行储备计划，承担国家、省和市县级化肥、肉、糖、羊毛等储备时的资金需求。河南省分行主要发放有国家化肥储备贷款、国家储备肉全额补贴贷款。截至2013年10月末，国家化肥储备贷款余额43650万元，库存21万吨；国家储备肉全额补贴贷款14785万元，库存5800吨。

6. 农业农村流通体系建设及基础设施建设贷款

农发行始终坚持“有重点、分区域、抓特色、重品牌”的工作思路，通过信贷杠杆加快农村流通基础设施建设，促进农村物流、资金流、信息流的双向流通。截至2013年10月末，农村流通体系建设贷款支持企业19家，余额10.66亿元。对农村基础设备建设贷款，农发行认真贯彻落实国家宏观调控政策、产业行业政策和项目管理政策，突出支农政策，紧紧围绕农村基础设施建设的重点领域和农业综合开发方面的薄弱环节开展业务，对大型建设项目中支农特征不明显、关联度不高的配套设施予以剥离，突出支农重点。促进了农村基础设施建设和农业综合开发的快速发展。截至2013年10月底，累计新投放农业农村基础设施中长期贷款83.33亿元，贷款余额299.07亿元，较年初增加62.49亿元。共支持中长期项目180个，其中支持病险水库除险加固3座，

增加蓄水7134万立方米，增加改善耕地灌溉面积1398万亩；修缮疏浚沟渠31.42万米，解决82万农民饮水问题；复垦土地面积4.46万亩，新增有效耕地5.65万亩，置换出建设用地0.95万亩，整治村庄1266个，新增农民住房面积357万平方米，新建农民集中住房区22个，改善住房2.3万户。

7. 县域城镇建设贷款

长期以来，我国的城镇建设主要偏向大中城市，为了全面推动整体国民经济发展、改善人民生活水平，县域城镇建设的工作逐渐得到了国家经济工作的重视。针对当前河南县域城镇建设薄弱的情况，河南省农发行顺应形势发展，紧跟时代步伐，根据国家宏观层面的统一部署，结合地方实际情况，大力支持县域城镇建设。2013年末，河南省分行县级政府投融资客户62个，比年初增加6个。

（三）国际业务发展状况

2012年末，河南省分行外汇业务经办行达到6家（省分行营业部、焦作市分行、新乡市分行、南阳市分行、周口市分行、信阳市分行），初步形成了“东西南北中”辐射带动全省国际业务发展的格局，2010～2012年连续三年被河南省外汇管理局关于银行执行外汇管理规定考核评为“A”类行。至2013年10月末，办理国际结算业务1735笔，结算量3.6亿美元，国际业务结算量排全国第五位。贸易融资业务量突破1亿美元，达1.38亿美元，贸易融资业务量居全国第三位。

（四）财务状况

河南省分行始终坚持牢固树立艰苦奋斗、勤俭办行的理念，努力挖掘增收潜力，优化支出结构；大力组织收入，挖掘收息潜力，加大收息力度；规范财务开支，强化财会监督管理，完善实施市级分行“三位一体”的经营管理等考评办法，实现了经营效益持续提升。2013年1～10月份实现各项收入726888万元，各项支出457019万元，账面利润26.99亿元，人均利润为73.9万元，同比人均提高2.36万元；资产利润率为1.82%，成本收入比为15.69%，同比提高0.48个百分点。

（五）合规文化建设

始终把合规管理作为实施从严治行方略的主要抓手，切实加强合规建设。对重点业务、重点流程和重点岗位，提炼“核心提示”，进行“关键控制”；出台了信贷“八零”管理标准，强化了基础管理；建立市分行合规例会和县支行合规晨会制度，市级分行每月至少召开一次合规例会，县支行每个工作日召开一次合规晨会，推进合规讲评常态化；建立合规检查制度，开展了信贷、财会、人力资源等三条线“合规建设回头看”风险排查，推进合规监管常态化；建立合规评价制度，将合规指标量化纳入分支行经营管理综合考核体系，完善县级支行等级管理办法，落实等级行与资源分配、干部升迁挂钩机制，完善责、权、利相结合的激励约束机制，推进合规考评常态化；建立“岗位应知应会条规卡”和“县级支行合规达标”制度，确保每位员工掌握本岗位合规要求；建立合规问责制度，针对内外部检查中发现的问题，举一反三，查找漏洞，强化问责，及时整改。

二　制约农发行河南省分行业务发展的主要因素

河南是全国第一农业大省、人口大省、粮食大省和农产品加工转化大省，是全国重要的粮棉油生产、加工基地和纺织工业基地。因此，河南省分行各项贷款业务量长期位居全国省级分行首位。然而，2011 年以来，尽管全国农发行每年新增贷款 3000 亿元以上，但河南省分行却增长很少，乃至下降，贷款余额一直在 1500 亿元左右，排名也降至全国第二、第三的位置（见表 2）。

表 2　2008 年以来河南省分行各项贷款增减情况

单位：亿元，%

项目＼年份	2008	2009	2010	2011	2012	2013 年 10 月末
贷款余额	1260	1472	1558	1363	1500	1477.7
比上年增减	11.4	16.8	5.8	-12.5	10.1	-1.5

河南省分行近年来出现的贷款徘徊现象，既有客观因素的制约，也有主观上努力程度不够等因素影响。

（一）客观因素

1. 粮食托市收购（又称最低价收购）政策的影响

河南是粮食大省，小麦产量每年均占全国1/4左右，夏粮收购数量与贷款投放量对农发行影响最大（见表3）。

表3　河南省2008年以来夏粮总产量、托市收购量及贷款投放情况

单位：亿斤，亿元

项目 \ 年份	2008	2009	2010	2011	2012	2013
粮食产量	612	613	618.1	626.3	637.2	647
托市收购数量	495.2	435	351.3 +15.7	0 +204	234.2 +70.5	15 +193.1
贷款投放量	410.5	407	337.6 +10	0 +196	249.5 +75	19.6 +185.8

注："+"号后面数字为市场化收购贷款及数量。

表3显示，虽然2008年以来夏粮产量逐年增加，但贷款投放却相差很大。2008年、2009年托市收购政策执行较好，夏粮收购全部为托市收购，贷款投放和收购量为历年最高的两年。2010年受市场价格影响，托市收购仅启动一个月，农发行投放贷款337.6亿元，支持收购最低价小麦351.3亿斤，市场化收购量非常小；2011年托市收购政策未启动，主要为市场化收购，因此，农发行投放的贷款量也是历年来最低的一年，全行贷款总量创近年来新低；2012年6月25日之前，托市收购政策未启动，农发行投放市场化收购贷款75亿元，支持收购粮食70.5亿斤，6月25日全面启动后，农发行投放托市收购贷款249.5亿元，支持收购粮食234.2亿斤；2013年，在省政府干预和社会呼吁下，托市收购政策5月31日正式启动，但由于种种原因，基本上是启而未动，启而即停，6月下旬即停止，农发行共投放托市收购贷款19.6亿元，支持企业收粮15亿斤，除中储粮少量轮换收购外，其余均为市场化收购。由此可见，夏粮收购尤其是国家小麦最低价收购预案能否启动、启动时间长短，对河南省分行贷款的影响非常之大。

2. 国家对土地和政府融资平台严控的影响

河南省分行农业农村基础设施中长期贷款起步晚、基数小、基础差，又遇国家对土地储备机构和政府融资平台融资行为严格控制，可谓雪上加霜。2012 年 11 月 5 日，国土资源部、财政部、人民银行、银监会联合下发了《关于加强土地储备与融资管理的通知》（国土资发〔2012〕162 号）；2012 年 12 月 31 日，财政部、国家发改委、人民银行和银监会联合下发了《关于制止地方政府违法违规融资行为的通知》（财预〔2012〕463 号），对农发行开展农业农村中长期贷款直接带来严重影响。一是将土地储备贷款正式界定为地方政府性债务，加大了地方政府的债务负担；二是新增土地储备及土地储备机构的年度融资规模受到刚性控制；三是加强了对融资平台注资行为和融资行为的规范管理，尤其是不得授权融资平台公司承担土地储备职能，不得承诺将储备土地预期出让收入作为融资平台偿债资金来源，对农发行开展以土地出让收入为主要还款来源的农民集中住房项目、农村土地整治、水利建设项目等影响较大。表 4 为河南省分行 2010 年以来农业农村中长期贷款开展情况。

表 4　河南省分行 2010 年以来农业农村中长期贷款情况

单位：亿元，%

项目 \ 年份	2010	2011	2012	2013 年 10 月末
贷款余额	99.9	164.6	240.8	299.1
比上年增减	54.2	64.4	73.5	62.5
占全国比例	2.16	2.23	2.74	2.97

3. 商业性贷款规模刚性压缩

2010 年以来，总行在业务发展上，提出了“一保”、“一进”、“一退”的指导思想，即保证粮棉油政策性收购资金需求，大力推进农业农村中长期业务开展，对产能过剩行业和非粮棉油类的商业性客户稳妥退出。河南是农产品加工大省，2012 年末，农业产业化龙头企业和农产品加工企业客户高达 889 个，贷款余额 303 亿元。2013 年，由于总行对商业性贷款规模严格控制，全行商业性贷款前 10 个月已经下降 26.72 亿元，农产品加工大省的资源优势和产业

向中西部转移优势无法在农发行体现出来，在大部分地方不具备开办农业农村中长期业务条件的情况下，业务发展必然受挫。即使是政策性中长期贷款，同样受信贷规模的控制而无法全额发放。

（二）主观因素

1. 认识存在偏差

一是缺乏担当意识。一些基层行认为，发展业务存在着贷款风险，不发展至多排名靠后一些，不会出现风险，更不会追究责任。二是缺乏开拓意识。营销客户需要上门求人，需要协调当地党政和有关部门，不如坐门等客，人来求我；对业务工作中出现的困难和问题不积极寻求解决办法，而是等待拖拉观望。三是缺乏危机意识。没有认识到业务发展是农发行生存的基础，是履行政策性职能的体现，是化解清降不良贷款的抓手，是提高经营绩效的关键。

2. 制度执行上的一刀切

尤其是农业农村中长期贷款项目更为突出，往往是“一把尺子量全国”。比如，对地方政府融资平台贷款“三率一额度”的硬性约束，以及对土地抵押率的设定，不管是东部发达地区，还是中西部经济欠发达地区都是一个标准，没有体现区域差异化。这样，必然形成发达地区发展更快、落后地区发展更加落后的“马太效应”。受准入政策刚性约束的限制。

3. 金融创新不足

一是金融产品同质化。目前，农发行开展的以土地抵质押和作为还款来源为核心的农业农村中长期贷款项目，除了贷款投向领域不同外，与国开行和其他商业银行贷款条件基本一致，且由于农发行办贷效率低，缺乏竞争优势。二是产品较少。例如，面对农村土地加速流转、现代农业加速推进的新形势，农发行除目前“合同收购贷款”一个品种外，没有其他贷款品种，致使对农业生产环节的支持无法突破。三是在抵押担保方面缺乏创新。不管是农业农村中长期贷款，还是对粮棉油战略性客户贷款，都存在抵质押品种少、可抵质押的资源不足等问题。

4. 金融服务不优

一是客户维护手段乏力，缺乏差异化。尤其在对战略性优质客户的服务中，商业银行一般是配备专职的客户经理，设立 VIP 室，开辟办贷“绿色通道”、扩大定价授权等，而农发行目前却远远滞后。二是贷款审批环节多、速度慢、效率低，一个项目从贷款营销到资金发放，少则几个月，多则半年，乃至一两年，周期过长。例如，三门峡市分行申报的 12 亿元苍龙涧河综合治理项目，从营销到最后总行批准，前后历经 15 个月，贷款流程经过 108 个人签批才最终完成，而国开行前后不到一个月就完成全部流程发放贷款。三是结算手段落后。目前，农发行仅依托工商银行的网银和信用卡开展结算业务，环节多、受限大，远远不能满足客户的需要。

5. 激励机制缺乏

对发展速度快、质量好的行，缺乏相应的激励机制；对客户营销突出的个人，没有相应的奖励办法，导致业务发展快与慢、好与坏、多与少，与员工个人关系不大，没有充分激发每一位员工的活力和积极性。

三　加快业务发展的若干思考

（一）创新思维方式，增强各级行加快业务发展的紧迫性和使命感

发展是硬道理，发展是生存的基础，发展是农发行履行政策性职能的体现，发展是解决消化遗留问题包括不良贷款的有效抓手，发展是农发行打造现代农业政策性银行的本质要求等理念，应成为全行上下共同的思想认识。“任尔东西南北风，咬定发展不放松”。各级行必须创新思维方式，增强发展意识和危机意识，以只争朝夕的精神、时不我待的紧迫感，迎难而上，乘势而为，克服工作中存在的“庸软懒散”行为，用发展的真实成绩检验群众路线教育实践活动的成果。

（二）创新管理方式，实施差异化的信贷政策

一是在“两轮驱动”业务发展战略上全国不应“一刀切”。应因地制宜，突出地方优势。对不具备政策性中长期业务发展条件的地方，应以粮棉油全产业链业务为主；对非粮棉油主产区，应发展特色农业、中小企业信贷业务。今

后，这类业务也应纳入指导性政策，不应该归为商业性业务。二是在规模分配上，应兼顾中长期贷款发展缓慢的中西部地区。由于此类地区经济欠发达，应实行差异化的信贷准入政策和规模倾斜政策，并适当降低准入门槛。三是建议监管部门实施差别化的监管政策。对农发行开展的支持粮棉油全产业链信贷业务、政策性中长期信贷业务以及其他关联的政策性业务，应有别于其他商业银行，以是否执行国家政策为监管重点，适当提高贷款风险容忍度。

（三）创新金融产品，开辟业务发展新“蓝海”

一是适应现代农业加速发展新形势，抓紧创新信贷品种，包括土地流转贷款、农田水利建设专项贷款、园区基础设施建设贷款、流通市场建设贷款、大型农业机械设备按揭贷款、农业订单贷款、合作社贷款、特色产业基地贷款等品种，迅速在支持现代农业生产领域取得突破。二是针对四部委关于土地储备机构和政府融资平台融资业务严格控制的新要求，积极探索支持城乡发展一体化的新途径。当务之急是要探索民营资本在推进城乡发展一体化中的积极作用，摆脱对政府融资平台的依赖。比如，在完善土储机构承贷模式基础上，可探索公共部门与私营企业合作模式（又称 PPP 融资模式）等，寻求业务发展新的突破口。三是创新抵押担保方式。根据十八届三中全会赋予农村土地流转、交易以及承包经营权抵押、担保的新政策，积极探索土地经营权抵押贷款、农村集体建设用地使用权抵押贷款、宅基地抵押贷款，以及可转让股权、专利权、商标权等权利质押贷款。

（四）创新服务模式，培育优质战略客户群

一是要在全行上下营造以客户为中心的服务理念。针对客户不同的需求，提供差异化服务。对优质战略性客户，要配备专兼职客户经理主动上门服务，有条件的可设立 VIP 室，开辟包括办理各种业务的“绿色通道”和专属服务区。对因外部经济形势导致经营困难的客户，要及时排查、及时诊断、分类施策，帮助企业渡过难关。二是加强综合服务。充分利用银行的信息和网络优势，定期为客户发布相关信息，开展行业产业分析，帮助企业把握发展趋势。三是提高办贷水平。采取果断措施，大力压缩现有办贷环节，优化办贷流程，

加强前后台衔接，规定不同项目的办贷时间，开辟优质客户办贷“直通车”，切实提高办贷效率；实行差异化信贷政策，进一步下放省分行、二级分行审批中长期贷款权限，扩大“平行作业”范围，简化业务授权和定价授权。四是加强结算服务。尽快克服目前在自动转账、信用卡、网上银行等环节的缺陷，积极研发农发行自己的结算系统，包括网上银行、信用卡、手机银行等业务系统，完善服务功能。

（五）创新发展动力，建立有利于业务可持续发展的激励约束机制

业务发展的最终归结点取决于员工的内在动力。因此，首先要打造一支素质优良的干部队伍。实施“人才兴行”战略，千方百计争取进人指标，面向社会公开招聘业务发展急需人才，优化现有信贷队伍结构；加大培训力度，不断提高存量人员素质。其次，完善考核办法。一方面，将业务发展纳入市县行经营绩效考核体系，对因主观原因连续两年业务发展上不去的分支行行长，直接免职调岗或降职使用；另一方面，建立客户经理等级管理机制，不同等级的客户经理管理不同层次的客户，不同等级的客户经理授予不同的权限，不同等级的客户经理享受不同的工资奖金待遇，不同等级的客户经理在晋升提拔中拉开差距，以调动客户经理营销和尽职管理积极性。第三，开展创先争优活动。省市分行每年开展“百佳客户经理”和“十佳客户经理”等评选活动，对评出的“优秀客户经理”进行奖励表彰，并与工资奖金分配挂钩。同时，对完不成工作目标、贷后管理不尽职的客户经理，应给予相应的经济处罚，扣减相应工资奖金；对造成重大损失、形成重大风险的有关责任人要进行严格责任追究。

参考文献

黄鹏：《基于供求视角的河南农村金融服务充分性研究》，《金融理论与实践》2008 年第 5 期。

赵国强：《河南农村金融组织制度效率探讨》，《河南财政税务高等专科学校学报》2011 年第 2 期。

陆强:《拓展政策性金融支农方式研究——基于农村金融供给角度》,《经济体制改革》2013 年第 3 期。

奚宾:《河南农村金融改革初探》,《商业经济》2013 年第 11 期。

中国人民银行郑州中心支行课题组、张树忠、骆波、李天忠、勾京成、刘延红:《政策性金融支农效应研究——以河南省为例》,《中国金融学会第八届调研报告评选获奖论文集》,2005。

娄永跃:《财政支农与金融支农相关问题研究——以河南省为例》《金融理论与实践》2009 年第 7 期。

B.6 2013 年郑州商品交易所发展报告

汪琛德　白玉　陶俊*

摘　要：

2013 年，在中国证监会的正确领导下，郑州商品交易所（以下简称郑商所）紧紧围绕服务实体经济开展工作，坚持“稳中求进”，在丰富上市品种、巩固技术支撑等方面均取得了积极成效，市场运行质量提升，服务实体经济能力增强。未来三年，郑商所将动员全所力量，抓住机遇，调动一切积极因素，真抓实干，充分激发创新发展活力和动力，努力实现“四个转变”，在更广领域、更大范围和更高层次上为国民经济发展提供服务，为中原经济区建设做出更大贡献。

关键词：

郑州商品交易所　发展态势　趋势展望

郑州商品交易所成立于 1990 年 10 月 12 日，是经国务院批准成立的中国首家期货市场试点单位，号称“中华第一市”，由中国证券监督管理委员会垂直管理，是中国四家期货交易所之一。

郑商所是中西部地区唯一的全国性交易所，关系国计民生的粮、棉、油、糖等大宗农产品均在此上市交易，是全国重要的资金、信息和物流中心。郑商所目前上市有 13 个期货品种，涉粮、油、饲料、纺织、食品、建材、化工、能源等八大行业。截至目前，郑商所共有会员 203 家，分布在全国 27 个省

* 汪琛德，郑州商品交易所期货及衍生品研究所所长；白玉，郑州商品交易所期货及衍生品研究所副研究员；陶俊，郑州商品交易所办公室高级经理。

（自治区、直辖市），其中期货公司占会员总数的 80%。非期货公司占会员总数的 20%。

近年来，郑商所以坚持“三公”原则、坚定不移地走科学发展道路为核心理念，以服务实体经济为宗旨，以强化一线监管和发挥市场功能为主线，致力于建成“运作规范高效，创新意识强烈，品种丰富完善，技术水平先进，功能发挥充分，具备核心竞争力，在国内外具有重要影响力的期货交易所”，努力在更广领域、更大范围和更高层次上为国民经济发展提供服务。

一 2013 年发展态势

2013 年是全面贯彻十八大精神的开局之年，是郑商所在国家“十二五”时期谋求加快创新发展的承上启下之年。在中国证监会正确领导下，在河南省委、省政府大力支持下，郑商所紧紧围绕服务实体经济开展工作，坚持“稳中求进”，在丰富上市品种、完善规则制度、巩固技术支撑等方面均取得了积极成效，市场运行质量提升，服务实体经济能力增强。

（一）市场发展稳定

2013 年，郑商所以服务“三农”、服务实体经济为目标，紧紧围绕服务创新和完善机制两大主线，做精做细已上市品种，全面提高服务实体经济质量和水平。截至目前，郑商所共上市 13 个期货品种，分别是小麦（包括优质强筋小麦和普通小麦）、早籼稻、棉花、菜籽油、油菜籽、菜籽粕、白糖、精对苯二甲酸、甲醇、玻璃、动力煤、粳稻。

各上市品种发育均衡，市场流动性适度，市场风险可测、可控。总体来看，市场发展健康稳定。2013 年累计成交量为 52524.92 万手，累计成交金额为 188978.31 亿元，同比增长 51.36% 和 8.84%（见图 1、图 2）。各品种期货合约成交量和成交金额情况如表 1 所示。

（二）上市品种丰富

郑商所积极研发上市新品种，不断扩大服务实体经济的领域和范围。2013

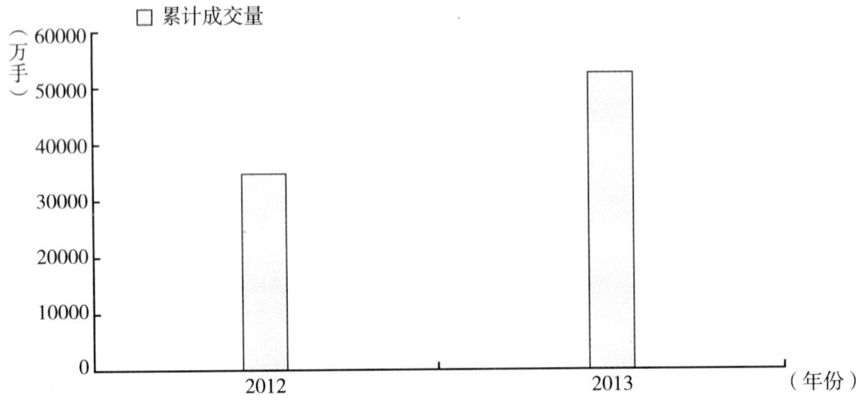

图1　郑商所2013年品种累计成交量

资料来源：中国期货业协会官方网站。

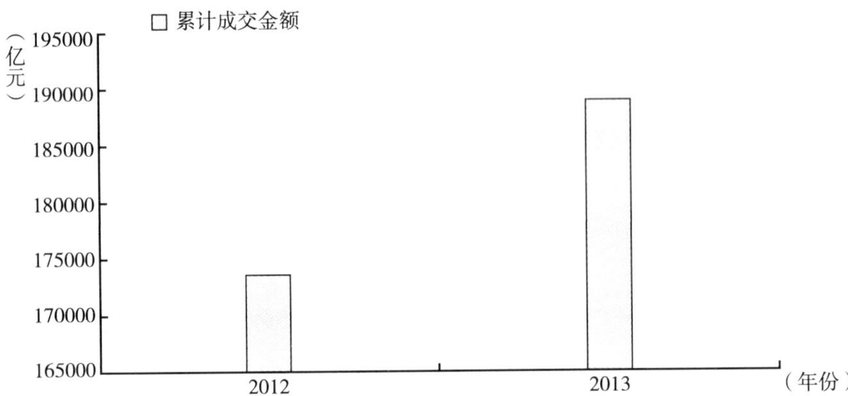

图2　郑商所2013年品种累计成交金额

资料来源：中国期货业协会官方网站。

表1　郑商所2013年各品种成交量与成交金额

单位：万手，亿元

品种	成交量	成交金额	品种	成交量	成交金额
棉花	745.21	7405.90	早籼稻	87.29	354.28
甲醇	349.76	5551.77	菜籽油	1269.99	9551.82
油菜籽	117.27	633.59	菜籽粕	16010.04	39194.20
白糖	6978.81	36305.78	精对苯二甲酸	7625.77	30318.66
普通小麦	0.19	2.35	优质强筋小麦	290.34	1293.12
玻璃	18610.49	53390.93	动力煤	435.72	4951.12
粳稻	4.05	24.83			

资料来源：中国期货业协会官方网站。

年，郑商所先后上市动力煤和粳稻等 2 个期货品种，包含农产品、能源、化工、建材的综合性品种体系进一步完善。

晚籼稻期货已获国务院批准，铁合金（硅铁、硅锰）待证监会报国务院批准。其他已上报证监会申请立项品种包括 12 个：水泥、乙二醇/短纤/长丝、干茧/生丝、棉纱、花生/花生油、尿素、钾肥、纸浆；跟踪研究品种：苯/苯乙烯、电力、天然气。

（三）规则制度完善

郑商所根据市场运行情况，及时修订调整相关规则制度，持续推进规则制度完善。2013 年 7 月 9 日，修订后的郑商所《期货交易风险控制管理办法》、《套期保值管理办法》、《期货交易细则》、《期货结算细则》等 4 个业务细则和新制定的《套利交易管理办法》正式对外发布，并于 2013 年 9 月 16 日施行。新的业务细则调降了临近交割月保证金标准，减少了保证金和限仓标准调整梯度，放宽了会员持仓限制，改革了套保管理办法，制定了套利管理办法。

（四）交易工具创新

1. 开展期权仿真交易

一是系统开发与完善。交易所端，目前，期权系统针对新套保套利规则已经完成升级，待内部测试完成后交付第三方测试。会员端，易盛公司完成会员端开发，达到仿真交易要求；其他会员端除上期技术外，均通过验收，已满足仿真交易要求。上期技术会员端目前已开发完成。二是从 2013 年 10 月初开始举办期权仿真交易及竞赛。三是开展市场培育。目前期权网功能已基本完备；开办期权讲习所培训班 5 期，培训人员 1000 多人；仿真交易宣传方面，拟通过郑商所“三业”活动，支持、引导会员结合模拟交易和仿真交易，针对现货企业、投资机构和散户等不同投资者举办会议宣讲、编制材料、网站宣传等多种形式的投资者教育活动；联络新闻信息部，就仿真交易进行组稿，通过《期货日报》等媒介宣传。

2. 发布农产品期货价格指数，制定期货合约及制度规则

郑商所编制的易盛农产品期货价格指数于 2013 年 7 月 18 日正式对外发

布，社会各界可以通过《期货日报》、《中国证券报》、郑商所官方网站、易盛农期系列指数行情系统、易盛行情资讯系统等方式接收指数信息。完成易盛农产品期货价格指数期货合约设计，制定《郑州商品交易所商品指数期货投资者适当性制度实施办法》，修改完善《郑州商品交易所交易规则》、《郑州商品交易所期货交易细则》、《郑州商品交易所期货结算细则》、《郑州商品交易所期货交易风险控制管理办法》、《郑州商品交易所套期保值管理办法》等制度规则，为上市指数期货奠定基础。

（五）交易系统升级

对交易系统升级改造，新版规则的 TE V6408 版交易系统于 2013 年 9 月 16 日正式上线启用。新一期交易系统建设取得阶段性成果。新一期交易系统原型系统设计完成，并按照原型系统设计方案，建立相应的开发环境，着手相关程序的编码工作。新一期交易系统将提升整个系统的吞吐率至 10000 笔/秒以上，降低整个系统的最大时延到 15 毫秒以下，同时满足减小带宽、订阅行情、期权业务等对行情服务的新需求。运维管理标准化体系初步建立。符合 ITIL 框架体系、达到 ISO20000 标准的 IT 服务管理体系已通过 ISO20000 标准认证审核。

（六）体制机制改革

为激发交易所内在活力和创新动力，2013 年，郑商所继续探索推进交易所体制、机制变革。一是逐步完善监事会制度机制。召开监事会议，听取了经营管理层关于上半年工作推进情况的汇报。二是初步完成规范会员资格管理的基础性工作。三是推动清算所有限公司的筹备工作。已完成结算公司筹备初步方案。四是推动完善郑州商品交易所期货及衍生品研究所有限公司建设事宜。制定《期货及衍生品研究所有限公司工作方案》，股东通过。新招聘公司人员 8 人。制定研究所公司员工日常行为管理、劳动人事管理、人事考勤、绩效考核、财务管理、资金管理、资产管理、业务费用等制度。

（七）市场服务深化

郑商所在工作中创新思路，创新监管方式方法，寓监管于服务之中。一是开展“千人培训”、“万人培训”活动，及“点”、“面”基地建设，加强对已上市品种及拟上市品种的市场培育。举办不同形式、不同对象的市场活动，深入开展投资者教育活动。深入开展“走进产业，贴近行业，服务企业”主题活动，开展“万人培训活动”。2013 年，郑商所支持会员举办“三业”活动报告会 787 场，培训企业 19775 家次、人员 42378 人次。与政府部门、协会等单位合作，持续开展“期货服务‘三农’”、“服务产业”系列活动，继续实施“千人培训计划”。分别在湖北、湖南、安徽等多地与当地金融办、证监局、粮食局、协会、有关政府机关等举办“期货服务‘三农’、服务实体经济”主题活动，当地政府部门、企业、种粮大户代表参加培训。持续开展市场功能“点”、“面”基地建设。深入龙头企业，总结成功经验，听取意见建议，为产业链特别是龙头企业利用期货市场提供支持和服务。对初评通过的“点”、“面”基地报告进行跟踪、指导。2013 年 9 月 12 日，举办郑州农产品（稻谷）期货论坛。来自国家有关部委与行业协会的领导、国内知名经济学者、全国各地稻谷企业、期货公司及投资机构代表等 300 多人参加了会议。

二是建立与产业企业面对面对话机制。同 PTA、玻璃、菜籽、菜籽油、菜籽粕、白糖、动力煤等行业协会和 100 多家行业龙头企业开展对话交流。三是通过举办各种活动，加强会员服务与投资者教育。每月举办一期视频讲座，就宏观形势、品种热点、合约规则等进行讲解，投资者与演讲人在视频培训中可以互动提问解答。

（八）队伍建设加强

加强人才队伍建设。优化完善人才成长激励机制，发布《郑州商品交易所先进评选表彰办法（试行）》，修订施行《郑州商品交易所岗位问责管理办法（试行）》。实施人才强所战略，大力引进技术、金融、法律等专业领军人才和境外创新型专业人才。新招聘员工 15 名，6 名博士后进站。推进多层次员工培训体系建设。纽约城市大学巴鲁克学院研修项目 2 人已经完成，并开始公开选拔 2014 年春季学期学习人员。开展了为期 12 天的新员工入职培训。继续与专业培训机构合作，组织外部培训项目。

（九）合作交流广泛

扎实推进对外交流与合作。2013 年 6 月 3 日，同泰国农产品期货交易所签署谅解备忘录（MOU）；2013 年 10 月 29 日，同墨西哥衍生品交易所签署谅解备忘录（MOU），进一步扩大对外交流合作范围。接待马来西亚证监会、蒙古国农业商品交易所监督管理委员会代表等外事来访活动 7 批次。安排 2 名郑商所员工到纽约城市大学巴鲁克学院插班学习，巴鲁克学院 2 名学生到郑商所实习。

（十）党的群众路线教育实践活动深入推进

按照“照镜子、正衣冠、洗洗澡、治治病”的总要求，紧紧围绕保持党的先进性和纯洁性，以为民务实清廉为主要内容，深入开展党的群众路线教育实践活动。一是根据《中国证监会关于开展党的群众路线教育实践活动实施方案》部署，结合郑商所实际，制定《郑州商品交易所开展党的群众路线教育实践活动实施方案》。二是举办党的群众路线教育实践活动征文及演讲比赛。三是严格按照中央及中国证监会要求，周密部署，精心组织，深入调查研究，在前期工作基础上，进一步聚焦反对“四风”。结合思想和工作实际，深入排查、全面梳理“四风”方面突出问题，深刻剖析存在问题的实质、根源和危害，明确今后的努力方向和改进措施。

二　基本经验和制约因素

作为全国最早、内陆最大的商品期货交易所，郑商所创造了中国期货市场的多个第一：国务院批准的全国第一家期货市场试点单位，签订了第一份现货远期合同，第一个推出电子化交易平台。“郑州价格”誉满全球。仓单通用制度，被美国期货专家称为“郑州的发明”，也是对世界期货市场的贡献。所有这一切成绩的取得，无一不是郑商人扎根实体经济，紧密结合中国经济发展实际而做出的开天辟地之举。

当今，在国际化的浪潮中，全体郑商人依然求真务实、勇于创新，坚守

“不甘落后、做事认真、信守三公原则、服务实体经济”为核心的价值文化，发挥自身优势，凝聚核心力量，为全面推进郑商所的持续、稳定、健康发展贡献力量。郑商所的自身优势或核心力量主要来自两个方面。

一方面是中国经济快速成长、中国期货市场大发展带给郑商所的优势，表现为：

第一，中国已经成为世界第二大经济体，是全球绝大多数商品最大的生产国、消费国和贸易国。随着中国经济的持续增长、人民生活水平的不断提高，对大宗商品需求持续增加，对风险管理的需求也将不断增加。

第二，与国际成熟期货市场相比，中国商品期货市场尚处于发展初期。表现为国际商品期货市场上成熟品种，例如原油、天然气等在中国尚属空白；商品期权、商品指数等衍生品尚未上市，显示中国期货市场仍有很大的发展空间。

另一方面的优势是郑商所自身在长期的发展过程中积累形成的，表现为：

第一，在长期的发展历程中，郑商所建立了一支具有国际视野、业务经验丰富、高效精干的人才队伍，成为郑商所创新发展的核心竞争力。

第二，郑商所始终坚持走创新发展之路。历史上，郑商所就是中国最早采用电子化交易的交易所，制定了中国最早的期货交易制度规则等。如今，郑商所依然坚持创新发展，大力开发上市动力煤等期货新品种，积极研发商品指数、期权等新型交易工具。

第三，郑商所的技术系统由自己独立开发，可以根据各种业务创新需求，量身定做，保证了各种创新理念能够及时转化为现实。

第四，产品优势。郑商所上市交易的棉花、白糖、小麦等期货品种已经是全球除美国以外的重要定价中心；PTA、甲醇、玻璃是全球唯一的期货品种，其价格已经成为全球相关产品定价的重要参考。

虽然，郑商所已是全球最大的商品期货交易所之一，在多年的发展中积累了经验，形成了诸多优势，但是，与国际具有重要影响力和国内其他三家期货交易所相比，郑商所身处内陆，受区位制约，对外开放更具挑战性。

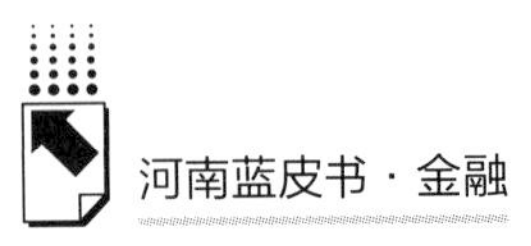

三　郑商所发展形势目标规划

（一）形势分析

1. 政府政策为郑商所创新发展提供重要保障

党的十八届三中全会对中国改革开放和社会主义现代化建设做出了全面部署，也为期货市场指明了发展方向。中原经济区上升为国家战略，为河南的发展提供了前所未有的机遇与挑战，也给予郑商所更大的发展动力。

河南是人口大省，也是小麦、玉米、棉花、菜籽等农产品的重要产地，能源、原材料和劳动力供应均居全国前列；粮食产量占全国比重超过1/6，其中夏粮产量超过1/4。郑商所的发展将对中西部地区经济和金融的发展，包括资金、信息、物流等发挥极大的辐射带动作用，其服务实体经济的作用也将大幅提升。

2. 中国经济转型时期为郑商所未来发展提供重大机遇

当前，中国经济处于转型时期，“转方式、调结构”是国民经济发展面临的重大任务。中国经济将实现从以政府投资、对外出口为主，向内需消费为主进行转变；从以高能耗、高污染的生产方式，向低能耗、清洁、绿色的生产方式转变；从倚重低端加工的第二产业，向大力发展服务业，三次产业协调发展转变。

经济转型的过程，也是一个风险大量集聚、资源重新配置的过程。期货市场的发展宗旨就是服务实体经济，期货市场规避风险、发现价格功能，可以有力地助推这一转型进程。随着内需的扩大，与人民生活息息相关的商品消费将会进一步增长。郑商所上市的期货品种，都是关乎国计民生的重要产品，与大众消费息息相关，例如，中国人均白糖年消费量尚不及全世界人均年消费量的一半，消费增长有巨大空间。郑商所将会抓住这一机遇，顺应这种转变，一方面要不断上市新产品，另一方面要做深做细已上市产品，深入发挥市场功能，更好地服务中国经济转型，实现自身的快速发展。

3. 加大对外开放与郑商所未来发展密切相关

在中国经济处于转型阶段、面临“二次入世”的关头，启动以上海自贸试验区（下称“自贸区”）为核心的新一轮对外开放，不仅是推进改革和发展开放型经济的重大国家战略，而且是中国期货市场制度创新发展的难得机遇。有利于提高中国期货市场定价地位；有利于促进中国期货市场对外开放。有利于加快中国期货市场创新发展。

作为全国最早、内陆最大的商品期货交易所，郑商所要实现其发展目标、提升全球价格影响力，除了需要对内改革，更需要对外开放，需要自贸区的金融环境及其制度创新的政策支持，以吸引更为广泛的市场参与者入市交易，改善投资者结构。郑商所将认真研究自贸区政策动向、密切关注其运行状况，把握时机、抓住机遇，主动参与，促进中国期货市场更好地服务国民经济。

（二）主要目标

在未来的几年内，郑商所要努力实现四个转变，即从以农产品期货为主向综合性品种体系转变；从单纯商品期货向既有商品期货又有指数期货和期货期权等新交易工具转变；从封闭型市场向开放型市场转变；从目前交易所体制向与现代期货市场发展相适应的新型交易所体制转变。

1. 上市品种丰富，品种结构完善

贴近“三农”需求，继续上市农产品，拓展化工产品，开发建材、能源等领域产品。在试点基础上，上市重点品种的期货期权，争取推出符合郑商所品种特点的商品指数产品期货。

2. 交易量持续增长，市场份额保持稳定

精心维护老品种，不断推出新品种，大力培育和开发市场，保持市场规模稳步增长，在境内商品期货、期权总交易量当中拥有稳定的市场份额，主要品种交易量在世界同类品种交易量排名中居前 3 位。

3. 投资者结构优化，产业客户充分参与

已上市品种产业链规模以上企业平均市场参与度力争达到 50%。积极引进基金等国内机构投资者，适时开发境外合格厂商投资者。

4. 技术水平先进，交易系统升级换代

建立全面支持期货、期权和指数交易的新一期交易系统。引入新的设计理念与架构，利用高性能软硬件设施，采用先进的信息技术，大幅度提升交易处理峰值和日处理能力，进一步提高系统安全性、健壮性、高效性和可扩充性。

5. 功能发挥充分，服务优质高效

积极发挥期货价格信号的导向作用，提升主要品种在国内外市场定价话语权。引导和教育投资者理性参与期货交易，科学利用期货市场保值避险。服务“三农”、服务实体经济、服务国民经济能力再上新台阶。

6. 人才队伍加快建设，支持保障有力

深化人事改革，完善人才发展管理机制。加强人才培养和引进，建设一支数量充足、结构合理、素质优良、专业过硬、充满活力、具备国内及国际竞争力的人才队伍。员工总数达到260人左右。

（三）保障措施

为实现既定目标，郑商所将动员全所力量，调动一切积极因素，创新理念，真抓实干，力争通过三年扎实细致的工作，努力实现各项规划目标，为未来在更高起点上实现新飞跃打下坚实、稳固的基础。

1. 创新发展上市新产品

一是贴近“三农”需求，择优上市一批农产品，包括：马铃薯、粳稻、晚籼稻、花生、棉纱、淀粉、生丝等。二是拓展建材、能源、冶金、化工等领域产品，包括：铁合金、乙二醇、短纤、瓶片、尿素等。三是深化期权研究，推动期权试点，推出交易所重点品种的期货期权。四是适应品种结构特点，争取推出商品指数产品。

2. 精心培育开发市场

一是建立健全各品种高级分析师队伍，加强对会员中层人员的培训工作，建立畅通、高效的会员沟通和联系机制，树立郑商所服务品牌。二是依托会员，重点开发龙头企业、产业链企业。通过龙头企业的示范带动效应，提高产业和地区的整体参与度，已上市品种产业链规模以上企业平均市场参与度力争达到50%，白糖、PTA品种达到70%以上，棉花、小麦、早籼稻、菜籽油等

品种产业链企业参与度明显提高。三是创新投资者教育方式和方法，将投资者教育与功能宣传、市场开发、品种研究与维护相结合，构建针对更强、覆盖更广、效果更明显的投资者教育体系。四是积极创造条件，为机构投资者参与期货市场提供便利。精心培育和发展机构投资者，不断提高机构投资者的成交和持仓比重。五是探索仓单串换、交割、结算、购并等期现货市场结合新模式。

3. 充分发挥市场功能

一是已上市品种交易量稳步增长，新品种交易量快速跟进，主要品种交易量在世界同类品种交易量排名中居前 3 位，总交易量达到境内商品期货总交易量的 1/3。二是继续开展“走进产业、贴近行业、服务企业”主题活动，完善“期货市场服务三农”系列活动，不断深化期货市场功能“点、面”基地建设，引导企业正确利用期货市场。三是建设“年会”品牌，每年召开一届“郑州农产品期货论坛”和“期货市场服务实体经济 30 人论坛”，不断扩大郑州市场的影响力。四是进一步发挥期货价格信号的导向作用，提高产业链企业利用期货市场的能力。五是不断完善品种合约和制度规则，及时化解制约和影响功能发挥的矛盾和问题，提高市场运行的质量和效率。

4. 完善风险控制体系

一是创新期货一线监管理念，不断提高市场公平度、透明度和开放度。二是丰富监管技术手段和方式方法，加强运行监管系统建设。三是加强交易监控、风险预警系统和市场监测监控系统建设，满足新形势下定量、实时的监管要求。四是完善风险管理制度规则，优化风险管理流程。五是关注市场变化，不断完善风险应急预案。六是加强风险管理理论及案例研究。

5. 构建高效结算平台

一是建立结算风险预警模型，建设包括实时测算、预结算等在内的结算风险监控系统，构建结算风险防控体系。二是在跨月套利基础上，研究并实施跨商品套利指令和保证金优惠措施；期权推出后，研究实施相同品种的期货与期权套利交易；不断丰富套利交易结算系统。三是进一步完善会员服务系统、银期通系统。

6. 打造先进技术系统

一是采用安全高效的体系架构和先进的通信中间件技术，提高交易系统整体性能；优化交易撮合算法，提高交易系统撮合效率；改进交易主机与交易前置机的数据同步方式；建设支持期货、期权和指数的新一期交易系统。二是按照ISO20000质量标准体系和ITIL最佳实践方法，建设IT运维服务管理体系和支撑系统，通过规范的IT运维管理，保障信息技术系统安全高效运行。三是加强异地灾备中心信息系统建设，“十二五”末期全面达到故障应对能力和重大灾难应对能力的要求。

7. 加强新闻信息建设

一是建立与媒体的持续良好合作，与主流财经媒体（10家以上）建立战略合作伙伴关系，立足综合性媒体，放眼世界媒体，提升郑商所在国内外市场的知名度和影响力。二是跟踪收集品种及市场信息，定期对市场运行情况整理上报，对重大事件的影响进行评估，汇集会员、现货企业意见和建议，根据需要对市场风险进行评估。三是建好用好易盛信息数据库，订购或采购网站信息、数据平台、数据终端及研究资料库，建设期货市场数据库系统，为交易所各项工作提供基础性支持。四是不断丰富郑商所中英文网站内容及功能，提升信息的质量和层次，打造优质高效的信息服务平台。

8. 深化人力资源管理

一是完善人才工作机制，优化人才发展环境，创新灵活的人才培养开发、评价发现、轮岗配置、激励成长和选拔任用机制；完善岗职体系，建立科学有效的人才使用机制；健全绩效管理，加强工作质量控制；优化内部管理制度体系，提高执行力。二是加强人才引进和培养，以专业能力素质建设为核心，高层次、创新型领军人才为重点，优化人才队伍结构性配置，统筹推进各类人才队伍建设。三是建立科学有效的人才成长激励保障机制，树立正确的高绩效导向，充分调动员工积极性，不断提高工作效能；坚持合规的前提下，不断完善职工福利体系。

9. 开展对外交流合作

一是适时引进境外合格厂商和QFII等，探索境内外产品互挂、交易所并购等合作新途径，推动期货市场对外开放。二是加入国际衍生品协会及组织，参加知名的国际衍生品会议（每年不少于2次），参与政府间、行业间的国际合作计划，举办或承办若干大型国际会议。三是与国际重要交易所签订合作谅

解备忘录，选择国际一流交易所开展人员交流及培训（每年不少于 1 次）。

10. 探索完善交易所治理机制

一是加强对交易所经营管理的监督、审议功能，更好地发挥理事会和监事会作用。二是根据事业单位改革要求，推进交易所体制、机制改革，探索建立符合市场发展需要的管理体制和运作机制。三是逐步理顺与各相关主体的关系，构建具有创新动力和国际竞争力的交易所治理结构。

B.7

2013年中原证券发展报告

中原证券发展研究课题组*

摘　要：

2013年，中原证券克服行业、市场等不利因素，经营业绩继续保持逆势上扬态势，各业务条线整体发展良好。2014年，宏观经济将日趋走稳，但内外部发展环境仍不容乐观。中原证券作为河南省资本市场发展的重要战略平台，成立10年以来，一直紧抓发展机遇，不断改革创新，形成了以投行业务为先导、经纪业务为重要基础，固定收益、证券投资、资产管理、直接投资、融资融券、期货经纪、基金等业务多元化、系统化发展的格局，已成为具有较强竞争力的综合性证券公司，实现了良好的经济效益和社会效益。

关键词：

中原证券　金融控股集团　分析　展望

中原证券成立于2002年11月，在公司成立之初，时任省长李克强同志即亲笔批示："成立中原证券是一件大事，是省政府运筹较长时间的有望成功的一件好事，从一开始就要采用现代企业制度运作，就要采用符合市场经济规则的新的理念和规则，一定要打好基础，以利今后发展。"这一重要批示，不仅为公司当时的组建指明了方向，也为公司日后按照市场化方式发展奠定了基础。

公司目前注册资本20.33亿元，总部位于郑州市郑东新区，全资拥有一家

* 课题组成员：菅明军、周小全、周捷、栾小龙、林豪杰、田晨。

直投子公司，控股中原英石基金公司和中原期货公司，在上海、北京、郑州、黄河金三角示范区、洛阳设有分公司，现有 60 多家证券期货经营机构，分别设在省内和上海、北京、深圳、天津、杭州、青岛等发达城市。“十一五”以来，公司累计实现利润 48. 31 亿元，上缴税收 34. 1 亿元，是河南省重点纳税大户。截至 2013 年 11 月底，公司总资产 125. 3 亿元，净资产 41. 33 亿元，在职职工人数 1912 人。

一　2013 年形势严峻，发展良好

2013 年，我国经济增速继续放缓，前三季度 GDP 同比增长 7. 7%，其中上半年为 7. 6%，受中央稳增长措施影响，三季度同比增长 7. 8%，增幅有所回升。前三季度，A 股市场整体表现依然疲软，IPO 暂停长达一年之久，证券公司投行业务受影响严重；在经济转型与改革预期的驱动下，主题投资较为活跃，市场成交量较为活跃。截至 10 月末，上证指数从年初 2276. 99 点下跌至 2141. 61 点，跌幅 5. 95%，深证成指跌幅为 7. 16%，中小板、创业板指数涨幅分别为 17. 17%、75. 17%，出现明显的结构性分化。面对复杂而严峻的市场形势，中原证券按照年初确定的“突出一个主题、巩固两大转变、强化三条主线”的经营管理思路，迎难而上，积极应对，取得了较好的经营业绩，继续保持了 2012 年以来逆势上扬的良好发展态势，在上市、经纪、大投行、固定收益类自营投资、融资融券业务等多方面取得明显效果。

2013 年 1 ~ 10 月，中原证券实现营业部收入 8. 92 亿元，同比增长 20%，利润总额 3. 67 亿元，同比增长 63%，净利润 2. 73 亿元，同比增长 62%。

（一）经营绩效良好

1 ~ 10 月，经纪业务完成代理买卖证券、投资咨询和金融产品销售等收入 5. 23 亿元，较上年同期的 3. 47 亿元增加 51%；权益类和固定收益类投资业务赢利 1. 72 亿元，其中股票类投资收益和公允价值变动收益 250 万元；固定收益类投资收益和公允价值变动收益 1. 69 亿元，投资收益率 7. 36%；投行业务净收入 8713 万元，较上年同期净收入 5312 万元增加 3401 万元；资管业务净

收入927万元，较上年同期增加308万元，增幅达50%；利息净收入9467万元，较上年同期增加4787万元，增幅达102%，占公司收入比重的11%；融资融券业务2013年以来规模快速增加，截至10月底融资余额超过21亿元，1～10月实现利息毛收入8430万元；直投业务累计净利润249.55万元；期货业务累计利润总额966.89万元（见图1）。

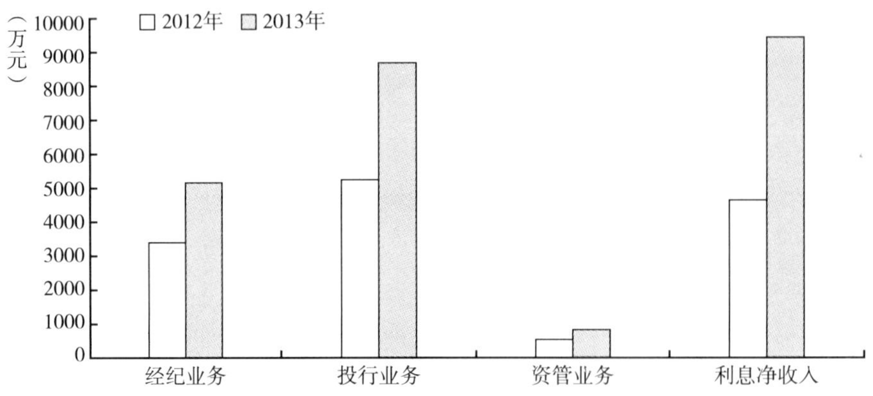

图1　重点业务经营绩效一览

（二）业务发展持续推进

经纪业务收入和利润贡献突出，成为公司2013年利润高增长的首要因素；投资业务三季度表现稳健，固定收益类自营业务提前完成年度目标，权益类自营业务实现赢利；保荐承销业务克服市场困难保持超过行业中位数水平的较快增长；资本中介业务特别是融资融券业务快速发展，成为公司2013年重要的收入增长点；等等。此外，中原证券首期短融成功发行。

以大投行业务为例，在2012年为企业融资200多亿元的基础上，公司2013年通过资本市场又为河南省企业和地方政府融资100多亿元。这100多亿元包括：为洛阳市发行的城投债12亿元，为平煤集团下属公司发行的公司债45亿元，为许昌市发行的城投债12亿元，为郑州市发行的企业债7亿元，为盘锦石油高新区发行的企业债7.5亿元，为信阳市羚锐制药增发融资的2.17亿元，为许昌市森源电气增发融资的7.14亿元，为郑州市辉煌科技增发

融资的 7.14 亿元，为郑州煤电配套融资的 6 亿元，为濮阳市发行的城投债 5 亿元。

（三）社会效益显著

中原证券积极履行社会责任，帮助社会弱势群体，2012 年公司的公益性支出在全国 110 多家证券公司中排第 3 位，受到社会的肯定。2013 年 1 ~ 10 月，先后拿出 500 多万元，用于帮助贫困学生、贫困儿童等河南省弱势群体。此外，向海军航空兵某基地公司困难员工家属定向捐助 40 万元，以实际行动拥军优属，支持国防和军队建设。河南省委常委、常务副省长李克，河南省委常委、省军区政委周和平均对此做出重要批示。今后随着公司的发展壮大，中原证券将进一步加大社会责任的支出。

（四）加强管理创效

各后台部门以支持业务发展为导向，紧跟业务发展方向，围绕精细化、规范化管理，以支持和服务上市为统领，持续加强计划财务管理，信息、结算系统建设和管理，人才队伍建设，内控体系建设，不断提升合规管理、风险管理和稽核审计水平，不断强化全力支持服务公司核心工作理念。同时，2013 年以来，公司大力强化内部管理，公司领导每周碰头会、分片包干、季度经营分析会等制度有效落实，公司决策效率、执行力和后台保障支持能力进一步提升。

二　紧抓机遇，加快建设现代化大型金融控股集团

2013 年 7 月 24 日，谢伏瞻省长在《关于中原证券公司工作情况的汇报》上做出重要批示：“中原证券十年取得长足发展，特别是近五年成效显著，可喜可贺！要继续大力支持中原证券尽快首发上市，拓展业务，打造成现代化大型金融控股集团，更好地服务中原经济区、郑州航空港经济实验区建设，推动中原崛起、河南振兴。文中提到的意见和建议，请李克同志批示有关部门给予支持。”7 月 31 日，李克常务副省长也做出批示。两位领导的重要批示，为中原证券今后的工作指明了方向。

金融控股集团是金融业实现综合经营的一种重要组织形式，其基本特征是金控集团推行金融多元化经营战略，从事银行、证券、保险等两种以上的金融业务。较之一般企业的多元化经营战略，金融控股集团可以更好地利用各业务板块之间的较强相关性，在销售渠道、产品创新等方面实现资源共享，获得更大的协同效应。20 世纪 90 年代以来，随着金融监管和管制的放松，金融控股集团在美国等发达国家逐渐兴起。美国花旗集团是最典型的代表，我国第一家金融控股公司中信控股有限责任公司在 2002 年诞生。

（一）目前国内外金融控股集团的主要类型分析

第一类是商业银行主导型。典型代表为美国的花旗集团和中国的中银集团。

第二类是证券公司主导型。典型代表为国际知名投行摩根士丹利和国内的银河金控。

第三类是保险公司主导型。典型代表为美国巴菲特的伯克希尔·哈撒韦公司和中国的平安集团。

第四类是产融结合型。典型代表为中信集团和光大集团。

第五类是投资公司主导型。典型代表是上海国际集团和重庆渝富集团。

（二）证券公司发挥自身优势裂变为金融控股集团，是当今金融业发展的新的潮流和亮点

目前，国内证券公司通过下设子公司、裂变为金控集团的典型代表主要有 3 个：海通证券、中信证券和江苏的华泰证券。

以上由三大证券公司形成的金控集团，具有以下几大特点。

一是均以上市为契机，迅速壮大了资本实力。海通证券 2007 年 11 月进行非公开发行，融资 260 亿元，2012 年 12 月 H 股发行融资 113 亿元，累计股票融资 373 亿元。中信证券 2002 年首发上市融资 18 亿元，2006 年非公开发行融资 46 亿元，2007 年公开发行融资 250 亿元，2011 年 H 股发行融资 113 亿元，累计进行股票融资 427 亿元，并多次发行债券融资 415 亿元，上市后总融资额高达 842 亿元。华泰证券 2010 年 IPO 募集资金 156 亿元，2013 年公司债融资 100 亿元，短期融资券融资 123 亿元，累计股票和债券融资 379 亿元。证券公

司通过上市形成了强大的融资能力，为其跨越式发展和做大做强提供了充裕的资金保证。

二是业务领域均从证券本业拓展到投资、基金、期货、银行等多个金融领域。海通证券下属 11 个控股子公司，其中仅股权和产业投资基金就有 5 家。控股海富通基金公司和参股富国基金公司（共管理公募基金 1095 亿元）。中信证券及其下属的中信浙江、中信万通和中信国际主要经营证券业务；金石投资、中信产业基金公司、中信投资和建投中信资产管理公司主要经营直接投资和另类投资业务，其管理的投资基金、产业基金和并购基金近 300 亿元；华夏基金也为其控股集团的一员，是目前中国规模最大的基金公司（管理公募基金 2300 多亿元）。另外，还持有多家上市银行的股份。华泰证券旗下拥有华泰联合证券、华泰长城期货、华泰金融控股（香港）和华泰紫金投资等 4 家全资或控股子公司，是南方基金和华泰柏瑞的第一大股东（共管理公募基金 2500 多亿元），还是江苏银行的第二大股东。

三是证券主业本身也都在加快从传统通道业务向资本中介业务转变。证券公司传统业务主要是基于特许牌照，提供通道服务，收取中介佣金的赢利模式，目前存在高度同质化竞争，发展模式难以持续；行业转型和创新的方向是要大力发展资本中介业务（类贷款业务）和投资业务。前述三大证券公司收入来源日趋多元化，传统通道经纪业务收入占比已降至 38%，与此同时，资本中介业务收入占比大幅升至 20% 左右，且在不断上升。三大证券公司都充分发挥资金、客户等优势，大力开拓融资融券和股票质押融资等创新业务，极大地拓展了业务领域和赢利空间。

四是服务实体经济发展的作用越来越强。三大证券公司都在综合运用投行、投资、期货等多种工具，加大对实体经济的支持力度，2012 年在 IPO 市场中断近半年的情况下，仍为企业股票和债券融资 3800 多亿元。三大证券公司还通过下属期货公司，紧密围绕实体企业不同层次的风险管理需要，较好地发挥了期货市场服务实体经济的功能。

（三）将中原证券打造成河南省现代化大型金融控股集团的措施

中原证券要打造的大型金融控股集团是以证券公司为主导的，目标是紧紧抓住中原经济区建设和郑州航空港经济综合实验区建设的重大机遇，以加快公司自身上市为契机，用3～5年的时间，努力把中原证券打造成一个现代化的，包括证券、期货、直投、基金、银行等在内的大型金融控股集团，推动中原崛起、河南振兴。

第一，加快推进公司上市和再融资，这是打造现代化大型金融控股集团的根本途径。公司将采取多种措施尽快进入资本市场，加快公司发展。

第二，做大做强证券主业。建设以证券公司为主体的现代化大型金融控股集团，基础在于夯实证券主业。对目前公司开展的各项业务，特别是大投行、资产管理、投资、财富管理等业务，中原证券已做出了科学规划和安排，并制订了具体措施，努力使证券主业有更快更好的发展。

第三，加快发展合资基金。中英合资基金公司已有效运作，下一步将在此基金公司之下设立控股子公司，经营范围以类信托业务为主，争取将其打造成为一家运营规范、投资稳健、具有国际先进水平的基金管理公司，为金融控股集团发展做出贡献。

第四，快速壮大期货业务。中原证券已控股一家期货公司，但规模还不够大。今后一段时间期货业务发展前景广阔，其对实体经济的促进作用日益明显。下一步，中原证券将加快对现有期货公司进行增资扩股，壮大实力，充分发挥其对金融控股集团和实体经济发展的促进作用。

第五，培育较强的投资能力。在证券公司之下设立直投子公司，从事对实业的股权投资，这是证券公司发展的一个质的飞跃。2012年初成立的中原证券直投子公司已有效运作，相继投资了一些农业产业化和高新技术产业项目，受到了地方政府和企业的欢迎。下一步中原证券将尽快做大做强直投子公司，中原证券已与洛阳市政府合资设立了创投公司并完成首期基金募集，与南阳市政府的合作也正按此模式运作。

第六，参股或控股省内一家商业银行。控股一家商业银行或保险公司是打造大型金融控股集团的基本要求。目前江苏的华泰证券等多家券商都参与到有关银行之中。中原证券准备于2013年或2014年在省内选择一家省辖市商业银行，取得控股权。

第七，发起设立省级创投基金。有关部门已原则上同意由中原证券控股设

立一家创业投资基金管理公司，组建河南省政府主导的创业投资基金，首只基金申请国家和省财政引导基金各5000万元，中原证券提供不少于5000万元的配套资金，基金规模不低于2.5亿元，并根据投资运营情况募集管理新的创投基金，主要用于投资新材料和高端装备制造等新兴产业。

第八，积极参与设立和管理河南金融产业投资基金。为配合河南省打造“金融大省、诚信河南”的目标，弥补河南省金融业的短板，中原证券将对组建河南金融产业投资基金（重点投向省内金融、类金融产业领域）提供专项资金，积极参与。

第九，根据国家统一部署积极推进多层次资本市场发展。在主板、中小板和创业板市场方面，继续精选和做优项目，保持在此业务领域单单成功的优良记录；新三板方面，紧紧抓住国家即将全面推开的有利时机，深耕河南市场，促进河南省新三板业务上个大台阶；同时，积极参与四板（区域性股权交易中心）建设及五板（柜台市场）建设，加快推进落实。

第十，建立和完善符合市场经济规则的体制机制，为打造大型金融控股集团提供强大动力和活力。建设现代化金控集团，关键在人才。根据中国证监会关于“为支持证券公司吸引和留住高端人才，增强创新发展的动力和能力，应对行业对外开放的压力，允许证券公司探索合法合规、长期有效的激励约束机制”（证监办发〔2012〕67号）的精神，公司将在高端人才引进和激励约束机制等方面比照先进券商做法执行；条件允许时，试行股权激励。

四　公司深化内部改革工作取得一定进展

公司高度重视深化内部改革工作。2012年以来，我们对照省政府国资委提出的人事、用工和分配三大制度改革要求，不断推进工作进程，现在，能进能出的用工制度已基本到位。公司于2013年5月制定印发了《关于进一步加强员工管理的意见》，对全体员工实行年度考核，根据考核结果实行末位淘汰。目前员工队伍充满了生机和活力。

能上能下的人事制度改革也迈出实质性步伐。目前，公司对管理人员能上能下方面的改革思路已酝酿成熟，正在抓紧制定《加强公司管理人员管理的实施意见》。

同时，积极尝试收入分配制度方面的改革。公司 2013 年初确立了“目标 + 机制”的考核原则，各业务条线和部门将根据年度目标任务完成情况提取绩效奖金，完不成者绩效奖金打折，甚至为零，初步建立了收入能增能减的分配制度。目前正积极探索建立员工激励的长效机制。

融 资 篇

Financial Reports

B.8 河南企业资本市场直接融资状况分析

蒲斯纬*

摘　要：

金融的发展可以推动经济的增长，经济的增长则是由一个个具体的公司支撑的，而上市公司则对地区经济的发展起着更为重要的作用。因此，本文分析了截至2013年底河南省企业主板市场直接融资和预上市企业的基本状况，发现存在着上市公司数量和GDP水平不匹配、融资规模较小、上市公司行业失衡、区域分布失衡等问题，并在最后提出了相应的政策建议。

关键词：

河南　上市公司　拟上市企业

传统的金融学理论认为，金融的发展对于推动经济的增长起着至关重要的

* 蒲斯纬，上海证券交易所博士后。

作用，而资本市场融资水平的能力又体现了金融发展程度的高低。因此，一个地区企业的资本市场融资能力可以有效地推动当地经济的发展，例如区域经济体中某一领域里上市公司的数量、融资的程度等都代表着这一领域在该区域中的地位。与此同时，某一地区上市公司的质量也体现着当地经济发展水平的高低，具有一定标志性的作用，可以有效地提高该地区的声誉。由于在上海主板上市的企业一般多为大型国有企业或央企，对地方经济发展起着重要的支撑作用，因此我们主要选取了河南省在上交所上市和预上市企业的状况进行分析，找到目前河南省上市公司的不足并提出相应的政策建议。

一 河南省概况

（一）河南省上市公司基本情况

河南地处中原，现辖18个市、21个县级市、89个县，土地面积16.7万平方公里，总人口9555万人。2012年，河南省GDP近3万亿元，工业经济总量居全国第5位、中西部第1位。从产业结构的角度看，第一产业在经济总量中的占比明显高于全国平均水平，而第三产业的发展状况却远远低于全国平均水平。就证券化率而言，河南省只占当年GDP的5.67%，远远落后于全国53%的平均水平，与生产总值在全国的位置极不相称。

截至2013年5月底，河南省共有A股上市公司66家，其中，上海主板26家、深圳主板10家、中小板22家、创业板8家。此外，河南地区有36家公司登陆海外资本市场，分别在美国纳斯达克、中国香港和新加坡等地上市，在全国排第13位，在中部六省排第4位。66家上市公司中，国有控股公司33家、民营控股公司31家、外资控股公司2家。行业分布方面，66家公司涵盖了煤炭开采、超硬材料、有色金属、汽车制造、电气设备、食品医药、农业养殖、文化传媒等行业。辖区10家上市公司2013年已实现筹资133.45亿元，均为再融资，其中定向增发股票5家，融资额47.45亿元，发行公司债6家，融资额86亿元（有1家公司既定向增发股票，又发行公司债）。辖区有1家公司公告重大资产重组方案；有2家公司重大资产重组方案已通过证监会审核，

其中 1 家公司已完成，交易金额 8.90 亿元。另外，还有已过会待发行公司 1 家，在审公司 17 家，在辅导公司 21 家。总体来看，河南作为一个经济大省上市公司数量有限、上市公司规模偏小、募集资金量较低。

（二）中部六省比较分析

中部六省包括河南、湖北、湖南、安徽、江西和山西六个相邻的省份，土地面积占全国的 10.7%，人口占 28.1%，创造全国约 20% 的 GDP，是我国的人口大区、经济腹地和重要市场，在中国地域分工中扮演着重要角色，而上市公司在地区经济发展中又起着至关重要的作用。

中部六省境内上市公司的数量分别为：湖北 86 家、安徽 81 家、湖南 71 家、河南 66 家、山西 34 家、江西 33 家，河南居中部六省第 4 位，具体情况见图 1。

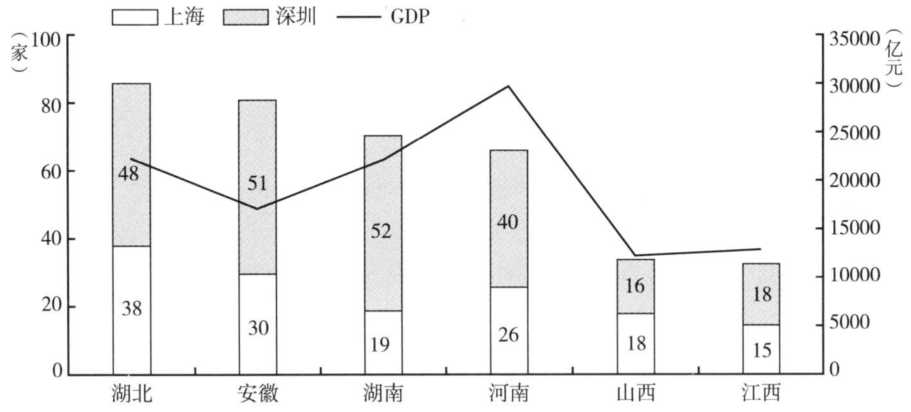

图 1 2012 年中部六省境内上市公司数量和 GDP 比较

资料来源：Wind 资讯、国家统计局。

由图 1 可以看出，河南省的 GDP 在中部六省中排第 1 位，但是境内上市公司数量却排第 4 位，落后于湖北、安徽和湖南，仅仅上海主板上市的公司数量（26 个）就多于湖南（19 个）。可见，河南地区无论是在上海主板上市的大型企业数量，还是在深圳中小板、创业板上市的中小企业数量在中部六省中都处于中下游，这与它 GDP 中部六省第一、全国第五的位置非常不符，可见河南地区企业的资本市场道路并不顺利。

（三）河南境内区域分布

河南省18个行政区域中目前共有上市公司66家，占我国A股上市公司的2.69%。其中，郑州市的上市公司数量最多，共有21家，占比31.82%，鹤壁市的最少为0家。另外，驻马店市的天方药业（600253）于2013年7月15日起终止公司股票上市交易，具体情况见图2。

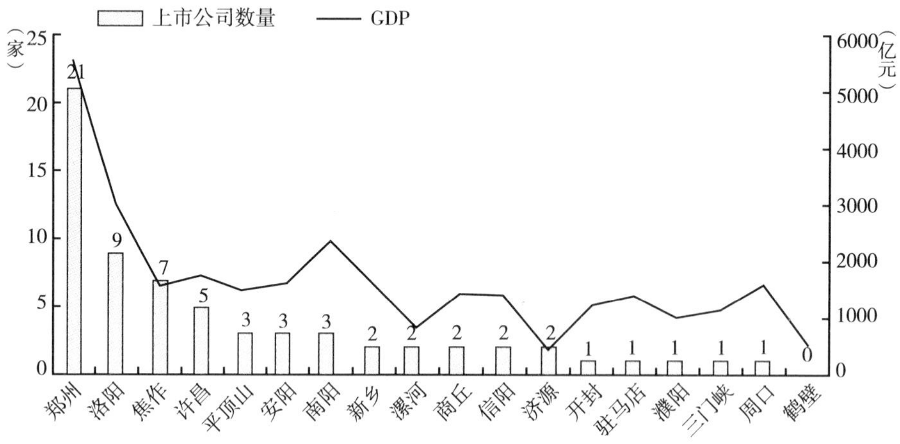

图2　河南上市公司地域分布和2012年GDP比较

从图2中可以看到郑州、洛阳、焦作和许昌4个城市共有上市公司42家，占整个河南省的63.64%，是其他14个城市之和的近一倍，这说明河南上市公司的区域结构严重失衡，不利于区域经济的发展。主要原因也是政府主管管理部门在上市资源配置上宏观调控的失衡，过于倾向于郑州、洛阳等省会城市或发达城市。未来政策应该适度地向一些上市资源落后的地区倾斜，才能有效地改善现状，促进河南省区域经济平衡且协调的发展。

与此同时，可以看到地方上市公司的数量和GDP的表现基本是相符合的，郑州和洛阳的GDP排名最靠前，上市公司数量也最多。但是也有特例，如南阳地区2012年GDP为2367.2亿元人民币，排河南省第三位，但是上市公司数量仅有3家，落后于GDP不如他的焦作和许昌的7家和5家。这说明河南境内企业的资本市场融资状况也不平均。

二　主板上市公司行业情况分析

在上海主板上市的企业一般多为大型国企或央企，对地方经济发展起着至关重要的作用，因此我们具体分析主板企业的行业分布和发展规模，以期找出目前存在的问题并提出政策建议。

（一）行业分布情况分析

除去退市的天方药业（600253）外，在上海主板上市的25家企业中，按照证监会门类行业划分，可以分成制造业、采掘业、批发和零售贸易以及交通运输仓储业四大类，具体分布见图3。

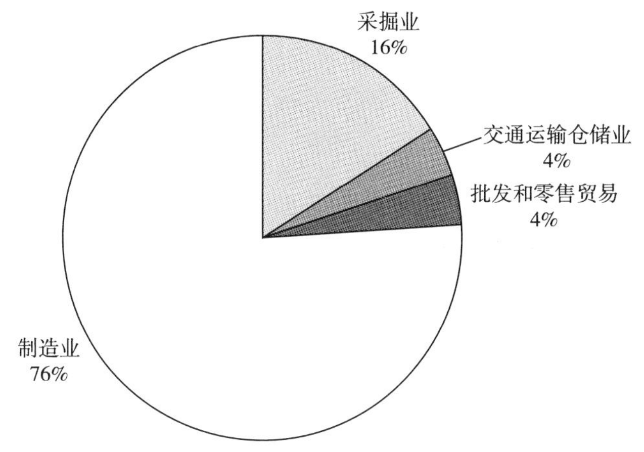

图3　河南在上海主板上市公司证监会分类占比

其中，制造业最多达19家，占比76%，批发和零售贸易以及交通运输仓储业最少均为1家，采掘业4家。

在这些公司中，最早的是1994年1月4日上市的神马股份（600810），属于制造业中的化学纤维制造业；最晚的是2012年10月9日上市的洛阳钼业，属于采掘业中的有色金属矿采选业。

行业的细化方面，我们根据申银万国的一级行业划分，上海主板上市的25家企业又可以分成13个小类，具体见图4。

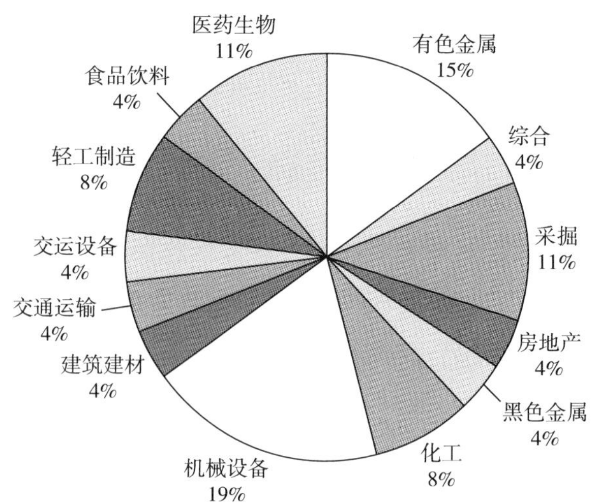

图 4　河南在上海主板上市公司申万一级行业分类数量占比

由图 4 可见，机械设备、有色金属、医药生物和采掘占了河南上海主板上市公司的前几位，分别为 19%、15%、11% 和 11%。房地产、交通运输等占比较少，均为 4%。

我们可以看到，河南省在上海主板上市的企业大多以传统的制造业为主，其中机械设备和有色金属类的制造业占大头，而一些高科技企业和服务行业等占比相对较少，甚至没有。可见，河南地区的企业发展并不平衡，优质的上市企业以第一、第二产业为主，经济增长单一，缺乏高新技术的企业支撑。

（二）行业市值分布情况分析

河南省在上海主板上市的 25 家公司总市值为 1753.42 亿元，最多的为采掘业和机械设备行业，分别为 393.54 亿元和 359.22 亿元，占沪市主板上市公司总市值的 63%，具体见图 5。

由图 5 可见，除了采掘业和机械设备业，其他 11 类行业的市值占比都很低，排在上市公司数量占比第二位和第三位的有色金属和医药生物仅为 38.86 亿元和 68.51 亿元，占比 3% 和 6%。这进一步说明河南省主板上市公司对经济发展的推动作用主要集中于传统的低附加值、高污染等行业，缺乏创造性和可持续性。

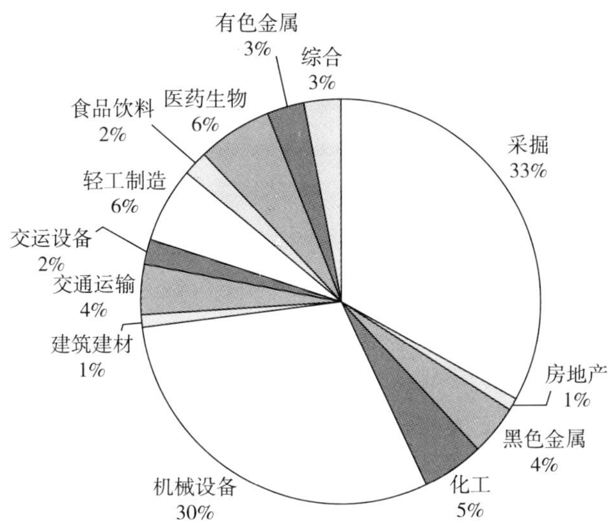

图 5　河南上海主板上市公司行业市值占比

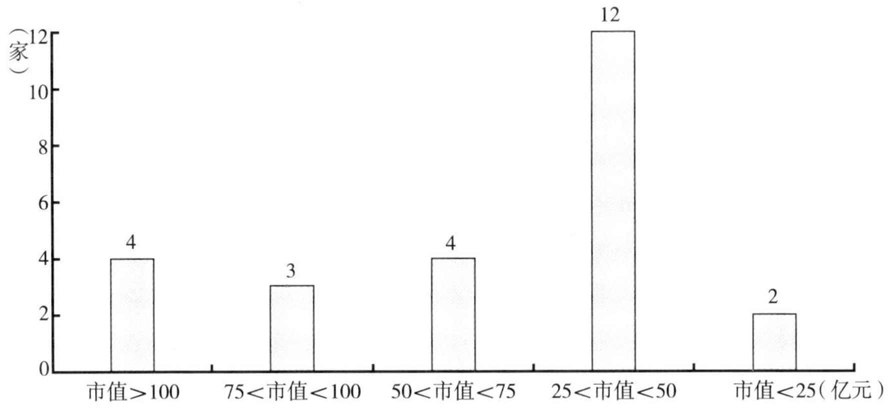

图 6　沪市上市公司市值区间分布

在沪市上市的 25 家公司中，市值最高的为最近上市的（2012 年 10 月）洛阳钼业，约为 257.9 亿元，属于有色金属类；市值最低的是一家洛阳的企业——洛阳玻璃，约为 12.78 亿元，具体分布见图 6。我们可以看到，上市公司市值介于 25 亿元和 50 亿元的公司数量最多，共 12 家，占比将近 50%，而市值超过 100 亿元的上市公司仅 4 家，河南沪市上市公司的企业规模有待加强。

三　河南地区拟上市企业发展状况

由于证监会暂停新股发行，2013 年没有新企业在上交所上市，因此本部分我们介绍 2012 年底上交所拟上市企业的发展状况。

（一）辅导备案企业

2012 年第四季度，河南地区新增报备企业共 2 家，分别为白象集团（拟报上交所）和颍泰农化（拟报创业板），并有 1 家企业（普爱饲料）由于业绩不佳终止辅导备案。

（二）相关部门、企业走访情况

2012 年第四季度，我们共对郑州市、郑州市经开区、郑东新区、荥阳市、周口市、周口市鹿邑县、周口市商水县、周口市淮阳县、开封市进行了实地走访，拜访了证监局、当地金融办、县政府等 10 家政府监管部门，走访企业 10 余家（蓝天燃气、郑州煤炭设计院、中原利达、一帆机械、中原证券、安图生物、三和皮革、志元食品、宋河良液、开封中分、普爱饲料、中科电缆、圣光集团、郑州银行等）。

此外，我们还与交银投资、河南交通投资集团、河南投资集团等具有当地政府背景的私募企业，以及中原证券、国信证券、招商证券和中信证券等河南地区重点保荐机构建立了联系。未来，我们将进一步依靠金融中介的力量开展市场走访工作。

（三）河南省新增拟上市企业概况

与 2012 年第三季度相比，河南省拟上市重点边缘企业新增 4 家，分别为安图生物、志元食品、三和皮革和一帆机械。

1. 安图生物

公司成立于 1999 年 9 月 15 日，注册资本为 1.59 亿元，法定代表人为苗拥军，专业从事体外诊断试剂及仪器的研发、生产和销售，形成了以免疫诊

断产品为主、微生物检测产品特色发展的格局，产品品种齐全，能够为临床诊断提供一系列解决方案。经营范围包括体外诊断试剂、第Ⅲ类临床检验分析仪器（6840）的研究、开发、生产、销售及咨询服务，生产、研发所用材料的销售，自营商品和技术的进出口业务。2012 年安图生物净利润约为 1 亿元。

根据安图生物的介绍，企业规模和赢利水平完全达到来上交所上市的标准。2012 年 11 月，安图生物董事长应邀来上交所考察，发行上市部予以接待。我们也与郑州金融办领导对安图生物进行了实地走访，向企业介绍了上交所的上市优势和相关市场服务的情况，并重点围绕安图生物是细分行业龙头，对企业上市进行了分析。随后，我们进一步就安图生物的相关疑问向其管理层提供了相关宣传资料。

2012 年 12 月 19 日，安图生物正式确认来上交所上市，并于 2013 年初报辅导。

2. 志元食品

河南省志元食品有限公司始建于 1993 年 8 月，是一家集畜牧养殖，肉食品科研、加工、冷藏、销售、速冻食品、高低温熟食为一体的大型食品加工企业集团。志元食品主业为猪肉的冷切加工以及熟食处理，并且采取直营方式进行猪肉销售。志元食品现有 2600 多名员工，总资产近 10 亿元，注册资金 21420 万元，2012 年净利润为 1 亿元，企业对资金需求较大，期望进一步扩大生猪养殖和猪肉后期加工的上下游产业链。志元食品计划在 2013 年初完成改制，预计 2014 年报会。

根据志元食品的介绍，企业规模和赢利水平完全达到来上交所上市的标准，属于边缘企业。2012 年 12 月，我们与周口市金融办领导共同走访志元食品，对上交所市场服务情况进行了宣传，并针对志元食品后期对资金需求大的特点，重点介绍了上交所债券、配股等再融资方式。

3. 三和皮革

河南三和皮革制品有限公司位于河南省鹿邑县玄武经济开发区，占地 53 万平方米，建筑面积 22 万平方米，年加工皮革约 465 万平方米，并有设在安徽宿州的仁和皮业子公司。公司的前身为河南鞋城集团皮革制品有限公司，始建于1980年。三和皮革是全国皮革生产企业前五强，2012年净利润达到5000万元，预计2013年净利润达到8000万元。三和皮革环境污染治理非常优秀，是国家环保总局认可的环境治理优秀企业。目前，企业已经完成改制，正在积极联系券商准备上市，拟在2014年报会。

根据三和皮革的介绍，企业规模和赢利水平完全达到来上交所上市的标准，属于边缘企业。2012年12月，我们与周口市金融办领导走访三和皮革，对上交所市场服务情况进行了宣传，并针对三和皮革属于高污染企业的特点，重点介绍了此类企业在上市过程中应关注的重点工作。

4. 一帆机械

郑州一帆机械设备有限公司〔由山德技术（北京）有限公司控股〕，是中国知名的破碎筛分设备制造商。主要从事建筑垃圾再生的机械制造，目前已成为国内细分行业龙头企业，公司拥有多名国内破碎筛分的专家，具有强大的新产品研发能力。2012年净利润达到5000万元，2013年净利润预计将大幅上升。该企业预计2014年完成改制，并于2015年上市。

从该企业的行业前景和发展空间来看，企业规模和赢利水平在报会时能够达到来上交所上市的标准，属于边缘企业。2012年11月，我们与荥阳金融办领导走访一帆机械，对上交所市场服务情况进行了宣传，并针对一帆机械属于细分行业龙头的特点，重点介绍了此类企业在上交所上市能获得的优势。

（四）2012年河南地区新上市企业和已报会企业情况

截至2012年底，河南地区共有3家企业在上交所上市，分别为中信重工、一拖股份、洛阳钼业。上述三家企业均在洛阳市，属于大型国有企业，具体情况见表1。

截至2012年底，河南地区拟上交所上市的已报会企业共5家，分别为永煤集团、金龙铜管、灵宝黄金、蓝天燃气（边缘企业）和中原证券。其中，永煤集团在2006年就已报会，目前处于反馈意见处理阶段，金龙铜管在2011年报会，目前处于预披露阶段（见表2）。灵宝黄金、蓝天燃气（边缘企业）和中原证券为2012年报会企业，目前处于初审过程中（见表3）。

表 1　截至 2012 年 12 月底河南地区新发行企业

单位：万股，亿元

证券代码	证券简称	上市日期	发行数量	实际募资
601608	中信重工	2012 年 7 月 6 日	68500.00	31.9895
601038	一拖股份	2012 年 8 月 8 日	15000.00	8.1000
603993	洛阳钼业	2012 年 10 月 9 日	54200.00	8.0000

表 2　截至 2012 年 12 月底河南拟在上交所上市在审企业

申报企业	所属行业	保荐机构	备注
永煤集团	能源行业	中国国际金融有限公司	落实反馈意见中
金龙精密铜管集团	铜加工行业	国信证券股份有限公司	已预披露

表 3　截至 2012 年 12 月底河南拟在上交所上市初审企业

单位：万股

时间	项目名称	所属行业	保荐机构	发行前股本	拟发行量
2012 年 9 月 26 日	中原证券股份有限公司	金融、保险业	齐鲁证券	203351.00	67800.00
2012 年 8 月 13 日	灵宝黄金股份	贵金属矿采选业	中信证券	77025.00	30000.00
2012 年 9 月 5 日	河南蓝天燃气股份	煤气供应业	招商证券	20400.00	6800.00

从表 1、表 2、表 3 可以看到，截至 2012 年底，无论是已经在上交所上市的 3 家企业还是在审或初审的企业，基本都属于制造业和能源产业，属于低技术含量、低附加值、高污染的企业，仅有一家中原证券股份有限公司属于金融保险业，这种上市公司的结构并不利于可持续的推动河南地区的经济发展。

（五）2012 年河南地区报备企业和拟上市重点企业情况

1. 报备企业情况

截至 2012 年底，河南地区处于辅导备案阶段的拟上市企业共 19 家。其中，洛阳银行、灵宝金源、白象集团拟报上交所，思维自动化、秋乐种业、瑞真美发等 8 家拟上市企业拟报中小企业板，富耐克、邦和药业、光电科技等 8 家企业拟报创业板。

2. 拟上市重点企业情况

拟上市重点企业是指规模较大、利润较好，具备来上交所上市能力的企业。通过与相关政府部门的交流与企业走访，我们整理出目前河南地区重点拟上市企业，共18家。其中，完成改制并进入上市程序的企业共7家，完成改制即将进入上市程序的企业共6家，正在进行改制的企业共4家，尚未进行改制的企业1家。

四　支持河南企业直接融资的相关政策建议

（一）提高上市公司的数量和质量

2012年，河南省GDP近3万亿元，排全国第5名，而上市公司数量66家，仅排在全国第13位，这一方面说明河南省企业资本市场融资能力较低，但同时也说明未来还有很大的增长潜力。河南地方政府应该加强企业上市的政策倾斜，对一些发展迅速、前景较好的企业提供相应的政策扶持，以期帮助他们早日上市。与此同时，可以看到河南的上市公司的整体质量不高，大多为制造业和采掘业等，属于高污染、高能耗的企业，而高科技、环保、生态等新兴行业的上市公司较少，产业分布狭窄。因此，在提高上市公司数量的同时也不能忽视上市公司的质量，相对一些传统的制造业企业来说，对新兴行业和高科技行业政府应该给予更多的支持，从而优化上市公司的行业分布。

（二）改善上市公司的区域分布

河南省上市公司明显存在着区域分布不合理的现象，仅郑州一个地区的上市公司数量就几乎占了全省的1/3，而鹤壁市一家上市公司都没有。资源的不合理分配会导致区域经济发展的不平衡、贫富差距扩大甚至引起社会矛盾。因此，政策应该适度地向鹤壁、周口、驻马店等上市资源落后的地区倾斜，这样才能有效地改善上市公司区域分布失衡的现状，促进河南省区域经济平衡且协调发展。当然地区上市公司数量少，很大一部分原因也是当地的经济发展落后，优质的企业不多，因此扶持地方企业发展，给予它们更多的生存和发展空间才是未来地方政府工作的重中之重。

（三）完善上市公司结构

河南省已上市或拟上市的企业大多为大中型国有企业或是政府参股的企业，真正能体现区域经济发展水平的民营企业较少。由于很多国有企业公司治理水平落后，官本位思想严重，不能满足现代化经济发展水平的需要，未来的成长空间不大。而一些中小企业或民营企业、高科技企业的公司结构较为简单，经营效率高，未来的发展空间大，应该是未来上市公司的主力。因此，地方政府应该给予这些民营企业尤其是高科技企业更多的上市政策倾斜，以期带动当地经济的发展，解决就业，拉动内需，改善上市公司结构失衡的问题。

参考文献

河南省证监局，http：//www. csrc. gov. cn/pub/henan/tjxx/。

卢涛：《上海证券交易所2012年第四季度河南地区市场服务工作汇报及2013年工作计划》。

沈月中：《河南上市公司与河南经济发展问题研究》，《特区经济》2007年8月号。

喻新安：《大力发展河南上市公司的思考与对策》，《河南社会科学》2007年第3期。

B.9

河南小额贷款公司融资建设分析*

赵　然**

摘　要：

小额贷款公司定位于支持“三农”的扶贫和融资金融机构，由于制度限制，其单边的业务模式阻碍小额贷款公司的发展，本文从小额贷款公司的现状出发，结合河南实际情况，讨论小额贷款公司在融资方面问题的解决方案。

关键词：

河南　融资建设　小额贷款公司

随着孟加拉国乡村银行的实践取得巨大的成功，小额信贷逐渐成为大家公认的一种重要的扶贫手段，GB 模式也被许多发展中国家借鉴和使用。1994年，在政府的扶持及相关机构和学者的关注下，小额信贷以一种扶贫模式被引入中国。近 20 年来，小额信贷在我国获得了一定的发展并取得了一定的成绩。2008 年，银监会和央行发布了《关于开展小额贷款公司试点的指导意见》，在这一指导意见的指引下，小额贷款公司选择一些地区作为先行的试点，相继在全国范围内成立并开展一些相应的业务。小额贷款公司为广大农村地区和相对贫困群体脱贫增收创造了条件，拓宽了中小企业和个体工商户的融资渠道，作为对正规金融的一种有效供给补充方式，它还为民间资本阳光化提供了一种途径，提高了金融市场的效率。

截至 2013 年上半年，我国共有小额贷款公司 7086 家，上半年新增贷款

* 本文为河南省社会科学院 2013 年一般课题“河南小额贷款公司的融资建议”阶段性成果，课题编号：2013C16。

** 赵然，金融学博士，河南省社会科学院金融与财贸研究所。

1121亿。河南省拥有小额贷款公司291家，实收资本147亿元，贷款余额151亿。河南作为金融相对落后的中部地区，存贷比相对较高，也就是说河南省的商业银行起到了存款外流的作用。而小额贷款公司可以利用银行授信等模式，在一定程度上缓解存款外流的现象，同时为河南省中小企业的融资问题提供一定的解决途径。值得注意的是，小额贷款公司有其存在的必要性和合理性，在其不断发展壮大中，诸多困境也一一浮出水面，阻碍着小额贷款公司发展，归纳起来，这些困境主要表现在：在微观层面上，公司发展缺乏规范性，公司后续资金不足，员工专业知识不足，缺乏专业人才，缺乏有效的贷款风险控制机制；在宏观层面上，小额贷款公司发展前景不明晰，资金来源渠道单一，缺乏有效的外部监管。本文拟以这些问题为研究基础，在讨论小额贷款公司的特性上，对河南省小额贷款公司的融资问题提供一些借鉴。

一　小额贷款公司的学术研究现状

自小额贷款公司在我国出现和发展以来引起很多学者的关注，其中比较有代表意义的如下。何广文（2006）总结认为，小额贷款公司具有四个颇具特点的运行机制，一是有限及确定的资金来源，二是法律范畴内的利率灵活，三是地域业务拓展灵活，四是服务群体向农户和微小企业倾斜。对应当前的经济形势，金融改革的趋势明显，农业方面的倾斜也是显性的，小额贷款公司是金融的一种创新，良好的利用必将为我国的农村金融带来新鲜血液和新的活力，从这方面讲，小额贷款公司是一种合法金融机构的同时也承接了非政府组织的小额信贷的一部分，是目前农村金融机构组织的延伸。王洪斌（2009）在其论著中认为，小额贷款公司推行和实验后，其依然生长在政策的边沿，对其的监管并不明晰，监管机制也不完全明确。小额贷款公司的资金来源没有持续性，仅仅依靠自有资金和少量授信是完全不能满足目前小额贷款公司发展的，也是制约其发展的主要因素之一。杜晓山（2010）在对江苏省小额贷款公司进行调研之后发现，获取政府对小额贷款公司的引导和服务可以促进小额贷款公司的探索和创新。同时，杜晓山也认为监管必须加强，并建议政府加强监管体系建设，增大政府的支持力度，在小额贷款公司内改善管理水平。徐瑜青

（2010）则表示，小额贷款公司从制度设计上来看就存在着监管缺失，归根结底是因为小额贷款公司的身份地位不明确。由于央行和银监会有各自的职权范围，而小额贷款从性质上并非普通的商业银行，银监会无法对其进行系统监管，因此，小额贷款公司也就出现了一定程度的监管缺失。潘广恩（2010）强调，小额贷款公司无后继资金来源，使得小额贷款公司出现可持续发展的问题。小额贷款单边的没有存款只有贷款的法律运营模式是存在严重的发展问题的。王晔（2007）的论文归纳和介绍了国际上较为著名的小额信贷公司，如玻利维亚的阳光银行（Bancosol）、哥伦比亚的社会信贷所（Caja Social）、多米尼加的艾德梅信贷（ADEMI）、安第斯信贷所（Caja Los Andes）、秘鲁的自助银行（ACP/MIBanco）以及墨西哥的联合贷（Compartamos）。姚承斌（2009）通过对印尼和孟加拉利用小额信贷模式脱贫的对比，总结了他们的成功经验，提出我国应该联系大型商业银行，把小额贷款构建为一种新型扶贫模式。

二　小额贷款公司的定位和发展制约

小额贷款公司是基于小额信贷要求的一种金融机构，小额信贷从国际上发展的经验看，目前已经成为一种公认的融资和解决贫困的有效手段。现代小额贷款公司的起源被认为是孟加拉乡村银行，这一银行体系是在 1976 年由穆罕默德·尤努斯在孟加拉的久吧（Jobra）村创立的小额信贷项目发展起来的，而孟加拉乡村银行也由此产生。之后的近 40 年，村镇或乡村银行逐步发展成为一种普遍的金融组织并遍及孟加拉国。从产品设计上来看，孟加拉乡村银行是一种“信用微额贷款”，可以根据客户的需求定制产品的服务，由于其信用特征，乡村银行以“村”为单位采取联保的模式来降低违约风险。这种“孟加拉乡村银行”的经营模式对我国发展小额贷款公司具有积极的意义。非政府组织（NGO）在世界范围内进行小额信贷活动并具有公益性，由于其资金来源主要是捐赠，其目的是要帮助贫困人口脱贫而不是赢利，因此 NGO 对增加小额贷款公司的财务收益没有借鉴意义，但是在企业的社会责任方面 NGO 起到了积极的作用。事实上，小额信贷公司是美国历史上可以追溯的第一家连锁经营公司，它的全称是美国住宅金融公司（HFC），一度是世界上规模最大的小额信贷公司。而且在次贷危机中，美国住宅金融公司存在明显赢利。联合国（UN）把2005年确定为小额贷款年，就是在同一年，中国央行——中国人民银行决心推行小额贷款并组建小额贷款公司，选取了当时民间资本较为活跃的五省作为试点，2008年出台了《关于小额贷款公司试点的指导意见》。

（一）小额贷款公司的定位

2008年5月，央行与银监会两部委联合下发了《关于小额贷款公司试点的指导意见》（简称《指导意见》），在《指导意见》的总体指导下，河南省出台了《河南省人民政府办公厅关于开展小额贷款公司试点工作的意见》（简称《意见》），小额贷款公司逐渐在河南的经济社会运行中崭露头角。根据河南省政府办公厅文件，小额贷款公司是一种新型经营“金融风险”的企业，在服务方向上对“三农”明显倾斜，在出资方式、股东人数、监管部门等方面不同于普通公司，在经营上又区别于商业银行。

在中国，小额贷款公司是一种不规范的金融机构，只能利用自有资金和有限授信进行贷款业务的财务公司，在中国的很多地区出现了一系列的问题，甚至危害了社会安全。一方面农村的发展亟待大量资金的支持，另一方面正规资金却没有重视这一投资，供需双方没有配合，严重阻碍农村经济的发展，不能在农村地区起到很好的金融支持作用。2008年5月4日央行联合中国银行业监督管理委员会颁布了《指导意见》，开展了小额贷款公司在中国的试点，从而开启了农村金融的新篇章，也为中国金融贷款展开了政策红利，对农村金融具有典型的促进作用，同时也将小额贷款公司作为一种公益性质的公司转变为财务商业性质。

（二）小额贷款公司的发展制约

1. 制度制约

虽然小额贷款公司的整体发展趋势依然有力，但是小额贷款公司受到的制约也非常明显，首先来自于制度。在《指导意见》和《意见》中明确指出，“禁止小额贷款公司以任何形式进行非法集资”，而“小额贷款公司的主要资金来源为股东缴纳的资本金、捐赠资金以及不多于两家银行业金融机构的融资”。因此，小额贷款公司从组织形式上就是以股东也就是民间资本为主体从事放贷业务的类金融机构，同时严格控制不能吸收公众存款，是一种非银行类机构，从而形成了小额贷款公司的一个特殊的经营模式，主营业务类似银行的贷款业务，经营方式以公司为主，同时为民间资本寻求更好的资源配置。这就形成了小额贷款公司的单边经营状况，也就是在资金的流通链上，资金的流入存在明显障碍和卡口。小额贷款公司不能吸收存款的制度制约了小额贷款公司的非银行性质，没有金融特许证，只能在法律许可范围内经营金融产品。同时，小额贷款公司在发放贷款的时候，还要坚持“小额和分散”的原则，无疑会增加小额贷款公司的运营和经营成本。

2. 运营制约

在运营制约方面，首要问题是小额贷款公司的设立原则是基于国家引导民间资本向“三农”的倾斜投资，但是考虑赢利状况，小额贷款公司在利息收入上和民间拆借相比没有优势。民间融资是以个人信用为基础，不受金融监管部门监管的资金融通的形式。相比于民间借贷，小额贷款的运营没有优势。民间金融基本的着眼点是以个人信用为基础，还没有纳入政府监管范围的一种金融形式。针对民间金融方面，法律方面有严格限制，依据《关于人民法院审理借贷案件的若干意见》（1991 年）规定，国家保护的民间借贷利率额度在国家基准利率的四倍以内。这从一个侧面说明，国家层面承认民间借贷在我国的合法性，但是还没有形成可以承载合法民间借贷的中介机构用以承接和维持民间借贷的良好运转。依据《意见》，小额贷款公司可以顺理成章地成为这种媒介的机构形式。但是，需要注意的是小额贷款公司与传统的民间金融相对比，还是存在很多不同的。

第一，小额贷款公司的运营成本比较高。小额贷款公司是在法律范畴下，按照《公司法》要求建立的健全公司。其必须拥有明晰的治理结构，股东、董事、监事和经理之间存在明确的权责关系，需要制定有效的议事规则、决策程序和内审制度，需要具有有效的公司治理结构。小额贷款公司通过严谨的公司治理结构将民间资本转化为小额贷款公司的股本金。在这一过程中，相比于民间借贷，小额贷款公司是规范的，这在一定程度上提高了其运营的管理成本，加大了运营的时间周期和成本，也相应地降低了效率。

第二，小额贷款公司税费明显高于民间借贷。民间借贷行为由于其发生和完成的特殊性，一般不受到政府监管，民间借贷者一般也不主动申报纳税。小额贷款公司作为利用资金融通谋取利润的金融借贷者却是要为产生的利息支付税费的，而且税额是比较高的。这意味着民间资本成为小额贷款公司的融通资金是要支付相当一部分税费的。

第三，小额贷款公司的利息收入没有竞争优势。小额贷款公司依法进行经营，需要按照政策范畴内利率市场化的原则进行经营，目前贷款利率上限放开的权限是“不得超过银行同期贷款利率的 4 倍”。也就是说和民间资本受到法律保护时的利息相同，但是民间借贷常常高于这一法律保护利率。这就变成了当民间借贷需要受到法律保护的时候，依法支持 4 倍利息；当不出现违约情况时，民间借贷获取更好的利息。这样，小额贷款公司的放贷行为在利息收入上完全没有竞争优势。

三　解决小额贷款公司融资的对策

制约小额贷款公司发展的问题很多，归根结底是运营的改善，而资金是所有问题的关键点。如果小额贷款公司能够解决公司的融资问题，那么发展自然也就不是难事。根据目前小额贷款公司以及其他相关公司的发展，可以考虑从以下几个方面改善和解决小额贷款公司的融资问题。

（一）创新融资模式，解决单边经营

小额贷款公司的经营模式具有明显的只允许贷款、不允许存款的单边模式，这也就造成了其经营难以维持连续经营。根据规定，小额贷款公司的经营资金除了自由资金以外，只能从不多于两个银行获取授信，这样的信贷要求使得小额贷款公司不能对其信用规模进行大规模扩张，限制了小额贷款公司的作用力和发展实力。目前，农村金融的形势明显弱于城市，而农村的闲置资金却源源不断地流入城市，在资金相对缺乏的农村，资金支持反而更少。这一现象是完全不合理的，合理利用小额贷款公司并加强监管是符合经济发展规律的。允许小额贷款公司吸收存款是会带来系统性风险的，但是如果不能为小额贷款

公司提供资金的快速流动，就不能更好地发挥小额贷款公司的作用。因此，应该在现有基础上，选择一些资质比较好的小额贷款公司，允许小额贷款公司拓宽资金来源，解决这种“只贷不存”的经营模式。从可持续发展的角度来说，小额贷款应该有其适当的激励机制，可以适当放宽各股东进行增资扩股的权限，允许经营状况好、信用记录好的公司试点，拓宽融资渠道，允许一定范围内的小额贷款公司互相进行拆借，吸收特定贷款，进而吸收一定比例的存款，还可以选择有合作愿意的民营企业进行合作，拓展其融资渠道。

（二）增加政府扶持，给予政策倾斜

“三农”发展由于其符合政府的倾斜，本来就应该享有政府扶持，而且政府扶持的力度应该增大，确实落实政策的倾斜。在这一基础上，针对农村小额贷款公司应该执行税免政策，例如：贷款免税、减免营业税和减少所得税税率，同时还可以促使地方政府执行“先征后返”的税务计划，并可以有计划地从相关经费中对小额贷款公司进行专项资金的财政补贴或对使用资金的农户进行利息补贴，通过这些方面进行必要的扶持。另外，在符合授信的基础上，加大对符合条件的小额贷款公司的倾斜力度，依据小额贷款公司提出的合理化建议和规范化要求，帮助小额贷款公司提高管理水平和风险控制能力，规范经营。

（三）利用政策优势，转型村镇银行

利用民间资本，有步骤地发展民营银行可以解决小额贷款公司的一些问题。后续资金不足和监管不力是小额贷款所遭遇的主要问题。仅仅依靠注册资金是无法完全满足农村地区资金需求的。同时，小额贷款公司的定位无法完全确定而使得监管部门划分归属时产生了一些问题，由谁监管、由谁协管的问题也不明确。如果小额贷款公司能够利用政策优势转型为村镇银行，那么其归属和监管问题自然也就解决了，同时也解决了可以吸收存款的问题。银监会自然也成为小额贷款公司的监管部门，小额贷款公司也成为合法的金融机构，同时可以吸收更多的投资者向小额贷款公司倾斜，增强小额贷款公司的体量和力量。

根据中国法律规定，非政府组织目前不能从事金融活动，但是可以查询的数据表明，我国民间融资规模超过 GDP 的 5%（人民银行统计口径）。从数量和占比来说这一数字都是非常巨大的，而且从事着非正规的金融业务，这也说明中国民间资本的发展空间广阔，如果任由其不规范发展，必将为中国经济发展带来危害，与其承担此项风险，不如归拢到村镇银行的发展上来，还可以为农村金融提供一个较好的平台。

四　结论

小额贷款公司是一种提供贷款服务的类金融机构，是在中国完善农村金融体系的整体规划下的产物，也是符合农村金融发展方向和实际需求的产物，是符合经济发展农村建设的根本利益的。由于其单边业务的特征，在融资方面的困难严重阻碍了其发展进程。为了更好地规范民间融资，增加农村金融供给，应当给予政策倾斜解决其发展的瓶颈。同时，作为小额贷款公司应该从战略和规划上拓宽融资途径，利用多种渠道在法律法规的许可范围内解决融资的问题。

参考文献

《人民银行发布上半年小额贷款公司数据统计报》，人民银行网站，2013 年 7 月 29 日。

中国银行业监督委员会、中国人民银行：《关于小额贷款公司试点的指导意见》。

河南省人民政府：《河南省人民政府办公厅关于开展小额贷款公司试点工作的意见》。

B.10

缓解河南中小微企业贷款难题

——基于互联网金融的视角

江晶晶*

摘　要：

互联网金融给中小企业融资难问题带来了新的解决方式。本文系统阐述了当前中小微企业面临的融资困境，并从中小企业融资难的基础上导出了互联网金融的源头、类别及服务中小微企业的路径。并结合河南省的实际，提出了缓解河南省中小微企业贷款难困境的互联网金融解决方案。

关键词：

河南　互联网金融　中小微企业　贷款难

一　中小微企业融资难

我国自改革开放以来，经济增长一直保持较快水平，同时经济主体也呈现多样化发展形式。我国中小微企业数量越来越多，也越来越成为国民经济的重要组成部分，根据中华人民共和国国家工商行政管理总局的定义，中小微企业是指“产值和固定资产之和在5000万人民币以下的企业”[①]，按照统计口径，截至2012年底，我国有中小微企业4300余万户[②]。我国99%的企业为中小微企业。但是，中小微企业由于自身财务管理水平弱化、经营状况不稳定、抵押

---

* 江晶晶，金融学博士，中国电子信息产业发展研究院创新金融事业部总经理；研究方向：金融理论与金融制度、地方政府融资与互联网金融研究。

① 资料来源：中华人民共和国国家工商行政管理总局研究中心网站。

② 郑昕、秦志辉：《中国中小企业年鉴（2012）》，企业管理出版社，2012。

能力不足等，加之目前尚未建立完善的企业信用管理体系，所以中小微企业普遍面临融资门槛高、融资成本高等困境。中小微企业融资难问题依托现有的传统金融机构难以得到有效解决。特别是随着我国“中部崛起”战略的实施，拥有逾一亿人口的河南省，如何抓住“中部崛起”带来的机遇，扶持省内中小微企业发展并以此推动河南省经济发展，成为一项重要课题。

（一）中小微企业融资难：现状描述

自改革开放以来，融资难一直是制约中小微企业发展的主要问题。从企业内部来看，中小微企业自身财务管理体系不健全，稳定性较差，应对外部环境变化的能力较弱，高风险的特征成为融资难的主要原因；从企业外部来看，我国的企业信用管理体系较弱，征信体系尚在搭建过程中，当前的金融体系难以支持中小微企业融资。因此，中小微企业融资渠道狭窄，基本以内源融资为主，银行贷款、IPO、发行企业债券等方式均难以适用于我国的中小微企业。

（二）河南省：中小微企业融资瓶颈

河南省中小微企业为“中部崛起”做出重要贡献。2010 年 8 月，国家发改委通过《促进中部地区崛起规划实施意见的通知》和《关于促进中部地区城市群发展的指导意见的通知》，加强推进山西、江西、河南、湖北、湖南和安徽等中部六省“中部崛起”战略的实施。2012 年河南省生产总值达 29810.14 亿元，地方财政总收入达 3282.75 亿元，均居中部之首。其中，非公有制经济所占比重超过一半，中小微企业产值逐年递增，尤其是在工业企业中，河南省中小微企业集聚发展，形成诸如漯河食品加工基地、周口皮革制品基地、南阳玉雕基地、荥阳阀门基地等一批专业化聚集区。

河南省出台一系列政策措施支持中小微企业融资。2011 年 5 月，中国人民银行郑州中心支行、河南省工业和信息化厅联合发布《关于实施千家“小巨人”企业信贷培育计划支持中原经济区建设的意见》，针对当前中小微企业面临的融资渠道不畅、资金缺口较大、融资成本偏高等问题，在河南省内择优选取 1000 户成长型中小微企业（其中，小型企业占比不低于 70%），实施“小巨人”企业信贷培育计划，切实扶持中小微企业发展[1]。2013 年 8 月，河南省工业和信息化厅发布《关于做好中小企业“百千万成长工程”实施工作的通知》（豫工信企业〔2013〕443 号），对纳入“百家成长企业”、“千家培育企业”和“万家新创企业”的企业、金融机构、融资性担保公司和小额贷款公司要加大融资支持，要将上述企业优先纳入“小巨人”信贷培育计划，优先进行信用评级，提供资金支持[2]。

现有支持仍难以满足河南省中小微企业（特别是小微企业）的融资需求。截至 2012 年末，河南省金融机构本外币贷款余额 20304.09 亿元，全年新增本外币贷款 2655.18 亿元，相对于 2011 年多增加 1012.79 亿元人民币的贷款，多增贷款比例超过全国同期 18%。2012 年，向金融机构申请贷款的河南省企业总数为 3320 家，银行受理企业总数 1779 家，成功融资企业数量 564 家；融资申请总金额 5756.47 亿元，已授信企业数量 179 家，成功放贷总额 114.82 亿元。其中，向金融机构申请贷款的河南省小微企业总数为 972 家，银行受理企业总数 831 家，已获得融资企业数量 302 家；融资申请总额 99.74 亿元，已放贷总额 37.02 亿元[3]。现有金融支持难以满足中小微企业融资需求，尚需寻求创新模式解决河南省中小微企业的融资难题。

（三）传统金融机构难以解决中小微企业贷款难题的核心原因：一个理论分析

传统金融机构由于风控固定成本高，所能提供的金融产品与服务范围受限。本文从资金收付的角度，将金融机构面向客户提供的金融产品和服务分为作为资金收入方的业务和作为资金支付方的业务，其中，作为资金收入方的业务包括表内业务中作为借方的业务，以及中间业务中作为资金收入方的业务；作为资金支付方的业务包括表内业务中作为贷方的业务，以及中间业务中作为资金支付方的业务。金融产品与服务供给与成本负相关，根据传统金融机构的运作机制和风控机制，涉及资金支付的业务以及涉及严格风控的业务所对应的

① 《关于实施千家“小巨人”企业信贷培育计划支持中原经济区建设的意见》。

② 《关于做好中小企业“百千万成长工程”实施工作的通知》（豫工信企业〔2013〕443 号）。

③ 资料来源：河南中小企业金融服务平台。

单笔固定成本较高，因此以商业银行为主要代表的传统金融机构更倾向于向大型客户提供作为资金支付方的金融产品与服务，以摊薄平均固定成本。

二　中小微企业的融资需求内生出互联网金融

中小微企业存在融资瓶颈，大部分的融资需求难以通过银行贷款、IPO、发行企业债券等传统金融方式解决，这主要是由于传统金融机构风控固定成本高，所能提供的金融产品与服务范围受限。那么，要解决中小微企业融资难的问题，就可以从降低固定成本入手。而基于大数据、互联网等技术的互联网金融最大的特征正是低成本，因此，互联网金融就成为缓解中小微企业融资难题的良好选择。

（一）互联网金融的定义

互联网金融是互联网与金融相结合的新兴领域，指借助于互联网技术、移动通信技术实现资金融通、支付和信息中介等业务的新兴金融模式。

在互联网金融模式下，因为有互联网、移动支付、搜索引擎、大数据、社交网络和云计算等先进技术手段，所以市场信息不对称程度非常低，交易双方在资金期限匹配、风险分担上的成本非常低，贷款、股票、债券的发行和交易以及货币的支付可以直接在网上进行，进而大幅度降低市场交易的成本。这个市场充分有效，接近一般均衡定理上描述的无金融中介状态。

（二）互联网金融的分类

中国的互联网金融发展起步虽然晚于国外，但是发展十分迅速，有别于国外互联网金融的发展，中国的互联网金融产业呈现不同的发展路径。目前，互联网金融的发展主要有两个方向：一个方向是传统金融机构的业务互联网化，其中最为突出的是传统金融机构的电子商务化，包括传统金融机构的电子商务平台、线上金融平台等业务；另一个方向是现代 IT 企业进军金融领域，目前主要进军的方向是第三方支付、P2P 信贷、网络小额贷款等领域。基于目前市场上已经出现的具有较大规模和影响力的互联网金融模式，我们将互联网金融

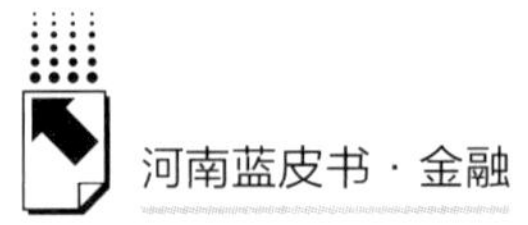

产业暂分为四类。

1. 供应链金融

针对中小微企业的经营特点，旨在降低供应链管理成本、加强财务供应链管理、提高供应链资金周转效率的供应链金融应运而生。供应链金融是指在分析企业所处的产业链上下游的基础上，针对企业从订单获取、原材料采购、生产到销售等各环节的资金流动特征，提供基于真实交易的金融解决方案①。由于在供应链金融模式中，事实上存在基于真实商品与贸易的担保关系，融资方往往是产业链上资金链条较为紧张的中小微企业②，因此其运作机制与中小微企业的资金周转特征及融资需求相契合。供应链金融通常表现为中小微企业以产业链上合作大企业的应收账款为质押向金融机构申请不超过应收账款账龄的贷款的应收账款融资模式、中小微企业以产业链上合作大企业的仓库仓单为质押向金融机构申请贷款的保兑仓融资模式以及中小微企业以存货为抵押向金融机构申请贷款的存货质押融资模式③（见表1）。

表1　供应链金融主要模式

供应链金融类别	是否需要担保	担保形式	融资企业的供应链节点	获得资金节点
应收账款融资模式	是	应收账款质押	供应商 供应链上游	货物发出、尚未收到货款时
保兑仓融资模式	是	仓库仓单质押	制造商、经销商 供应链下游	购买原材料后
存货质押融资模式	是	存货抵押	供应链上所有企业	有存货即可办理融资

资料来源：赛迪经智，2013（11）。

供应链金融由于具有依托于真实交易的特征，因而便于将物流和资金流等信息加以整合，基于中小微企业的供应链环节为其完善财务管理体系和融资服务，是一种低风险、低成本的新的融资模式。

① 陶凌云：《风险控制下的供应链金融分析》，《企业经济》2009年第9期。

② 李毅学、冯耕中、屠惠远：《供应链金融创新中下侧风险规避银行的贷款额度分析》，《系统科学与教育》2009年第11期。

③ 李艳华：《供应链金融模式分析》，《物流技术》2012年第7期。

2. P2P 信贷

P2P 信贷，即人人贷。P2P 信贷指个人与个人间的小额借贷交易，一般需要借助电商平台帮助借贷双方确立借贷关系并完成相关交易手续。借款者可自行发布借款信息，包括金额、利息、还款方式和时间，实现自助式借款；借出者根据借款人发布的信息，自行决定借出金额，实现自助式借贷。

P2P 将传统的非正式人际借贷标准化，并让其扩展到借贷者的社交圈和所在区域之外；通过信用评估及信用分级将借贷过程系统化，同时 P2P 信贷平台亦增加了借贷过程的透明度，降低了风险及信息不对称，从而让资本以较低成本流向生产和消费用途，拓展了金融业服务的目标群体。

3. 网络小额贷款

网络小额贷款是指互联网企业与金融机构以借款人的信用来发放贷款，债务人无须提供抵押品或第三方担保，仅凭自己的信用就能取得贷款，并以借款人信用程度作为还款的保证。

国内典型的网络小贷公司是阿里小额贷款公司，其主要有两种平台模式。一种是 B2C（商家对客户）平台，即为淘宝和天猫客户提供的订单贷款和信用贷款，这种产品又叫作“淘宝小贷”，通常金额较小，最低的一笔贷款不过几百元，贷款审查非常快捷，在审查通过后阿里小贷的贷款会即时打入客户的支付宝账户。另一种是 B2B（商业对商业）平台，即为阿里巴巴平台上的企业客户提供的信用贷款，即“阿里小贷”。对于这类客户，阿里小贷公司的门槛为 5 万 ~300 万元，期限一般为一年，为循环贷加固定贷的模式。循环贷相对灵活，获取一定额度作为备用金，不取用不收利息，可随借随还，日利率在万分之六左右（年利率约合 21.9%）；而固定贷则更加便宜，获贷额度在获贷后一次性发放，日利率在万分之五左右（年利率约合 18.25%）。

4. 金融机构线上平台

金融机构线上平台指金融机构以信息技术和互联网技术为依托，通过互联网平台向用户开展和提供开户、销户、查询、对账、行内转账、跨行转账、信贷、网上证券、投资理财等各种金融服务和线上商品交易服务的新型银行机构与服务形式，为用户提供全方位、全天候、便捷、实时的快捷金融服务与商品服务系统。

目前，传统金融机构线上平台的分类主要是依据不同的主体来划分的，主要分为银行、保险、证券等不同金融机构进军互联网金融的线上金融平台。例如，2012 年建行率先筹建了善融商务，平安保险联合腾讯与阿里巴巴推出的网络保险机构“众安在线”以及方正证券于 2013 年 3 月在淘宝网天猫商城开设的泉友会旗舰店等。

三　布局互联网金融服务中小微企业的路径

互联网金融伴随着中小微企业的融资难题应运而生并向前发展，当前互联网金融仍然主要服务于中小微企业，为其解决融资难题。

（一）布局互联网金融三大必要条件

数据、资金、平台是布局互联网金融的三大必要条件。其中，依托互联网获取、整合数据，为构建信用评价体系、发展金融业务提供支撑；资金是开展金融业务的核心资本，非银行金融机构的杠杆较小，银行拥有较大的资金杠杆；平台一方面是直接面向客户提供金融、支付、电商等服务的窗口，另一方面是处理数据等信息的后台系统。因此，数据、资金、平台是传统行业布局互联网金融的共性条件。

（二）传统行业进入互联网金融的特殊条件

作为一家传统工业企业，要想布局互联网金融这一新兴行业，需要对行业有足够的影响力。因为传统行业在数据、资金、平台三大要素上都没有明显优势，所以需要稳扎稳打、步步为营，第一步是要建立电商平台，从数据、平台两方面进行准备和布局，所以说，传统企业进军互联网金融的特性条件是：对行业有足够的影响力，这样才能够建立电商平台。现阶段做电商平台的一定是龙头企业，龙头企业也分为两大类：第一，实业类龙头企业；第二，交易类龙头企业，成熟的具有公信力的第三方企业。

（三）河南省发展互联网金融的路径

在产业结构中，河南省工业相对发达，其中又以传统工业为主，河南省中

小微企业融资需求主要集中于传统工业企业，其互联网金融布局也应相应地集中于传统工业行业。2012 年河南省生产总值 29810.14 亿元，比上年增长 10.1%。其中，第一产业增加值 3772.31 亿元，增长 4.5%；第二产业增加值 17020.20 亿元，增长 11.7%；第三产业增加值 9017.63 亿元，增长 9.2%。三次产业结构比为 12.7∶57.1∶30.2①。金融对传统行业来说是新兴业务，开展互联网金融业务时具有一定的局限性。首先，资金瓶颈较明显；其次，没有经过时间检验的风控系统和信用评价体系；再次，缺乏成熟的金融业务平台，电子票据系统和支付体系缺失。

在现有条件下，传统行业布局互联网金融更要依托自身优势。在传统行业中，当前只有龙头企业适合牵头布局互联网金融，行业中的龙头企业通过构建电商平台获取大量有效数据，依托与银行的合作获得融资渠道，整合数据、资金与平台三大要素，是传统工业企业借助互联网金融进行战略转型的探索。化工、机械、建材和汽车配件等传统工业中小企业众多，也同样面临宏观经济波动带来的资金链问题，这些行业已经建立起第三方电子商务平台，业内大型企业以互联网金融为方向的战略转型已经初具条件。未来，大型传统工业企业可以依托电商平台完善行业产业链，为金融机构提供作为构建客户信用评价体系的基础数据，通过金融服务实现延伸产业链、增强客户忠诚度、形成新的利润增长点的战略转型。

（四）传统行业布局互联网金融的典型案例借鉴

以钢铁行业为例，作为钢铁行业的龙头企业，宝钢集团有限公司（以下简称“宝钢”）已于 2013 年联手上海钢贸金融产业园合作设立上海钢铁交易中心。上海钢铁交易中心主要开展钢材现货电子交易、供应链融资、以交易价格指数为核心的信息咨询业务等，为钢铁行业上下游企业提供交易、资金、物流、加工、技术、信息等全流程、一站式的服务。这是一个基于 B2B 提供综合服务的电子平台，由宝钢自有产品电子交易平台“宝时达”、其他钢企产品电子交易平台“范达城”、撮合交易电子商务平台“来客圈”三大板块组成。

① 数据来源：河南省统计局。

挂牌当天，上海钢铁交易中心就吸引了逾6000名客户，成交钢材近万吨；运营首月，该交易中心的大型钢铁客户已经达到200家、中小钢铁客户超过3万家；试运行两个月以来，该交易中心的日均成交量约为1万吨（见图1）。

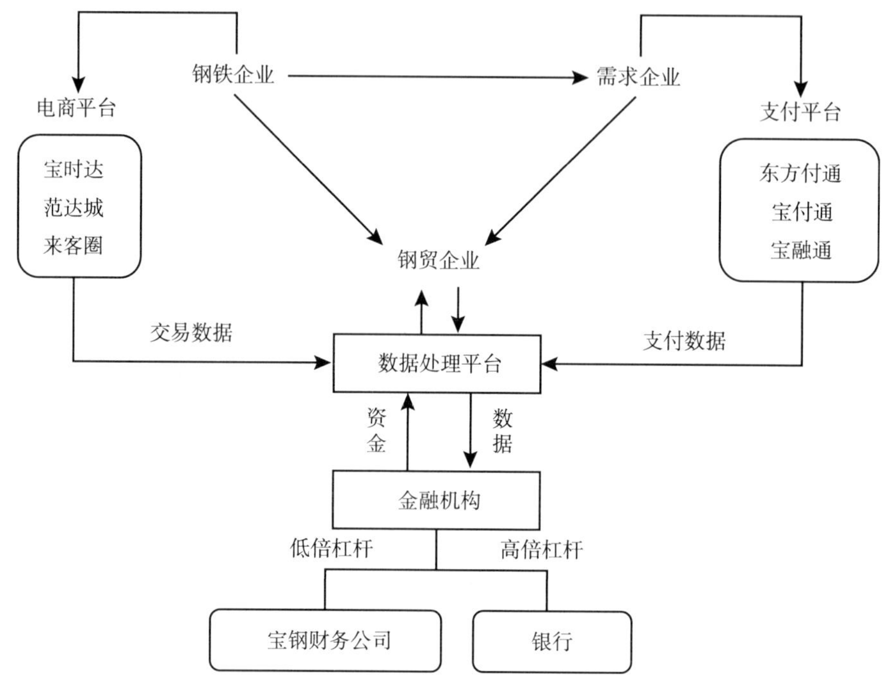

图1　互联网金融的宝钢模式

搭建并完善钢铁行业的电子交易平台是宝钢对外应对行业产能过剩和钢贸资金链危机、对内布局互联网金融的重要举措。未来，以宝钢为代表的大型钢铁企业可以依托电商平台完善行业产业链，为金融机构提供作为构建客户信用评价体系的基础数据，通过金融服务实现延伸产业链、增强客户忠诚度、形成新的利润增长点的战略转型，同时也为传统企业的转型提供了借鉴。

四　互联网金融发展对河南中小微企业融资的支持

河南省中小微企业一直面临融资难题，以商业银行为主要代表的传统金融机构融资虽然是目前中小微企业的主要融资手段，但是中小微企业财务管理水

平弱化、经营状况不稳定、抵押能力不足等特征仍使其难以获得银行贷款，中小微企业的资金缺口明显。商业银行等传统金融机构信审流程复杂、周期长，对抵押物和信用评级体系有较高要求，这与中小微企业的融资需求不相适应。

河南省中小微企业主要集中于传统工业行业，因此需要在传统工业行业中率先布局互联网金融来缓解中小微企业的融资难题。数量庞大的中小微企业依靠真实交易信息难以从以商业银行为主要代表的传统金融机构中获得资金，供应链金融是其创新融资方式的第一步，并在此基础上对互联网金融做了进一步探索。传统行业在现有基础上，首先由行业内龙头企业搭建电子商务平台，通过平台交易掌握大量中小微企业的交易数据，并以此作为提供融资及控制风险的核心。目前，传统电商主要做消费电子、日化、服装等快速消费行业，并已经形成了成熟的竞争格局，未来中小微企业众多的化工、机械、建材和汽车配件等传统工业将依托龙头企业搭建电商平台，整合数据、资金与平台三大要素，是传统行业布局互联网金融、解决中小微企业融资难题的前景和未来。

参考文献

Hallikas, J., Virolainen V. M. and Tuominen, M. *Understanding Risk and Uncertainty in Supplier Netwroks: a Transaction Cost Approach*, International Journal of Production Research, 2002, 40 (15): 3519 - 3531.

Klapper, L. *The Role of "Reverse Factoring" in Supplier Financing of Small and Medium Sized Enterprises*, World Bank, 2004, September.

Guillen, G. and Badell, M. *A Holistic Framework for Short-term Supply Chain Management Integrating Production and Corporate Financial Planning*, International Journal of Production Economics, 2007, 106 (1): 288 - 306.

深圳发展银行：《供应链金融》，《物流技术》2012 年第 7 期。

刘远亮、高书丽：《供应链金融模式下的小企业信用风险识别——基于北京地区信贷数据的实证研究》，《新金融》2013 年第 1 期。

闫俊宏、许祥秦：《基于供应链金融的中小企业融资模式分析》，《上海金融》2007 年第 2 期。

B.11

河南水利投资集团有限公司发展态势分析与展望

河南省水利投资有限公司课题组*

摘　要：

党的十八大和十八届三中全会，从生态文明建设的高度，将水利放在了更为突出的位置。水资源作为生命之源、生产之要、生态之基，将成为我国经济社会和谐稳定发展的坚实保障。国家粮食生产核心区是河南省的重要战略定位，水对粮食生产的影响尤为重要，而长期资金投入不足成为制约河南省水利发展的最大瓶颈，河南水利投资集团有限公司正是为了破解这一难题应运而生的。作为省级投融资平台，成立4年来，河南水投以融通水利建设资金为己任，在有效整合水利资产、创新投融资机制等方面进行了大胆、有益的探索，真正发挥了水利投融资“桥头堡、排头兵”的先锋作用。未来，河南水投将着力打造河南省水利跨越发展的金融支点，为全省经济社会发展贡献更大的力量。

关键词：

河南　水利　投融资

河南是一个人口众多、水资源短缺、旱涝灾害频发的农业大省，大力发展水利事业，加强水利基础设施建设，不仅可以加速经济结构调整、促进社会经济发展，而且对于改善民生、提高人民群众生活水平具有重要作用。但是，河

* 课题组成员：王庆利、罗涛、贺继伟、张璐。

南特殊的自然地理环境、气候条件和经济社会发展状况，决定了水利发展的长期性和艰巨性，也决定了水利基础设施建设对投入的巨大需求。因此，面对水利建设的新形势，积极探索、构建和创新水利投融资机制，确保水利发展具有充足的资金，是目前河南水利发展和改革面临的一项重要任务，河南水利投资集团有限公司也由此应势而生。作为一家年轻的企业，公司自成立以来，持续了比较好的发展势头，特别是在2013年国内经济上行压力巨大和金融政策紧缩的情况下，投融资额度又取得新的突破。仔细分析河南水投集团逆势求进的成功做法，总结归纳其实践经验，对河南省水利基础设施建设和水利投融资机制的建设都有重要的意义和启示。

一　河南水投集团现状及2013年发展态势

河南水投集团成立于2009年，作为河南省唯一省级水利投融资平台，主要以投融资为主体，以资产筹集资金，以资金建设项目，以运营扩张资本，是融资与投资互动、互为依托的政策性、专业性水利投融资平台，它建立了适应社会主义市场经济的水利投入长效机制和水利国有资产良性运营机制。公司自投入运营三年来，一路披荆斩棘、乘风破浪，如今已初具规模，正在朝着打造一流的水资源产业投资集团的方向大步迈进。截至2013年底，公司已注册资金46.78亿元，总资产179.32亿元，净资产114.32亿元，下属10个子公司，从业人员560多人。为了便于业务拓展，适应公司的发展需要，2013年3月经省政府批准公司正式更名为“河南水利投资集团有限公司”。

（一）经营业绩快速增长，企业实力持续提升

2013年，面对复杂的国际经济形势和严峻的国内经济下行危险以及紧缩的金融政策，水投集团紧紧围绕两资主体功能，利用三资效用互动，依托政府，广泛合作，使企业的竞争优势进一步凸显。2013年，公司实际完成融资54.63亿元，实现计划目标的136.60%，完成投资74.46亿元，实现计划目标的124.10%，实现利润4300万元，上缴利税309.50万元，公司实现扭亏为盈。

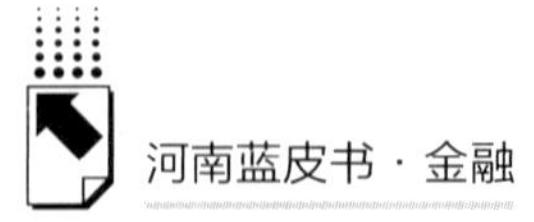

（二）不断创新融资模式

在2013年国家金融政策调控及经济下行的情况下，公司积极想办法克服困难，超额完成省政府下达的融资工作任务，确保了全省重点水利工程项目建设的资金需求，有力支撑了全省2013年度融资目标的顺利完成。

1. 提前完成省政府赋予的南水北调配套工程20%的承贷任务，确保全省南水北调配套工程顺利进行

南水北调配套工程是河南重点水利基础设施项目，省政府明确河南水投集团公司负责承贷24.38亿元的融资任务。公司积极沟通省农发行，及时跟进配套工程项目进展情况，合理安排贷款资金发放时间和额度，于2013年9月提前完成了24.38亿元的承贷任务。根据项目实际资金需求，在南水北调基金不能及时到位的情况下，有效沟通省农发行，对该项目授信40亿元的过渡性贷款，在保证配套工程顺利施工的情况下分批发放贷款资金，成功发放贷款资金6.45亿元。2013年，公司全年完成南水北调配套工程投资49.98亿元，有力地支持了本省南水北调配套工程建设资金需求。

2. 拓宽融资渠道，成功发行五年期中期票据，募集资金20亿元，优化了公司融资结构，有效降低了融资成本

在公司现金流不充裕，财务报表尚未实现赢利的情况下，公司启动了直接融资方式——发行中票募集水利建设资金。

随着2013年国家金融政策的调控，各大金融机构收紧银根，信贷投放额度受到较大影响，公司的融资工作面临新的困难和挑战。为了进一步拓宽挑战渠道，吸引社会资本进入水利基础设施建设，降低水利建设资金融资成本，公司积极开拓思路，在直接融资渠道上下功夫。经过充分研究和论证，有效对接浦发银行及律师事务所、信用评级机构、会计师事务所等中介机构，启动了二期中票发行工作。在二期中票发行注册过程中，因二季度国家金融政策调控的影响，在中国银行间市场交易商协会遇到了一些阻力。面对困难和挫折，公司迎难而上，攻坚克难，想办法寻找突破口，合理规避国家融资政策限制，多次补充资料和详细解释，争取交易商协会的理解和支持。通过不懈的努力，二期中票审批终获通过。

20亿元中票资金的到位，不但能够为公司筹集更多的水利投资资金，推进河南水利工程建设进程，并将进一步提高公司在直接融资市场的知名度和良好的市场形象，很好地推动公司直接融资工作，为下一步发行私募债、资产支持证券和短期融资券奠定更加良好的市场基础。同时公司还与华夏银行、中国银行合作，启动了非公开定向债务融资工具注册发行工作，并在中国银行间市场交易商协会顺利注册，注册金额为30亿元，用于水利基础设施BT项目投资建设，为拓宽水利投资渠道创造了更大的空间和保障。

3. 合理利用国家金融政策，以BT方式实现融资1.5亿元

鄢陵引黄调蓄项目是公司投资的第一个河南引黄调蓄工程，项目总投资2.38亿元，于2012年9月正式投资开工建设。公司积极对接国开行，并根据项目实际情况设计融资方案，于2013年初上报总行审批。在报送总行审批的过程中，因2012年底国家463号文件的下发，在一定程度上影响了总行对该项目贷款的审批进程。在这种情况下，公司积极研究463号文件精神，有效沟通国开行，最终总行同意将水利项目纳入政策支持的公益性项目范围内，贷款申请顺利通过审批，1.5亿元项目贷款于2013年7月成功发放，保证了项目的顺利施工。

（1）项目投资建设工作

2013年，公司以水生态治理、河道连通工程、水生态环境改善为重点，认真做好项目分析论证工作，加强与市县的合作，支持地方水利事业发展。全年新投资项目7个，项目合同额共计26.58亿元。其中，洛阳市宜阳县洛河城区段综合治理项目投资2亿元、孟津县马步社区建设项目投资5亿元、濮阳新区引黄调蓄工程投资12.29亿元、新安县引畛济涧及涧河治理项目投资4.5亿元、卫辉市城湖引黄调蓄工程项目投资1.39亿元、安阳市美河综合治理开发项目投资0.9亿元、许昌市水生态示范城市建设工程投资0.5亿元。

（2）运营管理工作

根据公司发展需要，并报请河南省人民政府批准，2013年3月份河南水利建设投资有限责任公司更名为河南水利投资集团有限公司。目前集团下属子公司已达10个，为了满足集团化战略发展要求，公司着眼产业资源有效整合，建立集团化管控模式，逐步明确集团公司和分子公司的权利和责任，本着

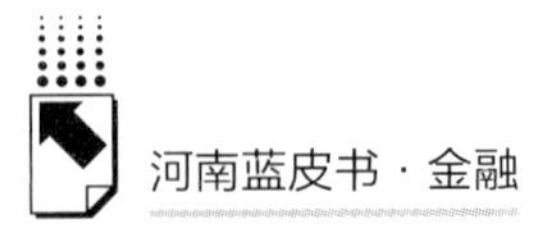

"管人、管事、管资金"的原则，不断加大对子公司的管控力度。上半年出台了《子公司组织绩效考核办法》、《公司所属企业管控模式的意见》等一系列管理制度，对子公司的管理逐步规范化、系统化。

二　2014 年产业形势及水投集团发展展望

从外部形势看，受国际形势影响，我国正处在重要的经济转型期，经济增速放低倒逼产业结构调整，宏观经济面临较大挑战。但是十八大以及十八届三中全会确定的我国未来经济社会发展新思路将进一步激发全国上下加快发展的热情，有利于营造良好的投资环境。从内部形势看，中原经济区建设、郑州航空港综合实验区建设以及郑汴一体化建设的不断推进，将进一步加快河南"三化"协调发展步伐，基础设施建设、城镇化建设以及生态文明建设将成为投资的持续增长点，全省经济社会发展将迎来全新的机遇与挑战。

河南水投集团自成立以来，在企业快速发展的同时也存在着很多问题。如在基础水利业务方面，公司投资项目中有一些是当地政府项目，采用 BT 方式合作，存在着投资规模大、收益回报慢的问题；水务业务方面，水费回收难、投资回报率低；水资源延伸业方面，存在水力发电规模小、依赖自然因素强等问题，另外水土资源开发利用起步晚，且短时间内很难产生收益，同时受到宏观政策影响，存在一定的投资风险。

2014 年是水投集团创业期的攻坚之年，面临的挑战和机遇都将大于往年。近几年中央 1 号文件均强调要突出抓好水利基础设施建设，国家固定资产投资要把水利建设放在重要位置。十八届三中全会《决定》中提出，要积极发展混合所有制经济，国有资本投资项目允许非国有资本参股，这必将大大激发民营资本的投资积极性，拓宽了国有经济改革的空间。这些政策利好必将给水投集团发展带来机遇，发展环境得到进一步优化，公司将继续"深耕河南，立足中原"，紧跟政府的经济政策，努力开拓融资渠道，依托南水北调中线工程河南段和省内重点水利工程，科学筛选投资项目，积极拓宽各地市业务。预计 2014 年公司完成融资 50 亿元，实现投资 72 亿元，实现营业收入 3 亿元，实现利润 0.5 亿元。

三 对河南水利投融资体制存在问题的思考与建议

近年来，河南省积极推进水利投融资体制改革，初步建立了多渠道、多层次、多元化的水利投融资体系，水利资金投入逐年加大，水利基础设施建设取得长足进步。但水利发展过程中长期遗留的诸多问题，阻碍着水利事业的快速发展，导致取得的成绩仍与经济和社会发展要求相差甚远，资金投入远远不能满足水利建设的需要。

（一）河南水利投融资体制存在问题

1. 水利建设基金筹资措施不完善

目前，我国水利建设基金主要采取从各项政府性基金中按照一定比例提取的方式，而不是对使用者采取“价外加价”或“价外加费”的办法。水利建设基金的使用有其严格的使用范围和用途，但在实际执行中，这种方式有其局限性。另外，水利建设基金征收基数中很多项目面临被取消的状态，致使水利建设基金征收数额正在逐步萎缩。河南省内除了省级水利建设基金在征收外，很多地方政府已停止征收，水利建设基金的使用全部来源于中央或者省级投资。

2. 水利基础设施投融资环境不理想

水利部门在项目融资模式、价格机制和民间资本进入和退出机制上，没有制定合理的规则和政策，影响到民间资本进入水利行业的速度。河南省水利基础设施建设发展滞后，建设存在过多的行政干预，民间资本进入水利行业受到市场准入的限制。由于存在部门、行业垄断和其他歧视性的准入政策，民间资本难以进入。有些项目即使允许民间资本进入，也存在着明显的不公平竞争，缺乏对民间资本进入的优惠政策。如果没有新的水利基础设施建设投融资渠道，不尽快改革和完善河南省水利基础设施投融资政策，河南水利事业将面临新的发展瓶颈。

3. 水利项目赢利模式不明晰，融资难度大

长期以来，中国的基础水利建设都靠国家财政支撑，但巨大的投资量单靠

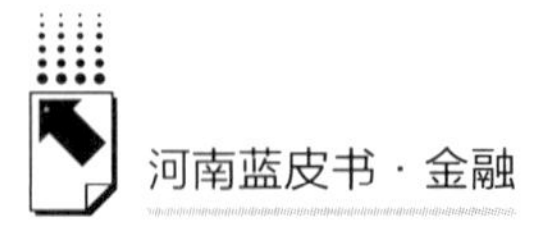

政府财政已难以实现。2012 年中央七部委联合发布的《关于进一步做好水利改革发展金融服务的意见》（以下称《意见》）决定加大金融产品和服务模式创新，合理调配金融资源，特别是鼓励民间资本进入水利建设领域，加大水利信贷投入，以便多渠道解决水利建设投入不足的问题。但事实上，对于拓宽基础水利建设融资渠道，中央和地方已进行了多年的探索和实践，许多地方也建立了相应的投融资平台，但效果不明显，根源在于缺乏一个明晰的赢利模式。2011 年的中央一号文件中明确规定要在一定程度上促进地方水利投融资平台发展，但现实中融资渠道仍不够广泛、融资力度仍不够强大；在争取银行贷款方面，由于水利投资具有公益性特点，建设周期长，回报率也不高，因此银行给水利企业提供贷款的积极性较低。不仅银行贷款艰难，涉及水利的金融产品也非常稀缺，水利建设的信托产品“基本都是个案”。

4. 水利工程的潜在附加值未得到充分发掘

水利工程在满足其基础实施功能的同时往往忽略了其潜在附加值。随着时代的进步，水利工程更加注重文化内涵等潜在价值的设计，这是实现现代水利、民生水利和可持续发展水利的重要标志。因此，水利工程设计除了一定要实现水利本身的功能外，还要深入挖掘和大力弘扬其潜在的附加价值，满足人们的精神文化和审美需要。也就是要在满足水利兴利除害的首要前提和基本要求外，植入生态环境伦理、文化内涵和人文情怀，使水利工程成为民族优秀文化传统与时代精神相结合的工艺品，使水利工程景观成为人们旅游观光的好景点、休闲娱乐的好场所、陶冶情操的好去处，美化人们的生活，提高人们的生活质量。

（二）推进河南省水利创新投融资体制改革的建议

1. 政策保障

水利投融资体制机制的改革与创新，离不开党中央、国务院关于加快水利发展与改革的政策性文件。因此，河南省也要围绕自身实际情况制定出台有地方特色的关于加快河南水利改革发展的政策，配套出台相关专项政策扶持文件，不断加大政策支持力度，不断拓宽水利建设资金来源，建立健全水利投资稳定增长机制。

按照重庆等地的成功经验，建议河南水投集团也应该被赋予四项经营性资产：一是按计划为水投集团足额划转资产。二是赋予河南水投土地储备职能，在水利项目策划包装期，注重考察项目区城镇发展控规和土地使用规划，将具有发展前景和土地开发价值的中小河流治理、防洪工程、水土保持等项目列入优质项目，通过平台公司进行土地储备，在项目所在地储备项目建设用地。三是将城市供水存量资产通过改制后，注入水投集团。同时，在税收政策扶持方面，基于水利项目的公益性特点，建议对水投集团及其全资、控股子公司投资建设、经营的项目，由税务部门统一征收缴入省级财政后，全额返还水投集团，作为项目资本金来源和工程贷款的还款来源。

2. 融资渠道保障

以政府资金带动社会资金，整合各项资金用于水利项目建设，是水利投资集团的重要功能。在这方面，河南水投集团公司实现了成功探索，总体来讲就是“整合资源，盘活资产”。这些方式的运作，有效地解决了水利投资渠道单一、配套资金不到位等问题。目前，河南省已建成130多座大中型水库，资产规模达几百亿元，水资源已经变成了水资产，尽管这些资产的赢利能力偏低，但绝大多数资产都是净资产。利用融资平台将这些优良资产整合在一起，通过发行企业债券、中期票据、私募基金等多种形式，募集水利建设资金，进而完成“资产资本化，资本证券化”。在方式上，多种工具要搭配交错使用；在规模上，要结合当地的承载能力，规模要适中；在资金的偿还上，一方面靠政策财政，另一方面靠市场化方式，通过挖掘水利工程形成的附加价值，来实现“以商补公”，并且要积极引入多元化投融资主体，创新项目融资方式，引导金融资源支持水利建设。积极发展BOT（建设－经营－转交）、TOT（转让经营权）、BT（建设－转交）等新型水利项目融资模式，通过有资质的水利项目建设方作为贷款主体，引导更多信贷资源支持水利建设。合理开发水能资源、旅游资源、生态资源、土地资源等各种资源，组建股份制水利企业，鼓励各类企业投资兴建经营性水利项目。鼓励和引导银行业金融机构加大对经营性水利项目的信贷支持，对能够用省（市）属水利工程经营性收益实现可持续经营的水利建设项目积极予以支持。

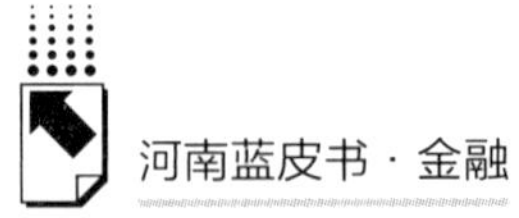

3. 融资方式保障

中央一号文件《关于进一步做好水利改革发展金融服务的意见》提出，要大力创新符合水利项目属性、模式和融资特点的金融产品和服务方式，进一步加大对水利建设的金融支持。要积极发展和创新不同的融资主体及融资产品，引导金融资源支持水利建设。银行机构应充分发挥“贷、债、投、租”全方位金融服务优势，提供贷款支持、财务顾问等各类金融产品和服务，支持符合条件的水利企业上市和发行债券，积极探索开展大型水利设备设施融资租赁服务业务。发挥资金引领作用，与财政、企业、社会资金有效结合，并通过牵头组织银团贷款，积极引导吸纳其他银行资金投入，同时不断创新丰富配套水利金融产品，例如，出台无息、低息和贴息政策、探索利用金融贴息方式支持水利建设，为全省水利建设整体发展提供更高质量的金融服务和政策优惠。

参考文献

李栋、褚春超：《我国水利投融资方式及体制改革研究》，《水利水电技术》2005 年第 4 期。

张旺：《关于水利投融资机制的探索和创新》，《中国水利》2010 年第 14 期。

宋冬凌：《地方政府投融资平台创新途径探讨——以河南为例》，《金融理论与实践》2010 年第 12 期。

B.12

郑州航空港经济综合实验区建设融资问题的研究

刘建葆　刘 霞*

摘　要：

郑州航空港经济综合实验区作为中原经济区建设的抓手和突破口，其建设的好坏直接关系到中原经济区建设的成败。而建设郑州航空港经济综合试验区面临的首要问题就是融资问题。本文通过对郑州航空港经济综合实验区存在的优劣势进行分析，指出航空港经济综合实验区建设在融资方面需要解决的问题，并通过不同融资渠道之间的对比，最终得出目前航空港经济综合实验区建设的融资要推进金融创新、拓宽融资渠道，积极发挥地方投融资平台的作用，为航空港经济综合实验区长远、健康发展提供资金支持。

关键词：

河南　航空港经济综合实验区　融资　地方投融资平台

中原经济区在速度与质量并重理念的指引下，正在迈出尝试性的一步，努力构建更先进的生产关系，解放生产力，通过实践探索和谐社会发展的规律，创新可持续发展之路，为建设有中国特色的社会主义道路积累经验。河南在不断完善新“三化”的基础上，展开政治、经济、文化、社会、生态环境全面

* 刘建葆，河南民航发展投资有限公司总经理、副董事长、党委副书记，研究生学历，高级会计师、高级咨询师、注册税务师、高级国际财务管理师；刘霞，河南民航发展投资有限公司副总会计师、财务部长，中共党员，研究生学历，高级会计师。

发展的经济实践，郑州航空港经济综合实验区的战略规划获得国务院批准，为引领这一发展提供了实验平台。郑州航空港经济综合试验区建设，为中原经济区发展找出一个战略突破口，支撑、引领、带动中原经济区建设梯次展开。既顺应了航空运输正在成为继海运、河运、铁路运输、公路运输之后拉动区域经济发展第五轮冲击波的规律，又积极借鉴了国内外内陆地区航空经济的经验，按照“培育大产业、建设大枢纽、塑造大都市”的理念，依托郑州国内大型航空枢纽建设，通过促进对航空依赖性较强的高端制造业、现代服务业的加速集聚和人口的加快转移，培育区域中心大都市，形成“三化”协调发展先导区，构建带动中原经济区发展的核心增长极。

现有对航空港经济的研究中，涉及产业选择的问题，避免“大城市病”的问题，要素合理流动、资源集约节约利用等问题，但并未对在资源配置中发挥重要作用的融资问题进行过多研究，现有研究已经表明，金融发展与经济增长之间并不是简单的相互促进关系，金融创新与经济增长的关联性具有显著的反馈性、多重的互动性、普遍的时滞性和动态的非线性特点，是复杂的系统问题。基于此，文章通过郑州航空港经济综合实验区的融资问题研究，试图寻求解决郑州航空港经济综合实验区建设中融资问题的有效途径，在为郑州航空港区金融发展提供理论支撑的同时，为金融发展与中原经济区建设的有效结合提供新的思路。

一　郑州航空港经济综合实验区建设的融资环境分析

（一）有利条件

1. 政策层面的大力支持

2013 年 4 月，随着国务院批复《郑州航空港经济综合实验区建设规划》，郑州航空港经济综合实验区成为全国首个以航空经济为导向的综合实验区。随着国务院的批复，郑州航空港经济综合实验区成为国家战略，走上了快速发展的轨道。河南省出台了《关于支持郑州航空港经济综合实验区发展的若干政策》，从财税、口岸建设、通关便利化、金融、产业发展、要素保障、人才保障等 7 个方面出台了 81 项支持政策。河南省国税局、海关、出入境检疫检验

局等纷纷出台了《支持郑州航空港经济综合实验区加快发展的 20 条措施》、《支持郑州航空港经济综合实验区建设的十项措施》、《关于服务郑州航空港经济综合实验区发展的意见》等相关政策，积极支持航空港区建设和发展的落实，为构建航空港区良好的融资环境提供了必要的政策保障。

2. 各大金融机构的大力支持

中原经济区和郑州航空港经济综合实验区相继上升为国家战略和建设的全面深入推进，以及工业化、城镇化和农业现代化的协调发展，在促进河南省经济快速增长的同时，也为各大金融机构带来了良好的发展机遇。2013 年 3 月 7 日，中国银行河南省分行与郑州航空港经济综合实验区签署全面战略合作协议。按照协议约定，未来 5 ~ 10 年，河南中行将在区域内为开发建设机场二期、富士康及其配套企业融资、区内其他企业融资等方面提供总计 1100 亿元人民币的意向性融资支持。同时，该行将充分利用中行国际金融优势优先为郑州航空港经济综合实验区提供全方位、综合性的金融服务。2013 年 6 月 7 日，建设银行河南省分行与郑州航空港经济综合实验区（郑州新郑综合保税区）管委会联合举办项目与金融产品对接会。双方围绕实验区内平台公司项目、成长性项目、发改重大备案及立项项目、生物医药及物流项目、基础设施建设项目五大类 122 个具体项目进行了对接，累计投资额达 1597 亿元。2013 年 1 月 8 日，中国工商银行股份有限公司与河南省人民政府就支持郑州航空港经济综合实验区建设全面战略合作签约仪式在郑州举行，工商银行充分发挥自身的优势，依托高效的全球服务网络，综合运用贷款、贸易融资、表外融资、融资租赁、票据和债务融资工具等多样化产品，以机场二期建设为核心，以航空物流、高端制造业、现代服务业和产业创新中心等产业为重点，加大资源配置倾斜力度，优先满足航空港实验区辖属机构、辖内企业的金融需求，为航空港实验区建设提供全方位的金融服务。

3. 为承接产业转移提供了重大契机

国际和国内东部沿海地区产业转移的进一步加快，为郑州航空港经济综合实验区积极承接产业转移提供了非常难得的机遇和条件，非常有利于河南省大规模地引进项目、资金、人才、技术等生产要素，甚至是整个产业集群的承接。2013 年以来，特别是 3 月 7 日国务院批准实验区发展规划以来，一批又一批的国际巨头瞩目郑州。如今，已有7家国内及世界500强企业入驻该区，而更多的大块头项目也在积极洽谈中。根据规划，到2015年，航空港区将引进世界500强企业30家，以招大引强推动该区融入全球产业链高端，从而成为中原经济区建设的核心增长极。既为航空港区的融资提供了广阔的空间，又为加强国际交流合作，充分利用国际资金提供了条件。

（二）不利因素

1. 资金面临其他交通运输方式及其他临空经济区的激烈竞争

郑州航空港经济综合实验区的战略定位在于以郑州大型航空枢纽建设为依托，以航空货运为突破口，着力推进高端制造业和现代服务业聚集，着力推进产业和城市融合发展，着力推进对外开放合作和体制机制创新。目前，我国货运市场的主要运输方式是铁路、公路、航空、水路。河南省铁路、公路网络的不断完善，投入资金的不断加大，客观上会对以航空运输为主导的航空港区的建设资金来源形成一定的挤压与竞争。郑州航空港经济综合实验区虽然是中国首个航空港经济发展先行区，但随着航空运输对经济的影响日益深入，各地都在积极筹划成立临空经济区，尤其是中西部邻近省份如湖北、陕西等省份临空经济近年来发展十分迅速，对郑州航空港区来说，在竞争中保持独特的竞争优势才能更有效地吸引多方面的资金支持，为航空港区的融资工作铺平道路。

2. 建设资金短缺与融资方式单一并存

郑州航空港经济综合实验区的建设规模是无比巨大的，仅仅依靠财政远无法满足资金需求。政府虽然直接投资基础设施，也难免陷入微观经济的事务当中，影响基本职能的履行，所以需要充分发挥市场机制的作用。但从目前来看，河南各地区的主要融资渠道也仅局限于财政资金和银行贷款，利用市场资本直接融资比例较低，对金融创新的手段运用比较少，杠杆效应不明显，缺乏持续融资的顺畅通道，远远不能满足航空港区发展的需要。

3. 创新动力不足，内生增长机制没有形成

在对航空港区内企业创新、上下游产业的完善性方面和科研开发能力方面的资金支持没有形成完整、长效的机制，在相关产业的资金投入仍然不足。目前，河南省的产业聚集整体上处于起步阶段，发展起点比较低，在资金、人

才、技术、市场等方面竞争优势不足。在河南省2万多家规模以上企业中，拥有自主创新能力、研发机构的企业均低于全国平均水平，一些产业的核心关键技术依赖引进，科技和专利成果转化率较低。科研机构、企业研发中心、政府公共平台等没有形成内生的创新机制和网络，产业集群的内生创新能力和动力受到影响。

二　郑州航空港经济综合实验区建设中存在的融资问题

通过对郑州航空港经济综合实验区的融资环境进行分析，我们不难发现，尽管随着国家和地方政策的不断倾斜，以及航空港区产业结构的不断升级，各金融机构对航空港区的资金支持力度和规模在不断加大，极大地解决了航空港区建设的资金需求，但是航空港区的融资依旧存在问题。

（一）投资主体单一

目前航空港区的建设资金来源，政府直接投资依然占有较大的比重，以政府投资为主，政企不分、运营效率低下的现象仍较为严重，由于政策环境或利益激励机制不完善等原因，社会资本进入市政基础设施建设领域还存在一定的困难。政府没有足够的资金用于航空港区基础设施建设，与此同时，建成的设施又没有充足的资金来维持其正常运营，由于运营机制和体制上的原因，不少运营中的设施并未发挥初始设计的处理能力和运行效率。随着航空港区发展步伐的加快，政府对基础设施建设的投入逐年增加，为缓解政府资金支出压力，政府贷款规模相应增加，财政风险不断增加。现有的政策环境还不能满足市场化形势的发展要求，有关市场化和产业化的政策仅为部门指导性意见，缺乏相应的法律依据，并且没有可供操作的实施办法，也没有明确地方政府的权限，给落实相关政策带来困难。

（二）资金投入的合理性有待提高

交通区位优势一直以来都是郑州的独特优势，郑州的铁路、航空、公路的投资也在逐年加大，尤其是经过近几年的发展，高铁网络不断完善，京广高铁、郑西高铁等高铁线路相继投入运营，郑州是全国唯一一个双十字铁路线的交会点。以新郑机场为中心，一个半小时的航程覆盖了全国2/3的主要城市和3/5的人口。连霍、京港澳高速贯穿全境，以郑州为中心形成“米”字形的高速公路网，实现了全省县（市）20分钟内上高速。从现状来看，大量的建设资金投向了传统的铁路、公路、航空等传统的基础设施建设上。从长远来看，航空港区的建设必须要开拓新的思路，资金安排要着眼于未来的发展，为今后长期的发展奠定基础。“铁公机”的投资是十分必要的，除此之外也要兼顾其他方面，特别是加大对基础科研和航空港区各项配套软硬件的投入。

（三）需要警惕地方债务风险

在目前中国分税制的财税体制下，中央和地方的事权与财权的分配出现了事实上事权的重心下移而财权的重心上移，地方政府事权、财权和财力不匹配现象比较突出；在这种情况下，地方政府为了筹集必要的建设资金，需要成立地方投融资平台，以市场化的融资方式向银行的市场主体融资。航空港区的建设同样离不开地方投融资平台的支持。但伴随着我国地方投融资平台的快速发展，地方政府投融资的债务规模也开始急剧扩张，地方政府债务日益膨胀。各方面对由此引发的债务风险乃至可能出现的严重的系统性风险颇为关注。因此航空港区在融资过程中尤其要特别警惕地方债务风险。

三　郑州航空港区融资问题建设的对策建议

建设郑州航空港经济综合实验区必须依托大量的资金投入。针对目前航空港区建设中存在的问题，要建立健全资金支持体系，积极创新融资模式，不断拓宽融资渠道，形成多元化、规模化的资金投入机制。一是在加大财政资金支持力度的基础上充分发挥省财政启动资金的引导作用和杠杆作用，结合航空港区的建设实际和工作重点安排使用启动资金。二是加快金融创新。解决产业融合，实现金融现代化对郑州航空港区其他产业的促进作用，是金融创新的立足点。三是要建立地方投融资平台债务总量控制和预警机制，探索加快地方政府投融资市场化的创新机制。

（一）必须创新性地解决区域内的产业融合问题

作为核心增长极的郑州航空港经济综合实验区要实现快速增长并引领中原经济长期发展，必须将众多产业的关联性转变为各产业一体化的内在实践，实现航空物流、高端制造业、现代服务业的共同发展、共同促进。郑州航空港核心区功能的实现需软硬件的支撑。按照郑州航空港综合经济实验区规划，其核心区主体为356平方公里的航空城，主要发展航空服务保障和维修、飞机零部件制造和航空租赁等航空产业，电子信息、新材料等高端制造业以及教育培训、医疗保健等城市配套服务业。而以上航空产业和配套服务业的建设，必须有上下游产业配套的硬件支持和高等院校、科研院所的软件支持。目前，在上下游产业的完善性方面和科研开发能力方面，郑州航空港经济综合实验区均处于劣势，因此在融资方向上要重点考虑对航空港区各项软硬件的支持和发展。总的来说，在航空港区起步期，应结合实际情况，采取有效、可行的融资策略。对于部分大型的营利性基础设施项目，可由政府与私人投资者签订特许协议，由私人投资者组建项目公司，实施项目建设，并在运营一定期限之后再移交政府，以节约财政资金，减轻政府负担，并分散政府风险。对于一些服务型设施的建设，如有可能，可向用户预收一部分费用作为建设资金。另外，可以借鉴国内一些开发区建设的融资方式，如中关村科技园区以争取政策性贷款为主，苏州高新技术开发区则以发行债券、股票上市等作为主要的融资手段。

（二）加大对各种交通运输建设的资金支持

从某种意义上讲，航空运输只是航空港区交通体系中的一个组成部分，解决的是长距离干线运输的问题。最终完成运送服务还需要“落地配”来补充和完善。在重点发展航空运输的基础上，大力发展铁路运输、公路运输，统筹利用多种交通运输方式的优点，实现铁公机的无缝对接，提高航空港区的运输效率。从建设郑州航空港经济综合实验区的整体角度出发，只有统筹协调各种运输方式，加强在线路、节点的匹配与衔接，分工协作、优势互补，实现客运“零换乘”和货运“无缝衔接”，才能更好地提升航空港区综合交通运输服务水平和整体效率。在加快促进各种交通方式建设融资的过程中首先要综合考虑航空港区的实际情况，将航空、铁路、公路建设的融资纳入一个统一的高度，注重资金的分配。只有资金真正落实分配到位，重视交通设施建设平衡发展，才能为各种交通方式的融合创造条件。由于交通基础设施建设具有投资回收期长、经济效益外部化突出的特点，因此，不同阶段融资方向也应该有不同的侧重。建设的初期阶段，在交通运输建设的融资问题上应当在政府投资为主的前提下，逐步拓宽融资渠道，探索以资本市场为平台的多元化融资渠道。随着交通运输体系的不断成熟、交通法规政策的不断成熟，资金主要用于改造和维护现有网络，因此，政府主导的融资方式应退居其次，应进一步突出投融资模式的创新和市场化运作。

（三）完善地方投融资平台的建设

在建设航空港区的过程中，地方投融资平台的作用不容忽视。但盲目投资引起的地方债务问题已经引起广泛关注。因此，建设好地方投融资平台是解决好航空港区融资问题的重要举措。首先，要制约地方政府过度负债、盲目投资的冲动，让投融资平台成为一个受约束的平台。建立一个地方政府债务规模控制和预警机制，无论是地方政府通过投融资平台的贷款行为，还是不同形式的发展行为，都应当要求地方政府的债务规模必须与财力相匹配。其次，探索加快地方政府投融资市场化的创新机制。目前，地方投融资平台主要存在筹资渠道比较单一、资金来源单一、结构不合理、抗风险能力差等问题。因此，应发挥市场在基础设施融资方面的作用，降低投融资风险。在继续取得银行贷款支持的基础上，尝试市场化水平高的公司债权、股权融资方式、产权交易方式等多渠道募集资金，提高风险的防范能力。最后，还可以抓住国家大力发展郑州航空港经济综合实验区的良机，借助投融资平台向国家开发银行争取贷款，用于加强城市基础设施建设。近年来，世界银行和亚洲开发银行提供了大量长期优惠贷款。今后，作为航空港区重点基础设施项目的融资主体，可以通过这些国际银行尽可能争取长期和相对优惠的贷款，优化融资结构，缓解融资压力。

（四）拓宽基础设施资本市场的资金来源

传统的融资渠道早已不能满足城市基础设施投资的需求。所以，利用资本市场开辟城市基础设施资金来源的多元化渠道被提出来。首先，培育城市基础设施领域的资本市场，开发适用城市基础设施融资的金融产品和衍生品，如土地期权、城市基础设施开发基金和信托、证券等，加快资金流通，提高融资效率；其次，对已有的城市基础设施资产，剥离出可转换性强的良性资产，积极推行资本运营，盘活现有基础设施的存量资产，并将相当部分的收入投入到城市其他基础设施的建设。

参考文献

仝新顺、郑秀峰：《郑州航空港经济综合实验区临空经济发展研究》，《区域经济评论》2013 年第 1 期。

魏华阳：《郑州航空港经济综合实验区的金融创新策略》，《区域经济评伦》2013 年第 3 期。

张一芳：《基于 SWOT 分析的郑州航空港经济综合实验区发展前景展望》，《区域经济》2013 年第 1 期。

朱一鸣：《郑州航空港经济综合实验区发展物流金融模式探析》，《金融理论与实践》2013 年第 7 期。

张平：《我国地方投融资平台债务运行现状及其治理之道》，《上海行政学院学报》2012 年第 2 期。

B.13

河南省涉农上市公司财务竞争力分析

李国英*

摘　要：

随着河南省域经济的快速发展以及中原经济区建设的不断推进，农业产业作为河南省的基础产业，也在快速发展，特别是近年来涌现一批优秀的涉农龙头企业。河南省政府积极统筹推动企业改制和上市，涉农上市公司已成为河南资本市场的重要部分。近年来，由于国家货币政策持续收紧，信贷资金不足以成为制约河南现代农业产业发展的一大瓶颈因素，在这种情况下，涉农企业上市的意义显得尤为重要。而涉农上市公司想要在激烈的市场中生存和发展，必须不断提高公司在市场上的竞争力，特别是财务竞争力。

关键词：

河南　涉农上市公司　财务竞争力　可持续增长率

一　前言

2014年中央经济工作提出：要加快发展现代农业，保持主要农产品生产稳定发展，支持发展生态友好型农业，加快构建新型农业经营体系，加强综合生产能力建设。从农业生产来看，发展生态农业需使用绿色农药、化肥，减少污染源；推广高效节水灌溉，实现水资源再利用；通过生物技术将秸秆、畜牧粪便等农业废弃物资源化，实现生态循环。在发展生态农业的同时，要注重经济高效，提升育种技术、饲料研发和农产品深加工水平，实现低投入高产出。

* 李国英，管理学博士，河南省社会科学院助理研究员、副教授。

推进农业生产经营的集约化、专业化，促进农业机械的运用，加快实现农业现代化。打造现代农业涉及农业生产的方方面面。

2013 年河南省经济运行正处于结构调优和动力转强的关键时期，但由于国家货币政策持续收紧，短期来看，信贷资金不足已经成为制约河南现代农业产业发展的一大瓶颈因素。在这种情况下，涉农企业上市的意义显得尤为重要。

作为全国重要的农业大省，河南粮食产量十多年来一直居全国第一位，农产品加工业也在迅速发展，农产品加工业占全省工业比重三成以上。目前，河南省有各类农业产业化组织 1.3 万多家，龙头企业 6000 多家，其中包括 39 个国家级龙头企业。显然，近年来河南省涉农企业的发展速度很快。但在其发展过程中，融资困难的情况一直是制约大多数企业进一步发展的主要因素。因此，企业通过上市筹集资金以解决融资困境问题的确是一个好方法。特别是几个规模较大的涉农企业，譬如双汇、华英、三全、思念等通过资本市场完成上市融资后，才得以实现由小变大，成长为行业的领军者。

在证券市场中，河南涉农上市公司的股价表现优异，吸引了众多投资机构的目光，在资本市场上形成了初具规模的“涉农板块”。这些涉农上市公司不仅拓宽了农业和农村发展的资金渠道，解决了广大农村人口的就业问题，而且对地方经济的发展起到了很好的推动作用。

但我们也注意到，虽然河南省是农业大省，但涉农上市公司数量很少。截至目前，河南省 A 股涉农上市公司只有双汇发展、莲花味精、新野纺织、新乡化纤、三全食品、雏鹰农牧、好想你枣业 7 家。

河南省涉农上市公司该怎么发展？用哪些财务指标来评价涉农上市公司竞争力？这些问题都随着河南省农业产业的发展日益凸显出来。本文用最新的上市公司财务数据，围绕河南省省情，以河南省涉农上市公司为研究对象，进行有关财务竞争力的研究，目的在于对河南省目前的涉农类上市公司财务竞争力进行深入分析与评价，寻求其提升与改进的办法。

二　财务竞争力评价指标体系

本部分采用的样本是中国 13 个粮食主产区（辽宁、河北、山东、吉林、内蒙古、江西、湖南、四川、河南、湖北、江苏、黑龙江、安徽）涉农板块中农林牧渔、食品加工、纺织行业和农药化肥159家上市公司财务分析数据，基于因子分析法应用条件的考虑，并围绕企业价值的根本驱动因素，在借鉴国内外财务评价指标的基础上，采用能反映公司赢利能力、经营能力、偿债能力、成长能力的共计21项指标进行分析。这些指标从财务角度直接反映了企业竞争力，具体指标见表1。

表1　涉农上市公司竞争力评价指标体系

名　称	计算公式
净利润率	净利润/销售收入×100%
净资产收益率	净利润/[（期初所有者权益合计+期末所有者权益合计）/2]×100%
营业利润率	营业利润/营业收入×100%
销售毛利率	（销售收入-销售成本）/销售收入
销售净利率	净利润/销售收入×100%
存货周转率	产品销售成本/（期初存货+期末存货）/2
固定资产周转率	营业收入/平均固定资产净值
流动资产周转率	销售收入/[（期初流动资产+期末流动资产）/2]
总资产周转率	销售收入/（期初资产总额+期末资产总额）/2
股东权益周转率	销售收入/（期初股东权益+期末股东权益/2
流动比率	流动资产/流动负债
速动比率	速动资产/流动负债
产权比率	负债总额/股东权益×100%
应收账款周转率	销售收入/（期初应收账款+期末应收账款）/2
资产负债率	（负债总额/资产总额）×100%
营业收入增长率	（本期营业额-上期营业额）/上期营业额×100%
营业利润增长率	本年营业利润增长额/上年营业利润总额×100%
总资产增长率	主营业务收入净额/平均资产总额
固定资产增长率	（期末固定资产总值-期初固定资产总值）/期初固定资产总值×100%
股东权益增长率	净资产收益率×（1-红利分配率）
净利润增长率	（本期净利润额-上期净利润额）/上期净利润额×100%

利用SPSS 18.0回归计算出每年的因子得分系数矩阵，根据各因子得分与各因子的方差贡献率求得每一年的综合业绩得分情况如表2所示。

表 2　我国涉农上市公司竞争力指数

所属行业	企业名称	F1	F2	F3	F4	F5	综合得分
纺织工业	新野纺织	-0.35	-0.19	-0.16	-0.58	-0.08	-24.27
	华茂股份	1.66	0.11	-0.37	-0.61	0.09	38.57
	华孚色纺	-0.38	-0.33	-0.31	-0.73	-0.09	-32.51
	孚日股份	-0.14	-0.43	-0.19	-0.77	-0.07	-26.37
	山东如意	-0.36	-0.73	-0.28	-0.69	-0.09	-40.30
	华纺股份	-0.61	0.37	-0.08	-0.86	-0.03	-20.75
	新 华 棉	-0.85	0.61	-0.33	-0.16	-0.26	-18.30
	金宇车城	-2.49	-1.09	-0.07	-0.36	-0.16	-103.84
	华润锦华	-0.54	-0.16	-0.42	-0.41	-0.19	-31.40
	新民科技	-1.48	-0.24	-0.84	-0.68	-0.35	-70.25
	联发股份	0.26	-0.08	-0.34	0.54	-0.11	7.10
	江苏旷达	0.51	-0.44	-0.27	1.14	-0.14	13.49
	江苏阳光	-1.29	-0.07	-0.97	-0.05	-0.26	-54.02
	华芳纺织	-1.50	-0.46	-0.23	-0.99	-0.23	-70.69
	三 房 巷	-0.71	-0.03	-0.46	1.04	-0.09	-15.00
	鹿港科技	-0.31	-0.09	-0.37	-0.39	-0.09	-21.26
	华升股份	-0.80	-0.33	-0.29	-0.1	-0.06	-36.12
	常山股份	-0.94	-0.36	-1.02	-0.48	-0.15	-55.78
	鲁 泰 A	0.76	-0.21	-0.41	0.03	-0.1	11.30
农药化肥	沧州大化	0.75	0.08	0.88	-0.86	-0.01	24.38
	威远生化	0.08	0.59	-0.09	-0.24	-0.16	10.75
	金 正 大	0.36	0.54	-0.1	-0.15	1.80	34.08
	史 丹 利	0.07	-0.03	-0.07	-0.06	9.09	72.02
	华鲁恒升	0.21	0.12	-0.2	-0.59	-0.11	-1.84
	鲁北化工	-0.14	-0.34	-0.34	0.27	-0.10	-13.92
	鲁西化工	-0.09	0.59	-0.15	-0.89	-0.20	-3.12
	湖南海利	-0.22	-0.4	0.41	-1.11	-0.19	-25.57
	四川美丰	-0.10	2.38	-0.27	0.08	-0.31	48.13
	新都化工	0.14	-0.05	-0.21	-0.49	-0.07	-6.67
	湖北宜化	0.68	-0.02	0.25	-0.81	-0.01	12.10
	红 太 阳	-0.52	-0.17	5.03	0.98	-0.02	58.91
	华昌化工	-0.58	0.19	-0.30	-0.71	-0.16	-26.10
	长青股份	0.51	-0.47	-0.18	1.28	-0.05	16.42
	辉丰股份	0.39	-0.63	0.00	0.11	-0.15	-3.52
	蓝丰生化	0.18	0.05	-0.35	-0.12	-0.2	-1.15
	江山股份	-0.52	0.18	0.29	-1.02	-0.22	-21.11
	扬农化工	0.40	0.39	-0.16	0.23	-0.16	20.35
	华星化工	-0.72	-0.5	0.09	-0.70	-0.16	-40.95
	六国化工	-0.52	0.11	-0.29	-0.50	-0.07	-22.79
	泸 天 化	-0.34	-1.05	6.95	-1.65	-0.10	35.50
	利尔化学	0.42	0.00	-0.28	0.9	-0.11	18.61
	司 尔 特	0.72	0.05	-0.17	0.4	-0.09	23.84
	哈 高 科	-2.5	-1.27	-0.66	-0.12	-0.05	-112.04
	双汇发展	0.31	5.18	0.67	0.38	-0.16	142.92

续表

所属行业	企业名称	F1	F2	F3	F4	F5	综合得分
食品工业	三全食品	0.51	-0.08	-0.06	0.53	-0.15	17.27
	华英农业	-0.38	-0.2	-0.21	-0.67	-0.09	-27.05
	好 想 你	0.11	-0.54	-0.11	3.9	-0.08	35.93
	莲花味精	-1.02	0.39	0.09	-0.83	-0.08	-29.46
	中粮生化	-0.37	0.79	-0.32	-0.56	-0.19	-4.56
	洽洽食品	0.52	-0.53	-0.15	1.02	-0.09	12.38
	龙力生物	-0.24	-0.73	0.47	1.85	-0.17	3.42
	朗源股份	-0.01	-0.53	-0.06	4.00	-0.03	35.00
	西王食品	0.16	0.11	-0.3	-0.25	-0.10	-0.42
	保 龄 宝	0.29	0.27	-0.22	0.07	-0.18	11.28
	得 利 斯	-0.32	0.46	-0.41	1.04	-0.15	7.66
	双塔食品	0.94	-0.72	-0.09	0.17	-0.07	10.33
	高金食品	-0.74	0.3	0.31	-0.55	-0.06	-17.14
	维维股份	0.37	-0.32	-0.1	-0.64	-0.13	-7.12
	恒顺醋业	0.04	-1.13	-0.15	-1.48	-0.18	-47.04
	伊利股份	0.9	1.65	-0.24	-0.87	-0.03	50.63
	华资实业	-3.34	-1.05	-0.30	1.03	0.19	-110.20
	加加食品	0.07	0.07	1.09	3.01	-0.20	53.37
	克明面业	0.44	1.17	0.74	1.97	-0.18	72.43
	安琪酵母	0.88	-0.27	-0.03	-0.03	-0.14	17.15
农林牧渔	北 大 荒	-0.01	-0.06	-0.09	-0.79	-0.01	-12.61
	万向德农	1.38	-0.60	-0.25	-0.98	0.05	10.67
	吉林森工	-1.43	-1.00	-0.91	-0.48	-0.16	-83.53
	雏鹰农牧	2.00	-0.63	-0.11	-0.48	-0.06	34.7
	丰乐种业	-0.17	-0.22	-0.38	0.07	-0.09	-14.81
	荃银高科	0.16	-1.18	0.52	0.65	-0.18	-9.93
	登海种业	2.27	-1.09	-0.43	0.26	-0.3	34.77
	东方海洋	0.54	-0.98	-0.14	-0.42	-0.12	-15.34
	民和股份	-0.68	-0.29	0.05	0.99	-0.12	-14.54
	益生股份	1.73	-0.04	-0.27	0.06	-0.25	43.82
	好 当 家	1.18	-0.97	0.13	0.37	-0.18	15.91
	新 希 望	0.17	3.32	0.06	0.50	-0.16	88.40
	通威股份	-0.50	1.54	1.17	-0.87	-0.18	25.21
	福成五丰	-0.47	-0.18	-0.30	0.31	-0.08	-18.65
	新 五 丰	-0.34	0.17	-0.22	0.38	-0.03	-4.41
	大康牧业	0.02	-0.29	-0.31	1.42	-0.02	7.00
	万福生科	0.18	-0.57	0.49	0.86	-0.10	7.77
	金健米业	-0.72	-0.21	-0.86	-0.81	-0.23	-48.79
	大湖股份	0.41	-0.86	-0.21	-0.49	-0.18	-18.66
	正邦科技	0.06	2.73	-0.30	-0.59	-0.04	54.69
	獐 子 岛	1.25	-0.90	-0.29	-0.61	-0.10	2.33
	壹桥苗业	4.20	-1.08	-0.37	-1.08	-0.44	73.60
	隆平高科	1.26	-0.6	-0.09	-0.33	-0.08	16.07
	唐 人 神	-0.17	2.2	-0.18	0.24	-0.17	45.94
	正虹科技	-0.55	1.28	-0.04	-0.38	-0.20	7.69

资料来源：招商证券网2013年中期上市公司财务比率数据。

通过对159家涉农上市公司的财务分析，可以得到如下结论。

第一，山东省和江苏省是当之无愧的农业强省，两省在涉农上市公司中所占比例超过1/3，特别是在农产品深加工产业中拥有绝对的竞争优势。而作为农业大省的河南省，上市公司数量却一直位于全国前10名以外。8家上市企业中有6家属于食品加工业，除双汇发展、好想你以及雏鹰农牧以外，其余几家涉农上市公司的总体竞争力情况不容乐观。而且迄今为止河南没有一家在农药化肥板块的上市公司，这对河南省打造农业全产业链发展是非常不利的。

《国务院关于支持河南省加快建设中原经济区的指导意见》明确要求中原经济区“加快转变农业发展方式”，不断提高农业专业化、规模化、标准化、集约化水平，建成全国农业现代化先行区。资本市场的活跃程度以及上市公司的数量能直接反映出当地经济的发展状况，河南作为农业大省，涉农企业上市的推进力度尚需进一步加大。

第二，2013年11月15日，中共中央下发《中共中央关于全面深化改革若干重大问题的决定》中明确指出，完善金融市场体系，推进股票发行注册制改革，多渠道推动股权融资。股票发行注册制改革方向是未来发展的长远目标，在股票发行注册制改革下，市场将更加重视价值投资，配套退市制度将会起作用，这将改变当前股市中无退出机制的现象。股票发行注册制改革将让那些无资产支持的好的涉农企业获得更强的融资能力，抑制公司上市过程中的寻租现象。但相配套的退出机制也让已经上市的公司面临退市风险。河南的两家上市公司华英农业和莲花味精近几年来净利润一直处于亏损状态，加上经营环境持续恶化，工信部2013年7月公布了首批工业行业淘汰落后产能企业名单，莲花味精名列其中，如被退市，企业将失去重要的融资渠道，在未来的经营运转中资金压力将凸显。

三　河南省涉农上市公司竞争力分析

赢利能力是上市公司财务绩效的核心要素，是企业竞争力最有力的支撑。企业经营最直接的目的就是最大限度地赚取利润，赢利能力也是外部投资者最为关心的财务指标。

（一）各公司主营业务收入和净利润与行业均值的比较

1. 好想你枣业

作为我国传统的健康食品，红枣保健深入人心，随着国民收入提高、健康消费理念的升级，枣产品市场发展迅速，2008～2012 年，中国枣产品年均复合增长率达到 15.6%，2012 年中国枣产品市场规模达到 360.9 亿元。作为枣行业的龙头企业，2013 年上半年，好想你枣业实现营业收入 39923.45 万元，较上年同期下降 0.67%；实现净利润 4298.88 万元，较上年同期下降 15.72%。这是该公司上市以来第一次出现业绩下滑（见图 1）。

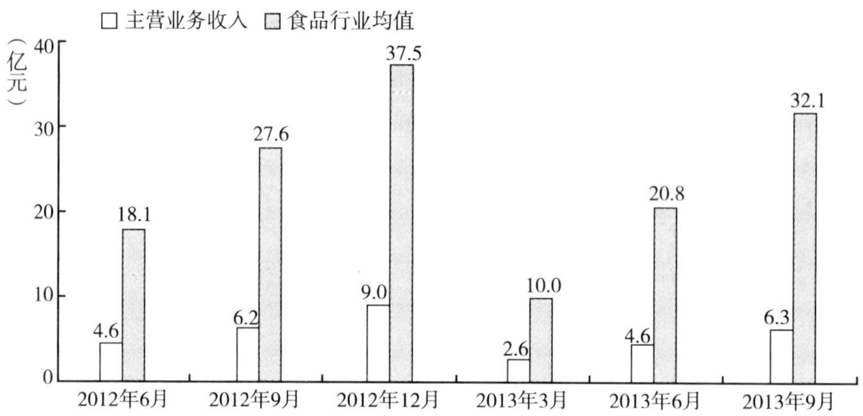

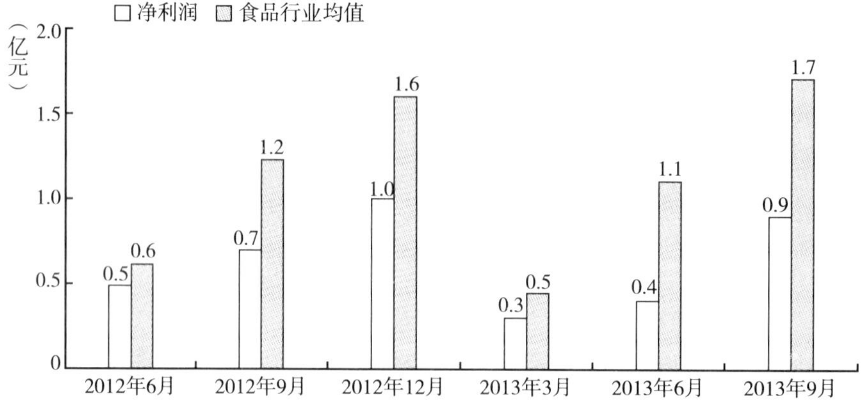

图 1　好想你枣业主营业务收入和净利润与行业均值的比较

2. 双汇发展

双汇集团是以肉类加工为主的大型食品集团，是中国最大的肉类加工基地。在2010年中国企业500强排序中列160位，2013年5月双汇以71亿美元收购世界最大生猪养殖企业美国史密斯菲尔德食品公司的全部股份，使双汇集团成为世界上最大的肉类加工企业。2013年上半年报实现营业收入203.07亿元，同比增长10.82%；营业利润22.08亿元，同比增长59.43%；利润总额22.6亿元，同比增长56.58%（见图2）。

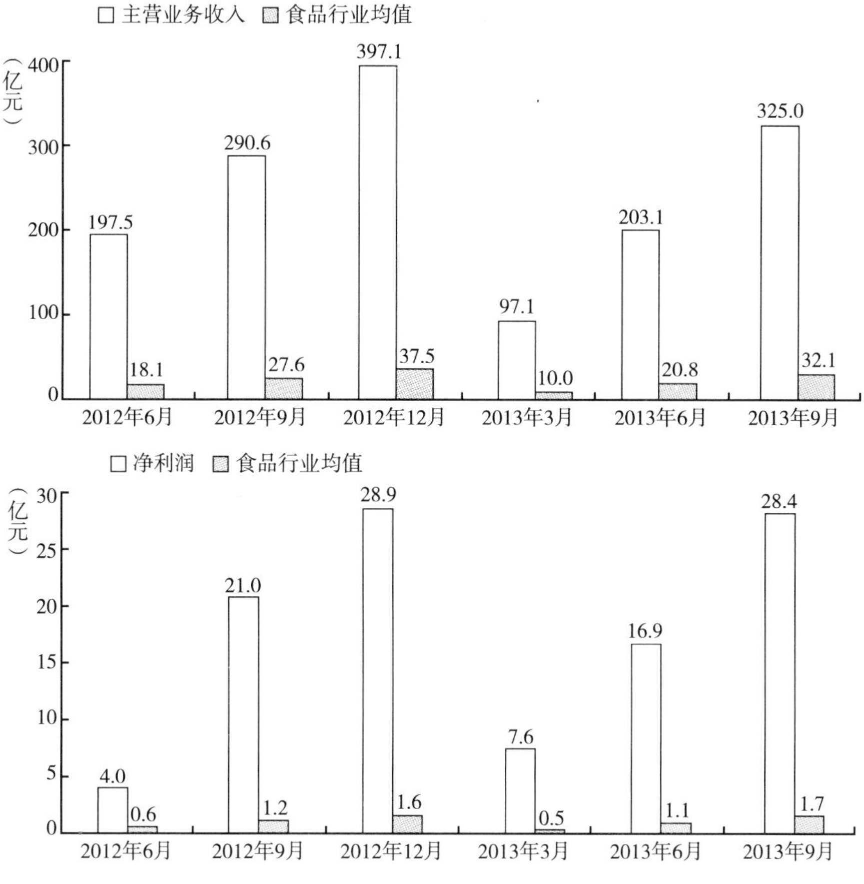

（亿元）

	主营业务收入	食品行业均值
2012年6月	197.5	18.1
2012年9月	290.6	27.6
2012年12月	397.1	37.5
2013年3月	97.1	10.0
2013年6月	203.1	20.8
2013年9月	325.0	32.1

（亿元）

	净利润	食品行业均值
2012年6月	4.0	0.6
2012年9月	21.0	1.2
2012年12月	28.9	1.6
2013年3月	7.6	0.5
2013年6月	16.9	1.1
2013年9月	28.4	1.7

图2　双汇发展主营业务收入和净利润与行业均值的比较

3. 雏鹰农牧

在加快推进现代农业建设进程中，大力发展循环经济具有广阔的应用领域和深远的意义。2013 年 2 月，国务院印发的《循环经济发展战略及近期行动计划》要求，在农业领域，加快推动资源利用节约化，产业链接循环化，废物处理资源化，形成农林牧渔多业共生的循环型农业生产方式，改善农村生态环境，促进农业发展方式转变。雏鹰农牧的“养殖—废弃物—种植”产业链，通过畜禽粪便的有机肥生产，将猪粪等养殖废弃物加工成有机肥和沼液，可向农田、果园、茶园等地的种植作物提供清洁高效的有机肥料是农业循环经济典型的方式。

2013 年上半年雏鹰农牧实现营业收入 8.52 亿元，同比增加 14.76%；实现净利润 4187.54 万元，同比减少 77.95%。2013 年受禽流感及猪周期下行因素影响，市场持续低迷，对公司整体赢利有一定影响（见图 3）。

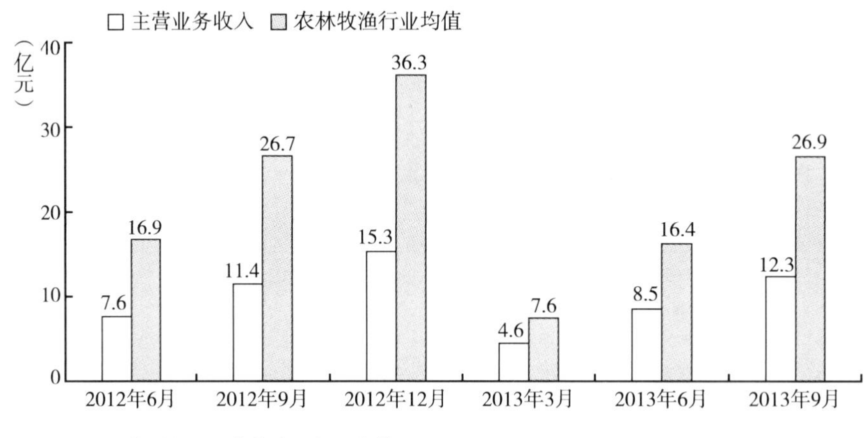

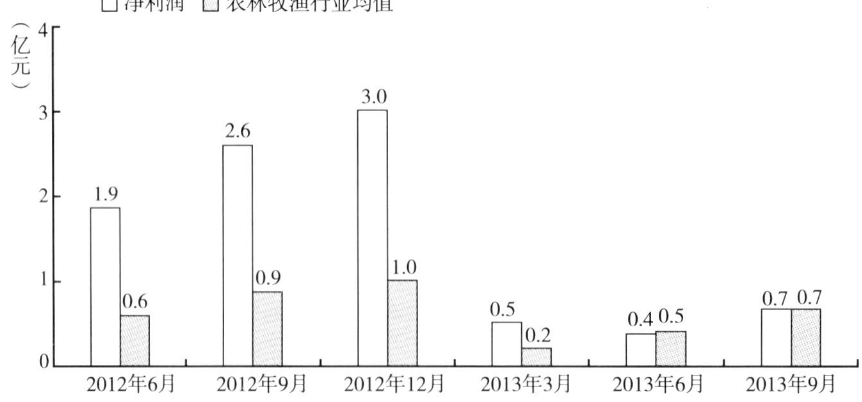

图 3　雏鹰农业主营业务收入和净利润与行业均值的比较

4. 三全食品

三全食品成立于 1993 年，2008 年上市，主营业务以米面食品为主，面点、馄饨也处于领先地位，连续多年市场占有率第一，领跑于整个行业，成为国内速食第一品牌。三全有行业中唯一的“国家认定企业技术中心”、“博士后流动站”，建立了“河南省速冻食品加工工程技术研究中心”，并与国内外多家知名院校进行合作，形成了产学研一体的研发体系，大大加强了企业的研发能力。2013 年前三季度公司实现营业收入 6.01 亿元，同比增长 26.56%；归属于上市公司股东的净利润为 -982.54 万元，同比下降 251.11%，上市以来首现季度亏损（见图 4）。

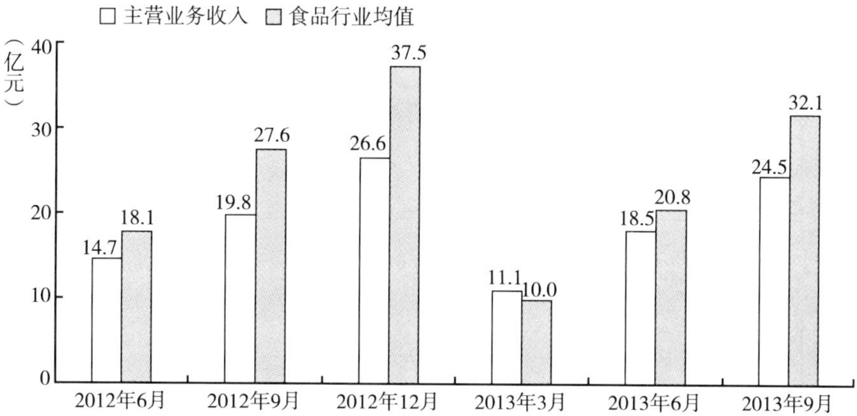

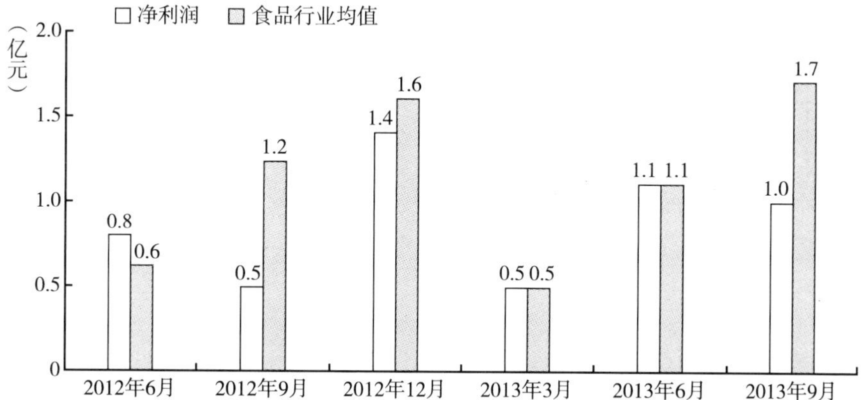

图 4　三全食品主营业务收入和净利润与行业均值的比较

5. 莲花味精

莲花味精公司是国务院确定的520家重点企业之一，被农业部等8部委认定为全国第一批农业产业化龙头企业，目前已成为我国最大的味精和谷朊粉生产与出口基地，是世界上唯一用小麦做原料的味精生产企业，在中国味精行业率先获得ISO9001国际质量体系认证，首家通过HACCP体系认证（见图5）。

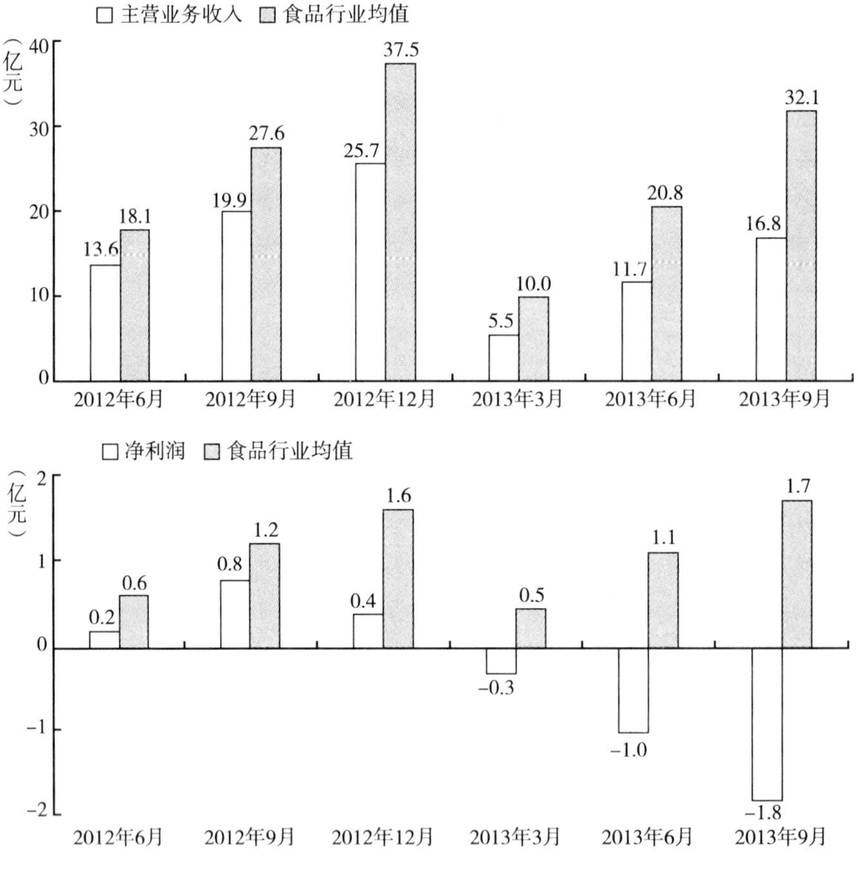

（亿元）

	主营业务收入	食品行业均值
2012年6月	13.6	18.1
2012年9月	19.9	27.6
2012年12月	25.7	37.5
2013年3月	5.5	10.0
2013年6月	11.7	20.8
2013年9月	16.8	32.1

（亿元）

	净利润	食品行业均值
2012年6月	0.2	0.6
2012年9月	0.8	1.2
2012年12月	0.4	1.6
2013年3月	-0.3	0.5
2013年6月	-1.0	1.1
2013年9月	-1.8	1.7

图5 莲花味精主营业务收入和净利润与行业均值的比较

6. 华英农业

华英农业是目前全国规模最大的樱桃谷鸭孵化、养殖、屠宰加工和禽肉制品生产销售一体化企业，是农业产业化国家重点龙头企业、中国食品工业百强

企业和中国肉类食品行业50强企业。受H7N9病毒与养殖成本上升两方面的影响，2013年上半年公司实现营业收入8.02亿元，同比下降8.14%，实现净利润-6735.77万元，同比下降412.16%（见图6）。

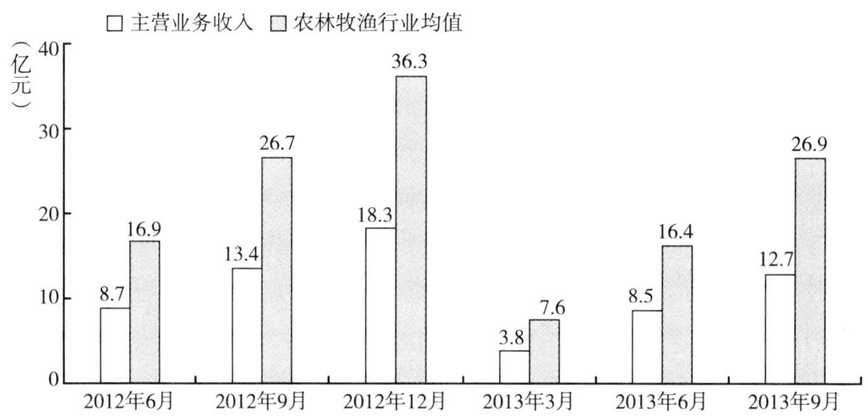

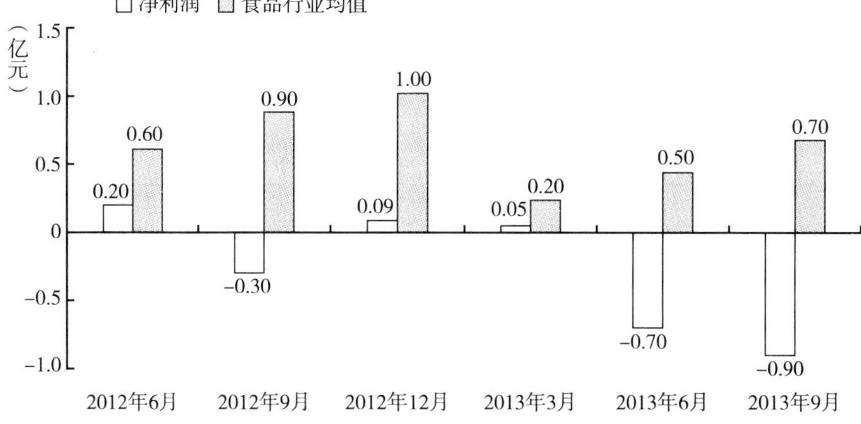

图6　华英农业主营业务收入和净利润与行业均值的比较

7. 新野纺织

河南新野纺织股份有限公司是国家大型纺织骨干企业，全国520家和河南省50家重点支持企业之一，2000年通过ISO9002质量体系认证，是全国功能性产品开发基地。2006年11月股票上市。2013年上半年，公司共实现营业收入15.81亿元，实现净利润4713.94万元，同比增长15.3%（见图7）。

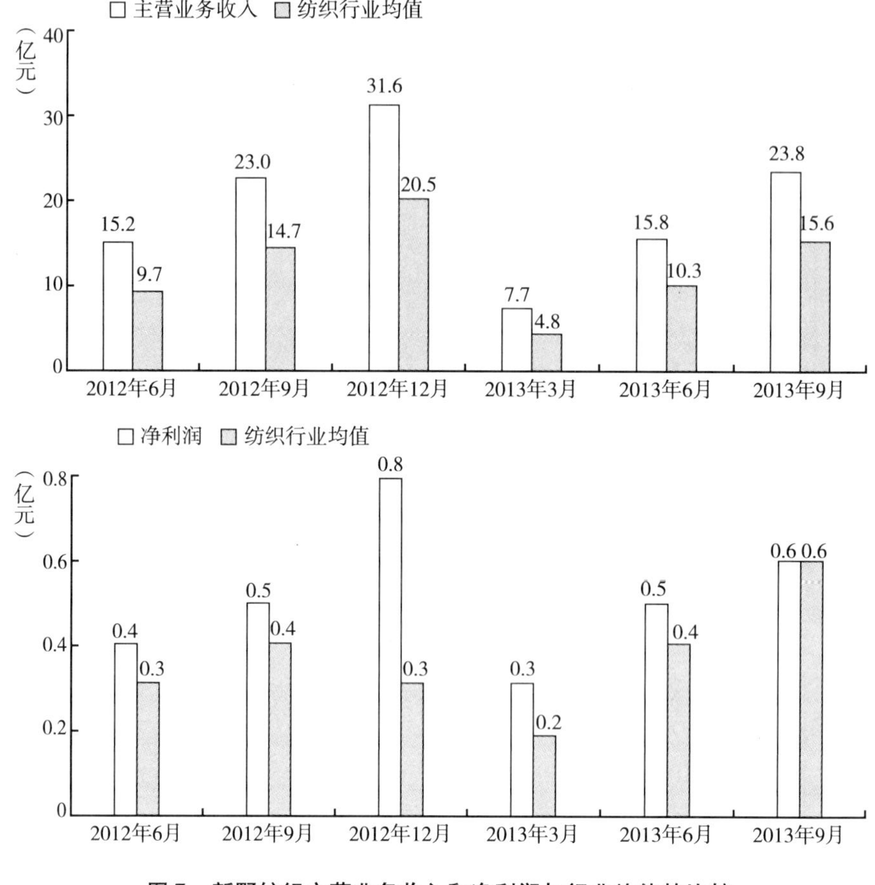

图7　新野纺织主营业务收入和净利润与行业均值的比较

综合比较，2013 年上半年，只有双汇发展和新野纺织的主营业务收入和净利润超过行业均值，河南省涉农板块上市公司的赢利能力有待进一步加强。

（二）各上市公司可持续增长率

美国财务学家罗伯特·希金斯（Robert Higgins）对公司增长问题和财务问题进行了深入的研究，于 1977 年提出了可持续增长模型。可持续增长率是企业当前经营效率和财务政策决定的内在增长能力。具体来说是指在不增发新股并保持目前经营效率和财务政策条件下，公司销售所能增长的最大比率。此处的经营效率指的是销售净利率和资产周转率，财务政策指的是股利支付率和

资本结构。可持续增长率的基本公式：可持续增长率 = 销售净利率 × 总资产周转率 × 权益乘数 × 留存收益率（见表3）。

表3　各上市公司可持续增长率比较

单位：%

项　目	销售利润率	总资产周转率	权益乘数	留存收益率	可持续增长率
华英农业	-7.7441	0.3917	2.31	0.21	-1.471484862
三全食品	4.107	0.7722	1.81	0.6649	3.816712155
新野纺织	2.6574	0.5078	2.56	0.34	1.174541887
莲花味精	-10.9468	0.5909	3.92	0.22	-5.578403457
雏鹰农牧	5.3626	0.2472	2.6	0.647	2.229982726
双汇发展	9.1975	1.8503	1.31	0.5	11.14687793
好 想 你	13.6342	0.3896	1.22	0.8274	5.361964765

销售净利率、总资产周转率是企业创造价值的核心所在。要提高可持续增长率，首先应该提高销售净利率和总资产周转率，然后才是权益乘数和留存收益比率。在对河南涉农上市公司的可持续竞争力分析中我们看到双汇发展的销售利润率和总资产的指标都高于同行业其他企业，而双汇集团在实际经营中也显示良好的发展态势。

四　提升河南省涉农上市公司财务竞争力的对策建议

（一）积极参股金融业，使公司的产业资本和金融资本相融合，为自身融资带来便利

上市公司参股金融业，不仅使上市公司拓展了投资领域，推动了金融业的改革与深化，而且，金融业的巨大发展空间，反过来又为上市公司产业链条的延伸提供了便利，有利于强化其核心竞争力。金融资源属于上市公司的战略性资源，对企业实现跨越式发展具有举足轻重的作用。涉农上市公司涉足金融领域，参股并控股一些金融机构，一方面可以降低融资成本、获得融资优势，另一方面利用金融机构的金融咨询服务，实现企业集团内部资源特别是金融资源的有效整合，进一步加大公司资本经营板块实力，提高公司的赢利能力。目

前，国内很多大型企业集团积极探索走专业金融的道路，希望所控制的金融机构能够更好地服务于企业的主营业务。

（二）推动涉农上市公司融资方式多元化

证监会日前公布的《关于进一步推进新股发行体制改革的意见（征求意见稿）》提出充分披露审核进度，融资方式向多元化发展。这一规定鼓励企业以发行普通股之外的其他股权形式或以股债结合的方式融资。近年来，随着央行新型金融工具的不断推出，未来融资工作会更加多元化，在非银行信贷业务里面，这个趋势会表现得更加明显。在这样的背景下，扩大河南省内涉农企业在银行间市场发行短期融资融券、中期票据、中小企业集合票据和非公开定向发行票据规模，加快以区域集优模式发行中小企业融资票据成了河南省加快融资和促进地区农业经济发展的重要渠道。事实上，培育企业债券发行主体，推动大企业集团发行企业债券、中小企业发行集合债券也是推动地方经济发展的重要动力。对河南省而言，在积极支持符合条件的上市公司通过整体上市、资产置换等方式整合优质资产和资源的同时，对符合再融资条件的涉农上市公司，开展有针对性的政策指导，鼓励公司通过发行公司债券、可转换债券或增发、配股等多种方式进行再融资。

（三）鼓励涉农企业进入期货市场开展套期保值业务

因为农业产业还处于充分竞争状态，加上国家鼓励，农业板块有望持续高景气，涉农领域的投资价值正在越来越多地获得投资者的认可，农产品或农业深加工等领域仍是投行偏好。此时，涉农企业要想做到脱颖而出，就要善于利用资本来实现长远的发展。长期以来由于担心后续资金跟不上，很多涉农企业主动放弃了套期保值操作。这不仅不利于打开涉农企业的发展空间，而且在很大程度上制约了我国农业的产业化经营和订单农业的深入发展。农产品生产经营企业进入期货市场开展套期保值业务，既可以规避农产品市场风险，在客观上也加快了农业现代化的步伐，又通过“金融＋农业”的产业链形式推动了农业、银行业和期货市场的共同发展。

参考文献

吴春波：《河南上市公司总量“破百”四市进入“区域集优”融资项目》，《经济视点报》2012 年 10 月 18 日。

张国斌、肖艳青：《经济大省的 IPO 后发优势》，《证券日报》2012 年 12 月 24 日。

孙源：《我国企业集团产融结合的有效性研究》，西南财经大学博士论文，2012。

安毅、常清：《我国涉农企业期货套期保值贷款创新模式》，《经济纵横》2012 年 9 月 10 日。

李婷：《河南上市公司数量“破百”涉农板块初具规模》，http：//henan. sina. com. cn/news/finance/2012 - 10 - 17/0904 - 28861. html。

B BLUE BOOK . 14

河南省新型城镇化与地方投融资平台问题研究

武文超*

摘　要：

本文分析了当前全国和河南省推进新型城镇化建设的大背景，以及在此过程中产生的大量投融资需求，进一步分析了新型城镇化过程中基础设施建设投融资当中存在的问题。本文对河南省各级政府性投融资平台发展情况进行了介绍，分析了当前形势下河南省地方投融资平台存在的问题。在此基础上，我们从地方政府对投融资平台的规范管理、投融资平台的自身建设两个角度提出了投融资平台问题治理的策略，并对地方政府性投融资平台的风险提出了一些针对性建议。

关键词：

地方投融资平台　金融风险　新型城镇化

城镇化是我国现代化建设的一个必经过程，是当今世界经济社会发展的一个重要标志。改革开放之后，我国城镇化进程不断加快。尤其是21世纪以来，我国城镇化呈现加速趋势，城镇化率从20世纪至今已经提高了超过15个百分点，实现了两亿农村人口向城市的转移。十八大以来，新一届党中央和政府将城镇化定位于“扩大内需的战略性作用”，并被认为是新一届政府推动经济改革的重要方向。国务院总理李克强在多个场合对新型城镇化的阐述更引发了学界的城镇化研究热潮。十八大报告明确提出，推进经济结构战略性调

* 武文超，金融学博士，河南省社会科学院金融与财贸研究所；研究方向：宏观经济和金融市场。

整是加快转变经济发展方式的主攻方向，而李克强总理对中国经济结构转型的思路之一就是新型城镇化，因此新型城镇化将成为未来几年政府工作的重点之一。从河南省来看，自中原经济区规划战略以来，就提出了以新型城镇化引领的三化协调科学发展之路，新型城镇化被提到了河南省发展战略当中的重要位置。

伴随着城镇化率的持续提高，城市规模不断扩大，承载力不断提升。在此过程中，城市各类基础设施建设产生了大量资金需求。新型城镇化推进中需要统筹解决城镇基础设施建设投资增加、公用事业服务保障、为进城农民提供住房保障、为新增城镇人口提供城镇标准的基本公共服务等，需要巨量的资金投入。在这个过程中，地方政府性投融资平台作为地方政府为城市基础建设融资和经营的实体，在城镇化的过程中得到了快速的发展。地方政府性投融资平台的数量、规模和负债都呈现了大幅度的增长，并为新型城镇化的快速推进提供了动力和支持。然而，地方融资平台在其经营中存在着透明度低、多头举债、投融资效率不高等问题，而且由此产生的各种显性隐性债务就会给地方财政带来巨大的压力，并会对商业银行的经营状况乃至整个金融体系带来系统性的风险。地方政府性投融资平台经营和风险问题引起了学术界、政府和社会大众的广泛关注，因此本研究将针对新型城镇化推进过程中地方政府性投融资平台的风险成因和要素展开深入分析，以厘清其经营中的问题，为地方投融资平台的问题和债务治理提供参考借鉴。

一　河南省新型城镇化发展的现状和融资需求

自 20 世纪 90 年代中期以来，中国城镇化呈现快速推进的发展趋势，人口城镇化率每年以约 1 个百分点的速度增长。2002 ~ 2012 年，我国城镇化率以平均每年 1. 35 个百分点的速度增长，城镇人口平均每年增长 2096 万人。2012 年，中国城镇化率比上年提高 1. 3 个百分点，达到 52. 57% 。2013 年又提升了 1. 16 个百分点，达到 53. 73% 。从河南省的情况来看，同样是从 20 世纪 90 年代中期开始，城镇化就进入了快速发展的时期，从 1996 年开始，城镇化率的增长速度连续十余年保持在 1 个百分点以上，多年都在 1. 5 个百分点以上。

2012 年，河南省城镇化率达到了 42.4%（见图 1），2013 年预计达到了 44.3%。尽管落后于全国平均水平，但差距在逐年缩小。到“十二五”末，河南省城镇化率预计达 48% 以上。与此同时，河南城镇人口也随之快速增长，从 2000 年的 2201 万人到 2012 年的 4473 万人。12 年间，河南省城镇人口增长了 2200 万余人，年均增长约 180 万。

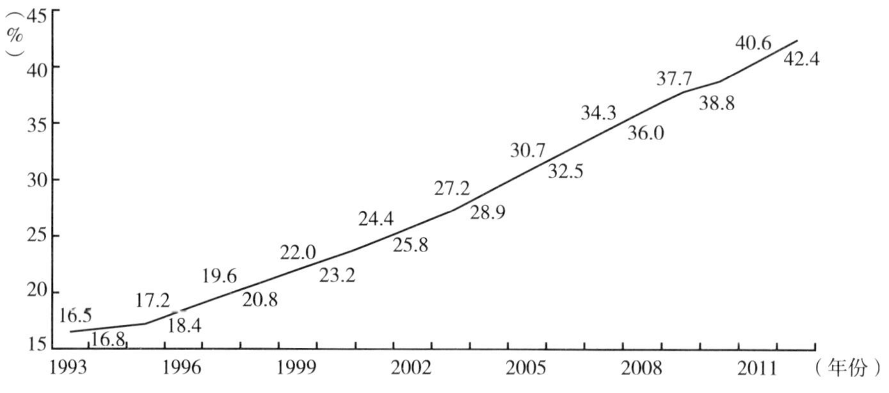

图 1　20 世纪 90 年代初以来河南省城镇化率趋势

2008 年以来，省委、省政府提出进一步完善中原城市群规划，着力构建以郑州为中心的“一极两圈三层”现代城镇体系，促进全省城市功能互补、向心发展、共同繁荣。2011 年，河南省委九次党代会提出，强化新型城镇化引领，统筹城乡发展、推进城乡一体，并将新型农村社区纳入新型城镇化体系当中。要着力增强中心城市辐射带动作用，增强县域城镇承载承接作用，增强新型农村社区战略基点作用，构建城乡一体化发展新格局。近年来，随着河南省经济的快速发展，各级财政收入稳步增长，财政对公共服务保障能力显著增强。同时，河南省金融机构金融资产稳步增长，金融资产供给能力和环境不断改善，金融创新发展势头强劲，为河南省政府主导下的地方融资平台规范建设和融资能力提升创造了条件。

尽管新型城镇化工作的推进有着多方面的助力，但是城市基础建设投融资方面的挑战也同时并存，突出表现在以下三个方面：一是新型城镇化的快速发展将对城镇各项基础设施形成巨大的需求，城镇基础设施建设资金筹措的压力越来越大。按照规划，2015 年全省城镇化水平将达到 48% 左右，也就意味着

2013～2015年每年将至少有200万农村人口转移到城镇中来，为适应城镇化发展需要，城市基础设施投资必将保持较快的增长速度。二是河南省城镇化水平仍处于较低水平，历史投入欠账较多，城镇基础设施建设资金需求的增长将远高于经济发展的增长。三是原有城镇基础设施融资方式的资金筹措能力逐渐削弱，以土地融资为代表的传统融资模式在国家不断加强土地出让收入收支管理、土地房产市场调控，银行融资资金监管加强等约束下，融资难度逐年增大，融资额度日益减少。

根据全省城镇化发展趋势，我们分两种情况对未来两年城镇基础设施建设资金需求进行了测算：首先，根据2011～2013年河南省城镇供水、燃气、供热、道路桥梁、污水垃圾处理、园林绿化、市容环卫等基础设施投资，测算出城镇基础设施每增加单位能力所需投资；其次，根据目前河南省城镇基础设施人均水平测算出每增加1个城镇人口，供水、燃气、供热、道路桥梁、污水（污水、其他水处理）、园林绿化（绿化管理、公园管理）、市容环卫（城乡市容、环境卫生）、其他（电力、公共交通、电信广播、互联网）等基础设施分别需要投入6250元、4630元、4350元、30680元、4400元、950元、850元和4820元，以上合计约需投入5.7万元。未来2年按照每年新增200万城镇人口计算，大约需要城镇基础设施建设投资2300亿元用于新增人口需要。考虑到河南省目前的城镇基础设施水平与全国平均水平尚有一定的差距，未来2年中还需加大投资力度，提升现有城镇居民的基础设施供给水平。根据城建部门统计资料，每年的基础设施新建投资与原有设施的维护改造投资比约为1∶0.8，据此测算未来2年全省还需安排1800亿元用于提升改造原有城镇基础设施，以上共需投入资金约4100亿元。

二　河南省地方政府性投融资平台发展的现状和存在的问题

近年来，伴随着新型城镇化的快速推进，地方政府性投融资平台在全国范围内得到了较快的发展，河南省的地方政府性投融资平台也迅速壮大，并为河南经济社会发展，以及政府对经济的调控起到了重要的作用。在新型城镇化方面，市县级的投融资平台在城市改造、棚户区拆迁安置、保障房建设方面都做出了应有的贡献。

（一）河南省地方投融资平台发展现状

2009 年 8 月 15 日，河南省政府下发《关于推进地方政府投融资体系建设的指导意见》，当中指出："充分利用政府掌控的国有'四资'建设投融资平台，实现大额融资，有利于发挥政府掌控的金融及资金资源的作用，通过投资控股公司对支持的行业和企业进行直接投资或转贷支持，增强政府调控经济运行的能力，促进宏观调控政策的落实。""切实解决现有投融资平台融资渠道单一、实力较弱、融资能力不强等问题，有利于及时筹措经济社会发展所需资金，增强政府对基础设施、产业结构调整升级、公益事业、科技创新、中小企业扶持等领域的资金投入能力，推动经济社会平稳较快持续发展，促进河南省在新一轮发展中抢占先机"①。文件还提出了河南省的"省、市、县"三级投融资平台定位。

省级政府性投融资平台主要发挥公益性、引导性、发展性作用，其重点投资方向：一是交通、能源、水利、环保、信息化等跨区域的基础设施和基础产业建设；二是促进产业结构调整、农业产业化及企业改制重组；三是引导科技进步和自主创新；四是探索利用市场化的手段促进文化、教育、卫生设施及经济适用房等公益性事业发展；五是对各省辖市、县（市、区）的政策性中小企业担保公司进行增信和再担保。

市级政府性投融资平台主要负责城市建设、土地开发整理等方面的融资。各省辖市要充分利用各自的资源和产业优势，建立健全各具特色的投融资体系。当前要尽快整合国有"四资"，完善已有的建设投资、城建投资、土地收储中心等投融资平台，同时要围绕新区建设成立相应的投融资平台，进一步拓宽融资渠道，筹措市本级城市公共基础设施项目及其他重点项目的建设资金。

县级政府性投融资平台功能定位。县级政府性投融资平台要围绕产业集聚

① 《河南省人民政府关于推进地方政府投融资体系建设的指导意见》（豫政〔2009〕63 号文件）。

区建设和服务中小企业发展建立。整合黄淮四市发展专项资金、县域经济发展奖励资金，支持符合省产业集聚区规划的县（市）政府以产业集聚区为依托建立投融资平台，与县级中小企业信用担保体系形成合力，形成支持产业集聚区基础设施、标准厂房等建设的投融资平台。

近年来，省政府对省属大量国资企业进行有目的、有计划的整合，并通过并购、参股等形式整合了一些民营企业，形成了一些较大的省级政府投融资集团。此外，随着经济社会的发展，省政府还成立了投资担保、风险投资、保障房建设等方面的一些省级投融资平台，具体包括河南投资集团、河南水利建设投资有限公司、河南省农业综合开发公司、河南省文化产业投资有限责任公司、河南交通投资集团、河南铁路投资有限责任公司、河南省国有资产控股运营有限公司、河南省豫资城乡投资发展有限公司、河南民航发展投资有限公司等等。从河南省现有的省级投融资平台来看，该平台已经涵盖了金融、交通、文化、水利、工业、农业、航空等多个领域，通过政府主导、市场运作的手段，形成了全面和完善的布局。市县级投融资平台主要专注于城市建设、棚户区和城中村改造、新型农村社区建设、产业聚集区建设等基础建设项目。

（二）当前河南省地方政府性投融资平台存在的问题

尽管河南省的省级投融资平台布局已经初步形成，并在不同的领域发挥着重要的投融资功能，但同时也存在着一些问题。

首先，一些公司实力较小，投融资能力不强。由于省级的投融资平台多数是由原有的一些企事业单位整合或组建而成，一些新成立的投融资平台的资本量和综合实力还有所欠缺，例如农开公司、文投公司等注册资本量都相对较小。其次，投融资平台体系和格局有待进一步完善。由于中原经济区建设的推进，以及宏观金融体系的发展，河南省的投融资平台体系也需要进一步完善。例如，2008 年金融危机以后，中央和一些省份都成立了涵盖银行、证券、信托、期货、保险、基金等的全领域金融控股集团。目前，虽然河南投资集团控股一批金融机构，但是资源没有得到有效整合。再次，融资效果不够理想，投资功能发挥不够，整体运营效率欠佳。2010 年底河南省审计厅曾对 5 家省级投融资平台进行了审计，发现了这些公司存在着注册资本金不到位、投融资功能发挥不够、运行效率低、法人治理结构不完善等问题。多数公司整合的进程和力度不够，融资平台资产结构冗杂，使其缺乏核心竞争力，政策性亏损因素较大，经营效益不佳。此外，还有建设项目资金挪用、投融资人才不足等问题存在。

不同于省级政府性投融资平台负责支持区域产业发展，落实宏观调控等，市县的投融资平台主要承担城市基础建设项目的融资职能。在近年来城镇化的快速发展过程中，市县的投融资平台也存在一些问题。第一，近年来，随着河南省新型城镇化建设的加速推进，城市建设、棚户区和城中村改造、产业聚集区建设等方面的融资需求非常大，而市县的经济发展水平和财政状况参差不齐，一些市县的地方投融资平台存在着债务比例过高、数量巨大的问题。第二，投融资平台普遍存在法人治理结构不完善的问题，投融资平台既是政府下属单位又是企业法人，董事会、监事会职责尚未得到充分发挥，内部管理制度建设滞后。第三，投融资行为不规范，关系不明晰。当前，许多投融资平台和金融机构、政府间投融资关系还不够明晰，存在项目主体交叉、互相担保、资金互相拆借，使得投融资行为更难以监管，加大了风险。第四，经营管理不规范。投融资平台多数由政府机关牵头组建，工作人员从机关借调较多，对金融市场运作、企业制度不熟悉，缺乏相应技术和专业知识。投融资平台的风险控制、经营管理等方面的机制也比较欠缺。

三　新型城镇化背景下地方政府性投融资平台的运作思路

针对河南省未来几年新型城镇化投融资的需求，以及当前地方投融资平台发展中的现状和问题，我们从两方面提出地方投融资平台问题的政策建议，一是从政府对地方投融资平台的规范和管理方面，二是从地方政府性投融资平台的自身建设方面。

（一）地方投融资平台规范和治理的对策

第一，积极加快对投融资平台公司的规范和整合。一是建立项目分类融资

机制。按照社会属性把城镇基础设施项目分为纯公益性项目、准公益性项目和有稳定收益的经营性项目。对纯公益性项目，明确政府的投资主体地位，强化政府提供基本公共服务的责任，纳入财政预算体系，优先安排财政性资金支持该类项目建设。对于有稳定收益的经营性项目，逐步放宽对市场资金进入的限制，积极完善管理体制、运营机制，创造条件鼓励和引导市场资金积极投入该领域建设，同时加快改革步伐，形成科学合理的价格形成机制和运作机制。对准公益性项目，要明确市场投资主体的地位，政府要加强规划宏观管理，激发民间资本投资城镇化建设的积极性。二是加大国有“四资”整合力度，增强政府投资调控能力。加强对城镇基础设施领域国有资源、资产、资金、资本存量的规模、结构、归属等基础性数据进行梳理和评估，根据各类“四资”的市场属性、经济潜力和可操作的成熟程度，分期分批、分类整合。充分发挥政府投资的导向作用，引导市场资金投向、项目建设、运营有序发展。

第二，加快深入投融资体系改革，全面理顺政府和政府性投融资平台公司之间的关系，激发投融资平台经营活力。由省政府制定相关的规划和政策，指导河南省的升级投融资平台建设，指导市县根据自身发展需要有步骤地建立地方投融资平台。进一步明确各级国资委的国资监管职能，更好地履行国有资产出资人的职责，肩负起投融资平台经营绩效考核、对高级管理者的监管、重大经营活动的监督等工作。加强对政府性投融资平台投资方向、资金管理、债务规模的监管，成立专门机构定期对全省的投融资平台进行审计和考核。完善政府性投融资平台公司的法人治理情况，全面理顺各级政府和政府性投融资平台之间的关系，明确政府的财政、发改委、建设、土地、规划等部门和投融资平台之间的投融资业务关系，畅通沟通协作机制。

第三，完善政府性投融资平台体系建设，加快壮大投融资平台的规模和投融资能力。加强投融资平台的投融资能力。建立各级财政专项资金注入机制，逐步强化企业自身的融资能力、偿债能力和风险防范化解能力。完善对公益性、准公益性等不同类型项目的投融资机制，根据情况运用投资补助、贴息等手段进行定向补助。推进有条件的政府性投融资平台进行产业化经营，鼓励以地方基础设施建设为载体和机遇，积极实施战略转型，逐渐以经营性项目收益来平衡非经营项目投资。充实和壮大省级投融资平台公司，加快市县的投融资平台的整合和规范，根据各级政府的财政实力以及新型城镇化建设的需要建立中心城市和县级政府性投融资平台，鼓励和支持县级政府性投融资平台捆绑发行集合债券。

第四，创新引导民间资本投资于基础设施建设的体制机制。民间资本对城镇基础设施建设的投资能够降低政府对新型城镇化建设的投融资压力，缓解投融资平台经营的压力和债务风险。一是进一步细化市场准入政策。清除市场进入障碍，完善财政利益补偿政策，积极引导民间资本投资于城市的水气热管网建设、垃圾和污水处理、园林和绿化工程、公共交通和停车场等市政公用事业的建设与运营，鼓励社会资本参与城中村和旧城区改造。二是进一步推进公共设施领域的价格制度改革。加快推进公共设施领域价格和收费等方面的制度改革，并通过补助、贴息、奖励、购买服务等方式，保障民间资本进入基础设施领域后能够获得合理收益，提高民间投资进入的积极性。三是健全投资补偿机制。建立起由政府组织项目筹划、通过向社会投资者招投标建设与经营、政府给予优惠政策或综合补偿的新型投资机制。

（二）投融资平台公司经营管理方面的建议

第一，各级政府性投融资平台加快完善投融资决策机制和经营管理水平。逐步完善企业化经营管理体制，加快完善以董事会、监事会、经营管理人员等组成的公司治理结构，建立投资委员会制度。完善项目评估、分析、投资、管理、风控的流程和制度，提高投融资运作能力，提升工作效率。对投融资情况定期组织风险评估，及时向主管部门和董事会反映经营中存在的问题，将风险和失误控制在最小的范围之内。

第二，完善投融资项目的资金平衡机制。把握好项目投入与产出、资金投放与融资来源的平衡，合理评估项目的投入产出比。提高资金管理水平，努力实现项目建设和运转中的资金平衡，尽可能避免资金断流的情况，将资产负债率保持在合理的水平。综合考虑各类项目的投资回收期，并进行与之期限匹配的投融资管理行为。完善投融资平台资金借、用、管、还等的制度和办法。不断改进风险评估和防范水平，要能够及时发现和反映经营中面临的风险，并能够合理化解风险。

第三，创新投融资平台的人才引进、考核和激励制度。加大人才引进力度，提高投融资专业人员的比例，打通人才流动的通道，支持有水平、有能力的机关工作人员进入投融资平台工作。建立投融资决策专家委员会，引入金融专业人士和相关专家参与重大投融资项目的决策和论证工作。完善绩效考核评价制度，分经营者和员工两个层次进行绩效考核，并以此作为职务晋升、岗位调配、薪酬待遇的重要依据。定期组织投融资平台工作人员参加业务培训，学习中央有关政策精神，专业运作知识和经验，不断提高业务水平。

四　河南省地方政府性投融资平台风险防控的对策建议

前文对新型城镇化进程中的地方政府性投融资平台的风险进行了一些分析，下面提出如下风险防控方面的对策建议。

第一，定期组织审计，规范投融资行为，不断提高政府性投融资平台的透明度。建议成立地方财政、审计等部门和人民银行、银监局共同参与组成的投融资平台服务和监管机构，定期对省市县各级政府性融资平台进行审计和风险评估，并组织沟通和研究，向有关部门汇报。各级政府的主管部门要定期对辖区内各级政府性投融资平台的债务规模、基本投资方向、资金状况、投资项目运行情况等信息进行披露，使各级政府性投融资平台经营情况阳光化，将“隐性负债”转化为“显性负债”，改变投融资平台信息不透明的状况，并逐步利用监督机制改善投融资平台的经营水平。

第二，明确投融资平台的债务责任，加强对政府性投融资平台资金募集、担保和运用的监管机制。建立和完善地方政府性债务管理机制，理清政府对相关投融资平台的责任，通过财政部门对投融资平台的债务进行集中谋划管理。根据地方政府性投融资平台债务规模建立与之相适应的偿还基金，制定和规范地方政府性投融资平台债务偿还办法和相关偿债程序。从投融资平台的制度层面建立投融资项目和资金的防火墙，明确不同投融资平台公司之间不能互相担保，投融资平台的每个项目要坚持独立运作，资金独立运转。对政府性投融资平台的贷款和项目资金要进行专户管理、专款专用，各级政府不得以各种方式截留、挪用平台的资金。

第三，强化地方政府性投融资平台的自身经营能力建设。在当前新型城镇化快速发展的历史阶段，地方政府性投融资平台的出现有其必然性和客观需求。政府性投融资平台要实现自身发展，就要依赖地方经济的持续增长，通过地方财政和税收收入增加、储备土地升值，以及城市发展带动的商业繁荣等因素才能提升政府及政府性投融资平台的偿债水平和经营能力。因此，应当使新型城镇化的规划和投融资行为相统一，统筹谋划，同时提升政府性投融资平台的风险管理水平，加强市场运作和资本增值，在推动基础设施建设的同时实现自身的发展和壮大。

第四，鼓励地方政府通过发行债券募集资金，推动地方政府性投融资平台转向市场化运作。当前国家正在谋划完善地方政府发行债券融资的体制机制，如果地方政府通过发行债券进行融资，那么就要引入金融机构和审计机构、评级机构的参与，各种市场的约束会提高负债和项目的透明度，政府将会有更为严格的自我约束。同时，政府要明确对不同领域建设的投资责任，不属于公益性项目领域的投融资平台要逐步向市场化运作模式转型，使其成为自负盈亏、自担风险的市场主体。

第五，组织研究部门，强化风险监控和预警机制。投融资平台可以成立风险部门和咨询委员会，持续研究和判断宏观经济和相关政策变化，降低宏观和政策风险。建立风险监控和预警机制，定期组织压力测试。重点完善项目投资的审核机制，全面评估融资规模、资金管理计划、项目风险因素等，形成详尽的项目风险报告。公司董事会、监事会必须发挥风险鉴别、风险提示等作用，及早防范决策失误导致的系统性风险。

参考文献

巴曙松：《地方政府性投融资平台的风险评估》，《经济》2009 年第 9 期。

国务院发展研究中心宏观经济部地方债务课题组：《关于中国的地方债务问题及其对

策思考》，2004。

刘尚希：《中国：市政收益债券的风险与防范》，《管理世界》2005 年第 3 期。

刘尚希等：《“十二五”时期我国地方政府性债务压力测试研究》，《经济研究参考》2012 年第 8 期。

财政部财政科学研究所课题组：《城镇化进程中的地方政府投融资研究》，《经济研究参考》2013 年第 13 期。

河南省发改委课题组：《河南省政府性投融资平台建设研究》，2009 年 10 月。

B.15

河南省中小企业融资瓶颈问题分析与对策建议

王　芳*

摘　要：

融资困难已成为制约河南省中小企业发展的瓶颈之一。文章通过分析全省中小企业融资的现状，分别从企业发展、金融体系以及社会经济环境等方面研究造成中小企业融资困境的原因，并从优化发展环境、创新融资方式、完善信用担保体系和征信体系等方面提出解决中小企业融资难问题的对策建议。

关键词：

中小企业　融资　对策建议

一　河南省中小企业发展概况

近年来，河南省中小企业保持着相对稳定的发展态势。截至2013年9月底，全省中小企业单位数量达到39.74万家，从业人员1149.96万人，完成增加值12522.85亿元，实缴税金993.66亿元，实现利润总额3820.05亿元，较上年同期分别提高了1.27个、2.01个、14.04个、9.89个和11.18个百分点。中小企业数量占全省企业总数的95%以上，贡献了全省60%以上的GDP、50%以上的税收和85%以上的新增就业岗位，是推动河南经济和社会发展的重要力量，特别是在扩大经济总量、优化企业梯次结构、缓解就业压力、活跃市场以及维护社会和谐稳定等方面发挥着越来越重要的作用。

---

* 王芳，金融学硕士，河南省社会科学院助理研究员。

然而，在中小企业蓬勃发展的过程中，其融资途径却非常有限，与大型企业相比，中小企业在融资渠道、融资方式以及融资可得性等方面都处于与其经济贡献不相符的劣势，融资难是一个长期存在并严重制约中小企业可持续发展的系统性问题。为促进全省中小企业又好又快发展，河南省委、省政府先后出台了《关于实施千家“小巨人”企业信贷培育计划支持中原经济区建设的意见》、《关于做好中小企业“百千万成长工程”实施工作的通知》等多项政策措施，旨在加大对中小企业的资金和财税扶持力度，促进其技术进步和结构调整，营造有利于中小企业发展的良好环境。使得中小企业融资困难在一定程度上有所改观，但从中小企业的融资需求以及发展现状看，“融资难”问题依然广泛存在，且是制约其发展的重要问题。

二　河南省中小企业融资困境

（一）内源性融资相对匮乏

内源性融资指的是把企业的留存收益转化为投资的过程，是企业最为原始的一种融资方式。作为中小企业资金来源的一个重要渠道，内源性融资有着融资费用低、效益高、自主性强等优势，是中小企业生存与发展不可或缺的重要资金来源。就河南省而言，中小企业自身特点决定了其自有资本金少，经营规模小，产品技术含量大多较低，再加上中小企业普遍管理水平较低，未建立有效的资金管理体系，缺乏有效的资金使用计划，资金积累意识较差，缺乏长期经营的战略思想，很少考虑利用自留资金补充经营资金的不足，不注重自身积累健全造血功能，自我积累和赢利能力较差常常导致内源融资的源头不稳定，使得中小企业自我积累的内源性融资机制难以形成，长此以往，必然会制约中小企业的健康发展，同时也会加重企业的债务负担，导致其融资风险加大。

（二）外源性融资渠道不畅

外源性融资方式主要包括债券融资、股权融资和银行贷款。由于我国企业发行债券和沪深两大主板市场上市融资门槛较高，广大中小企业往往难以企及。虽然我国2004年在深交所启动了面向中小企业的融资板块，但也仅仅能解决部分高科技型中小企业的融资难题，绝大多数中小企业无论是在股本规模、赢利能力还是在财务管理等方面仍远未达到其要求，通过发行股票参与社会直接融资仍然是道难以逾越的坎。因此，银行贷款成为中小企业最主要的融资方式。有资料显示，我国中小企业的资产负债率平均在70%左右，即企业所有者权益只占资产总额的30%左右，而企业通过资本市场直接融资的比例大概更低。目前，银行信贷对企业经营规模、赢利能力及信用等级等诸多方面有着严格要求，而中小企业恰恰在这些方面存在缺陷，使得获得信贷资金十分困难。此外，一般商业银行的二级分支机构只有考察权没有贷款审批权，往往某项资金的审批要经过上报、分析和审批等程序，审批时间久也难以适应中小企业生产经营的实际情况，使得目前全省中小企业贷款覆盖率和融资规模比重依然较低，难以满足企业正常发展的资金需求。

（三）融资担保体系有待完善

信用担保体系可以部分缓解中小企业由于缺乏抵押物而造成的银行融资困难。就河南来说，担保机构违规理财、非法房贷等发展乱象一度十分突出。经过两年多的整顿，目前河南共有各类担保机构1380多家，机构数量大大减少的同时资本实力和资本结构得到优化，可以说担保机构合规经营意识和风险防控能力进一步增强，但在全省中小企业融资中发挥的作用依然十分有限：一是与银行合作过程艰难，难以建立平等的银保合作和风险共担机制；二是税收等优惠政策门槛过高，担保机构实际能享受到的优惠微乎其微；三是除去再担保，担保公司往往需要承担100%的坏账风险，使得担保机构更多的只是被当作保证银行利益的一种手段，经营中面临许多困难，其扩大全省中小企业融资渠道的作用没有得到充分发挥。

（四）民间融资成本居高不下

中小企业贷款具有“短、小、频、急”等特点，且单笔融资金额小，银行传统的大企业模式很难适应小企业需求。中小企业难以从银行贷到款，长久以来就比较依赖民间的各种融资渠道甚至是冒着过高的资本风险进行地下借

贷。而民间借贷的利率往往远高于银行贷款利率。据河南省一些大的担保公司反映，目前中小企业贷款的平均年息一般在20%～30%，有的甚至更高。高昂的利息成本不仅加重了中小企业的负担，而且由于这些民间借贷缺乏国家的统一管理和规范，企业往往要冒着很高的借贷风险，这就进一步的侵蚀了抗压能力较低的中小企业的发展能力。

（五）政府扶持惠及面窄

近年来，河南省出台了许多扶持全省中小企业发展的优惠政策，包括贷款优惠利率、税收优惠等，但额度都不大，且对政策的宣传力度不够，一些中小企业可能不知道这些优惠政策，也就谈不上享受政策。而且多数优惠政策主要针对高新技术产业，尤其是科技型企业，惠及面较窄，广大技术水平不高的中小企业并不能真正享受到优惠政策，政府种种扶持中小企业发展的政策效果并不明显。

三　河南省中小企业融资困境的原因分析

（一）中小企业自身发展存在局限性

1. 风险抵御能力不强

目前，河南省中小企业的产业类型以产品初加工型、服务低层次型、资源开发型居多，专、精、特、新企业少，大量的中小企业技术相对落后，处在产业链的低端，缺乏新产品开发能力和创新意识，使得企业生产效率较低，产品质量不高，销售不稳定，使得其发展极易受到经营环境的影响，抗风险能力较弱，影响企业自身资金的积累和银行信贷资金的获得。

2. 运营管理水平不高

河南省中小企业，特别是小微企业多数是从“小作坊”转变而来，虽然在组织形式名称上有了大的改变，但大量中小企业依然停留在“夫妻店”的模式上，没有实现经营权和所有权相分离，内部管理结构呈现单一化特征，大多数企业的最高管理者往往既是所有者又是经营者，企业既没有完善的决策结构，更缺乏良好的财务管理机制和信息披露制度，这会导致一系列问题的出现。

3. 企业信用等级较低

企业信用状况好坏是企业能否获得贷款的前提条件。中小企业生产经营具有经营规模小、经营场所不固定、人员流动性大等特点，特别是在经营过程中沿用的是经验式和家庭式的管理方式，信用观念比较淡薄，财务制度不健全，更无法为银行提供完整的财务报表和信息资料。在市场惩罚机制不力的情况下，中小企业的失信成本普遍较低，整个社会信用环境低下，有的企业甚至通过“两本账”的手段来欺骗银行，造成银行对中小企业存在较重的防范心理。

4. 缺乏有效的抵押和担保

银行贷款往往需要一定的资产作为抵押。而多数中小企业由于规模小、资金不充裕，造成其抵押能力不足，合适的抵押品很少，同时银行贷款抵押手续比较烦琐，抵押物的登记、评估费用相对较高也无形中增加了企业融资成本，使得中小企业面临一是无抵押物，二是抵押难的窘境。另外，目前全省信贷担保体系不完善，信用担保机构商业化运营程度低，信用评级机制不健全，使得中小企业融资时缺乏有效的担保实体，获取银行贷款愈发困难。

（二）现有融资体制还不完善

1. 商业银行存在制度约束

市场经济条件下，商业银行在追求利润最大化目标的过程中，出于收益性和风险性的考虑，往往更倾向于给那些业绩优良的大型企业贷款。原因在于，与大中型企业相比，中小企业不仅存在发展前景不明确、银企信息不对称等问题，而且其融资需求具有频率高、特性强、规模小等特点，使得在相同审核程序与办理手续的条件下，银行在为其提供融资时付出的信息成本、交易成本和违约成本要高于大型企业。因此，坚持审慎经营的商业银行大多不愿做小企业的金融服务或是减少对中小企业的授信额度。尽管近年来中小企业融资业务的重要性被越来越多的银行等金融机构意识到，但由于受到传统思维定式的影响，商业银行在管理方式、业务流程、技术手段、人员素质等方面依然存在制约中小企业融资发展的障碍。

2. 中小金融机构实力相对较弱

为了弥补大型商业银行对中小企业贷款的不足，满足中小企业发展中的融资需求，河南省先后建立了城市商业银行、农村信用合作社等中小型金融机构，有力地支持了全省中小企业的快速发展。但是，由于这类金融机构综合实力十分有限，为中小企业提供融资服务的能力自然也有限，不能满足多数中小企业的融资需求。与此同时，出于安全性考虑，中小金融机构的贷款重点也往往是风险小的国家重点支持项目，或是已具有一定规模、持续经营数年、产品结构较为稳定的中小企业，而对于那些处于创业初期的中小企业来说，由于经营风险与潜在违约风险较高，他们也很难得到所需的贷款资金。

3. 资本市场发展缓慢

资本市场不完善、主板市场准入门槛过高使得中小企业望而兴叹。在这种情况下，我国推出了旨在解决中小企业融资问题的中小板市场，但要求依然严格。《首次公开发行股票并上市管理办法》中对我国企业年度净利润、现金流量、营业收入、股本总额以及赢利间隔都做出明确要求，而中小企业由于其自身的生产经营特点所限，大多不能达到这些经济指标的要求而被拒之门外。到2013年5月底，我国中小企业板中上市公司只有701家，在全部境内上市公司数的占比不到1/3。所以，中小企业板也无法使上市融资这条道路成为解决广大中小企业融资困难的途径。

（三）金融环境有待进一步优化

1. 政府扶持力度有待加强

一般来说，国家内各行各业的发展进程在很大程度上受到政府政策导向的影响，而中小企业由于其自身特点所限，政府的政策支持在促进广大中小企业发展的过程中更显得尤为重要。但长期以来，我国的各种优惠政策多偏向国有企业以及大中型企业，对中小企业缺乏相应的政策支持与经济扶持。政府支持力度不足同时造成了中介机构发展极为缓慢，使得中小投资者在获得投资信息、争取投资方时不能得到有效的服务，对本来就是相对弱势的中小企业来说，更是加大了其融资难度。

2. 相关法律法规不健全

目前，我国仅有一部关于中小企业的全国性法规《中华人民共和国中小企业促进法》，但是就内容来说主要注重对促进中小企业发展的相关指导和规范，贯彻执行的配套法规体系尚未完善。尽管河南省近年来也出台了一系列相关的规范性的政策指导意见，但是距离满足中小企业融资需求的目标还存在一定差距。相关法律法规的不完善致使中小企业在融资活动中由于得不到法律保障而处于一种不平等的状态，造成中小企业融资渠道单一，大多选择银行贷款。同时，中小企业的融资情况的监管又缺乏力度，缺少相应惩罚措施，致使一些银行无法追回对中小企业的债务，从而更加谨慎地发放中小企业贷款。

3. 民间借贷尚未正名

在通过银行贷款与资本市场融资受阻的情况下，多数中小企业转向民间借贷。但目前我国民间借贷迟迟没有得到法律上的支持，没有纳入金融监管体系之中，而是一直处于“地下”状态。由于缺少政府的合理引导与制度限制，意味着在遭受损失时不能得到相关赔偿，使得多数老百姓不愿向中小企业投入资金；即便是有人勇于挑战风险，但是高昂的民间借贷成本也使中小企业不堪重负，使得有着巨大潜力的民间资本不能发挥其促进中小企业快速发展的应有作用。

四　破解河南中小企业融资瓶颈的对策建议

（一）从完善法律、改进税收、提供配套服务等方面入手，为中小企业的发展壮大提供良好土壤，这是解决中小企业融资难的前提

1. 加快中小企业立法，引导中小企业健康快速发展

要缓解中小企业融资难的现状，需要建立一套完善的法律法规体系，使中小企业在融资过程中能够有法可依。许多发达国家也是通过完善相关法律体系以促进中小企业的健康成长，如美国就制定了《小企业法案》、《小企业创新法》、《中小企业奖励法》、《中小企业开发中心法》、《小企业经济政策法》、《社会均等法》以及一系列法案。现阶段，河南省的法律法规体系尚未完善，没能给中小企业的发展创造一个良好的法律制度环境。因此，下一步在贯彻执行好《中

小企业促进法》的基础上，要进一步建立完善的关于中小企业融资的专门的、具有针对性的法律法规，以立法的形式保障中小企业在融资过程中的合法权益，创建有利于中小企业融资的法律环境，从而推动中小企业快速健康发展。

2. 加大对中小企业的税收优惠力度

内源性融资相对匮乏是中小企业面临融资困境的原因之一。究其原因，税制结构不合理、税收负担较重、利润微薄等都严重影响了企业的赢利水平以及自身资金积累能力的提高。对此，相关部门一要进一步清理收费项目，坚决取消不合理收费，减少行政干预，避免增加中小企业的隐性负担，改善企业的生产经营环境，拓展企业的成长空间；二要逐步完善税制结构，继续坚持结构性减税，加大对中小企业的结构性减税力度，引导中小企业转变发展方式、提高市场竞争能力；三要研究设立合理的税收优惠政策，提高政策的针对性，特别是对技术创新型企业、涉农企业或其他符合国家产业政策的企业给予倾斜，让税收减负真正惠及中小企业，为其快速发展营造宽松良好的税费环境。

3. 完善中小企业社会化服务体系

一要针对中小企业发展制定长期发展规划，并且各项政策法规之间应互相协调，互相配合，形成合力，以保证中小企业健康发展。二要建立中小企业教育培训体系。河南省中小企业普遍存在着创业起点较低、低层次传统产业所占比重大，且以劳动密集型为主的特点，对政策及经济形势的变化反应滞后，变数大，抗风险能力不佳。通过公共财政积极引导社会各方力量，采用多种方式为中小企业提供企业管理、法律法规、专业技能等方面的培训，加大对产业工人的职前和在职培训，提高中小企业经营者和职工的综合素质。三要进一步提升现有中小企业服务机构的服务能力和水平。收集中小企业各种需求信息，有效提供科技咨询、技术推广等专业化服务，协调组织供需见面、银企对接等活动，提供人事档案管理、户口管理、社会保险关系等相关服务，从而为中小企业的快速发展解除后顾之忧。

（二）融资方式上要积极探索创新，构建多层次多渠道融资体系，这是解决中小企业融资难的根本

1. 强化银行类金融机构对中小企业的服务功能

要积极引导各类型银行运作中小企业金融服务，在已有的小企业金融部门

的基础上进一步向下延伸服务网点，开展金融创新，不断拓宽抵押、质押品范围，着力开发适合中小企业需求的多种金融产品；特别是要充分发挥城商行作为中小企业贷款中坚力量的作用，鼓励城商行开展产品创新，探索中小企业金融服务新模式，不断加大对中小企业的信贷支持力度。创新发展村镇银行、社区银行，以及小额贷款公司、典当行等主要面对中小企业的小型金融机构，不断完善河南地方金融体系。适时组建专门针对中小企业发展的银行，通过中小企业发展银行与目前全省已经存在和正在建立的中小企业服务体系的协同配合，组成一个富有效率的支持中小企业发展的网络体系，推动中小企业的快速发展。

2. 拓宽中小企业资本市场融资渠道

中小企业融资难题的解决不能仅仅依靠银行，还必须充分发挥资本市场支持中小企业融资的积极作用。首先，要选择一批技术含量高、发展潜力大、产业带动强的中小企业，提供一揽子上市融资的综合性金融服务，使其通过中小企业板和创业板市场实现直接融资。其次，积极探索风险投资基金、产业投资基金、股权投资基金以及金融租赁等方式，提高中小企业直接融资比重。此外，引导一些资信好、实力强的中小企业进入债券市场，支持它们发行多种形式的债券，及时筹集发展资金。

（三）进一步发展和完善中小企业征信体系和信用担保体系，这是解决中小企业融资难的保证

1. 构建与融资相适应的征信体系

全面、准确地采集中小企业及企业主的信用信息，构建信用评级体系，加快建立以中小企业、企业主、相关政府机构、评级机构和金融机构为主体的中小企业征信体系，创新信用信息共享机制，增强信用服务能力，以缓解银企信息不对称的问题。督促中小企业建立健全公司治理、财务管理等制度，完善企业信息披露制度，建立信用体系的奖惩机制，深化各行业的信用分类监管，提升中小企业的运营水平和核心竞争力，为解决中小企业融资难问题提供有力保障。

2. 改进中小企业信用担保体系和运作模式

目前，政府出资是多数中小企业发展基金和中小企业担保公司的主要资金来源，并且由于政府对担保收费有着严格要求，担保风险与收益失衡，许多营利性担保基金望而却步，使得担保机构的发展与企业要求不匹配，河南省也不例外。要使全省担保体系能够健康可持续发展，充分发挥其担保作用，除了加大对现有担保公司的财政支持外，还必须制定政策引导和鼓励民营担保公司的发展，以满足全省旺盛的担保需求。一方面，政府可以给予一系列的财税支持，也可以在担保费的收取上赋予民营担保公司一定的自主权，放宽对其运营的限制，以促进其快速发展；另一方面，要加快建立担保机构风险补偿机制。担保属于高风险行业，对为中小企业，特别是小微企业提供融资担保的担保机构给予一定的风险补偿，有利于解除那些有意涉足担保业的社会资本的后顾之忧，从而壮大河南担保行业的队伍。

参考文献

冯银波：《中小企业内源融资和间接融资现状分析》，http：//b2b. toocle. com/detail－5000628. h－tml。

王娜：《中小企业融资结构与融资难问题研究》，《新财经》2013 年第 6 期。

吉瑞：《亚太地区中小企业融资的发展趋势及政策启示》，《东北师范大学学报》（哲学社会科学版）2013 年第 2 期。

刘恭懿：《中小企业融资难的原因及对策研究》，《中国商贸》2013 年第 17 期。

姚淑琼、强俊宏：《我国中小企业融资难的原因及对策》，《杨凌职业技术学院学报》2013 年第 6 期。

探　索　篇

Reports on Exploration

B.16
完善金融支农长效机制研究

武亚伟*

摘　要：

近年来，河南省农村金融发展取得了显著效果。本文从农村金融体系、支农规模等方面展现了河南省金融支农的效果，并就农村金融创新、农村金融政策法规等方面剖析了当前金融支农的困境，认为要提高金融支农的效果，需要从涉农信贷、农业保险、政策激励、优化环境等方面构建支农的长效机制。

关键词：

金融支农　支农效果　支农长效机制

一　河南省金融支农主要成效

近年来，各地和金融系统认真落实中央和省委、省政府关于金融支农、惠

* 武亚伟，河南省金融办副处长。

农工作的一系列决策部署，着力提高农村金融发展水平和服务功能，涉农信贷总量较快增长，农村金融创新亮点纷呈，农村金融改革不断深化，金融服务体系日益完善，各类金融机构支农积极性、主动性进一步提高，各项金融支农工作取得了显著成绩。

（一）农村金融体系日趋完善

大型银行、股份制银行积极向省会以外城市和县域延伸机构，股份制银行空白市已减少为6个，15个城商行实现县域机构全覆盖。以推进农信社围绕建立现代金融制度为目标，以明晰产权关系、转换经营机制、增强经营活力为突破口，在稳定县域的基础上，坚定不移地推进以股份制为主导的产权制度改革，积极推进农商行组建，目前已组建农商行28家。积极引入外省和外资银行作为发起人，加快推进村镇银行等新型农村金融机构组建步伐，村镇银行县域覆盖率达到75%，实现省辖市全覆盖和5市县域全覆盖，总数居中部省份首位。采取设立农村信用社分支机构、设立便民服务点和延伸金融等方式，全面解决全省金融机构空白乡镇金融服务问题。

（二）涉农贷款规模稳步扩大

截至2013年11月末，全省银行业金融机构涉农贷款余额9817.6亿元，比年初增加1560亿元，同比增长18.2%，高于全部贷款平均增速2.4个百分点，连续四年实现涉农贷款增速高于全部贷款增速、增量占比高于上年的目标。金融机构各类涉农贷款的稳步增加，一定程度上缓解了县域中小企业和“三农”的信贷需求矛盾。

（三）金融创新快速推进

自2008年10月河南省被确定为农村金融产品和服务方式创新试点省份以来，全省试点县（市）结合地方实际，加大了信贷产品和服务方式创新力度，促进了银行业机构对“三农”的信贷支持。截至2010年6月末，全省18个农村金融产品和服务方式创新试点县（市）金融机构贷款余额717.6亿元，同比增长51.5%，高于全省贷款平均增速33.1个百分点，较年初新增59.4亿元，惠及农户40余万人，惠及涉农企业2533家，惠及非企业组织3139个。以2010年8月30日《河南省人民政府办公厅转发人行郑州中心支行等部门关于在全省范围内推动农村金融产品和服务方式创新工作意见的通知》（豫政办〔2010〕100号）文件下发为标志，在全省范围内推动农村金融产品和服务方式创新工作，进一步巩固和提升工作整体成效，全面激活农村金融市场。

（四）金融环境不断改善

加强农村信用工程建设，稳妥开展全省农村信用体系建设试点工作，鼓励涉农金融机构开展农村信用户、信用村、信用乡镇创建活动，不断提高农户信用意识，优化农村信用环境。信用户、信用村、信用乡镇数量不断增加，农村金融生态环境日益改善。至2013年9月末，全省已建立农户信用档案616万户，评定信用农户379万户；截至11月末，全省纳入中小企业档案库的中小企业97257户，办理贷款卡23870户。

综观金融支农工作，各地因地制宜，纷纷采取了一系列有针对性的举措，推出了多种适合农业农村经济发展需要的金融产品，很大程度地改善了农村金融供求紧张和金融服务不足的局面，大体可归纳为6种类型。

1. 循环授信模式

该模式按照“一次核定、总额控制、随用随贷、周转使用、到期归还”的原则，对农户或企业核定授信额度，发放循环贷款。典型的如农业银行的“惠农卡”、邮政储蓄银行的“好借好还”、洛阳市和焦作市农信社的“农信通”、南阳市镇平县农信社的“电子守信卡”以及最高额可循环使用贷款等信贷产品。

2. 联合增信模式

该模式由农户（涉农企业）组成协会或信用联合体，共同募集担保基金，相互承担连带责任，以提高融资能力的贷款模式。典型的如焦作武陟县的农民贷款担保协会贷款、农民专业合作社贷款以及商丘永城的面粉行业协会贷款等信贷产品，以农民会员出资和行业协会基金为担保，对协会会员发放贷款，会员随用随贷。

3. 订单农业贷款模式

该模式依据农业生产加工链条产生的债权债务关系，以农业订单为担保设计的信贷产品。该产品可以发挥农业产业化龙头企业的辐射拉动作用，推进优

质高效农业发展。典型的如国家开发银行河南省分行在鹤壁淇县推动的“六加一”贷款模式，以养殖户为中心，政府、农户、养鸡合作社、银行、担保公司、农业保险加龙头企业等六个单元进行充分合作；周口市农信社依托大用公司生产链开发设计的“龙头企业＋养殖小区＋农户＋银行＋担保公司”的“五合一”贷款模式；新乡延津县“金融联合支持粮食产业链贷款”模式，涉农金融机构针对金粒麦业、新良面粉、克明面业、云鹤速冻食品等小麦产业链上下游企业，围绕粮食种植、订单收购、面粉制造到挂面、速冻食品生产加工整个产业链条，整合信贷资源，发挥各自优势，实行大组合、小分工，满足了整个生产链条不同环节的信贷支持。

4. 担保创新模式

该模式是金融机构按照因地制宜、灵活多样原则，以财产权益归属清晰、风险能够控制、可用于贷款担保的各类动产和不动产为抵押设计的信贷产品。目前，河南省开办的主要有仓储抵押贷款、仓单＋联保协会＋信贷、农机具抵押贷款、活体畜禽抵押贷款、收费权质押贷款、企业经营权质押贷款、应收账款质押贷款、林权抵押贷款、结算单质押贷款等。

5. 风险分担模式

该模式是以担保公司贷款担保、保险公司风险补偿等外部保障为担保设计的贷款产品，可以解决农户和企业贷款担保问题。目前，河南省开办的有信贷＋保险、担保公司＋信贷、抵押＋担保等。

6. 特色信贷产品

结合河南省劳动经济发展实际和全民创业工作开展，金融机构推出了有针对性的特色信贷产品，满足了劳务经济、返乡创业农民工和大学生村官的创业需要。典型的如信阳固始县的农民工回乡创业贷款、出国务工贷款，安阳滑县的大学生村官创业贷款，以及全省农信社系统推出的巾帼妇女创业贷款、青年创业贷款等信贷品牌。

二　当前农村金融存在的问题

经过各方不懈努力，尽管河南省金融支农工作取得很大成绩，但长期以来，河南省与全国一样，农村金融始终是金融体系的薄弱环节，“三农”信贷有效供给不足、农村资金流失严重、金融产品和服务方式单一、金融体系不健全等突出问题尚未根本解决，一些瓶颈制约因素亟待突破。

（一）农村基层金融力量不足

从全省银行业经营管理现状看，由于前些年国有商业银行从县及县以下大规模撤并网点，国有商业银行和股份制商业银行普遍存在农村网点少、信贷人员不足的情况。一些银行在县域分支机构贷权很少，在很多乡镇，仅有农信社和邮储机构，而农信社自身实力不强，限制其作用发挥；邮储存款资源丰富，但贷款规模不足，贷款额度有限。这些都造成了农村金融供给不足。

（二）现行政策及法律法规与农村金融业务开展不适应

目前，很多农业产业化龙头企业和县域小企业，其使用土地为国有土地或租赁土地，企业对土地没有处置权，从而导致大多数县域涉农企业的土地无法办理抵押。又如农户土地流转，经营权、承包权既无权证，又无法办理登记，因而无法抵押。

（三）资本市场发展滞后

河南省是全国农业第一大省，但在河南省现有上市公司中，涉农上市公司还较少，与河南省农业在省内及国内地位不相称。农村融资则主要依靠银行信贷，其他如上市、债券、信托、基金等资本市场融资很少，这也在某种程度上反映了河南省农业大而不强、产业培育不足、缺乏优质现代企业的现状。

（四）农业保险需要大发展

农业是弱势产业，长期以来，农业风险高、利润薄、靠天吃饭的局面一直没有根本扭转，这是金融投入成本大、收益低、不愿持续投入的主要原因。农业保险的引入可以极大地降低发生自然灾害后的农业损失，进而保护农民的利益和减少金融投入的损失。河南省自 2007 年开办农业保险以来，从单一承保能繁母猪 1 个品种扩大到 2013 年的玉米、棉花、水稻等 14 个政策性农业险

种，为农业农村经济持续发展的好局面创造了重要条件。但河南省作为粮食大省、农业大省，很多特色高效经济作物都还没有纳入保险范围，农业保险的广度和深度还有待提高。同时，河南省还没有法人农业保险公司。

（五）风险补偿机制不健全

抵押担保不足、贷款成本高、风险大是河南省涉农贷款业务中普遍存在的问题，也是金融支农需要解决的根本问题。虽然有的地方采取了自然人担保、抵质押担保、“公司＋农户”担保等方式，但主要采用的还是多户联保方式。同时，多数担保公司主要为法人客户进行担保，不愿涉及农户贷款和小企业贷款。涉农贷款风险补偿尚未形成有效的机制。

三　金融支持农业发展方式转变的总体思路

河南省是全国农业第一大省，农业经济总量和主要农产品产量均居全国前列，但从农业综合竞争力看，受结构不优制约，河南省还远不是农业强省，突出表现为“两高两低”。“两高”，即种植业占农业的比重高、粮食占种植业的比重高；“两低”，即农业劳动生产率低、农民收入低。造成这一状况的原因，主要是农业规模化水平和产业化水平不高。加快农业发展方式转变，提高农业现代化水平，对河南省而言，就是要以确保粮食安全、增加农民收入、实现可持续发展为目标，大幅提高农业综合生产能力，大幅降低农业生产经营成本，大幅增强农业可持续发展能力，实现“高效农业”，全面提高农业现代化水平。

农村金融是农村经济的核心。做好农村金融工作，有效增加对“三农”的金融投入，是发展农业生产、繁荣农村经济、促进农民增收、加快农业发展方式转变的重要基础和保障。根据河南省的农业农村发展现状，加强金融支农工作，总体思路是：紧紧围绕“一个核心”，突出支持“三个重点”，力争达到“两个目标”。即以扩大农业农村融资规模为核心，综合运用银行信贷、资本市场、农业保险等金融业务，通过完善农村金融体系，创新农村金融服务，健全金融支农长效机制，重点支持农民专业合作社、农业结构调整和农业产业

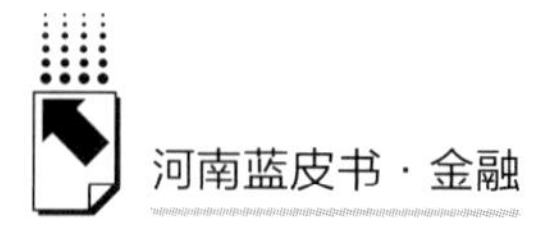

化，达到全面提升农村金融服务水平、保障农业发展方式转变顺利推进的目标。

（一）以支持农民专业合作社为载体，加快农业集约化经营

加强对农民专业合作社的金融服务，把农民专业合作社全部纳入农村信用评定范围，稳步构建农民专业合作社自愿参加、政府监督指导、金融机构提供贷款支持的授信管理模式，将农户信用贷款和联保贷款机制引入农民专业合作社，不断加大支持力度。进一步重视金融支持农机合作社发展，大规模发展农机合作社，依托现代装备，推动农业集约化生产，实现粮食生产的机械作业和统一耕作，逐步完成从一家一户的散耕到大规模的机耕、集中耕的转变，进一步提高农业集约化经营水平。

（二）以支持农业结构调整为导向，大幅提升农业效益

积极服务粮食核心区建设战略目标，动员金融机构集中支持优质粮食生产基地基础设施和农户作业，确保粮食生产资金需求。统筹利用信贷、保险等金融业务，加快促进农业结构调整，积极发展花卉园艺业和特色高效经济作物，大力发展畜牧业特别是草食类畜牧养殖生产加工基地，推动发展循环农业、特色农业、乡村旅游业，发挥农业多种功能，提高产业竞争能力和农业整体效益。

（三）以支持龙头企业为抓手，推进农业产业化进程

进一步加强金融创新，研究农业产业化龙头企业的金融支持政策，利用直接融资、间接融资工具，推动有条件的龙头企业做大做强，实现农工贸一体化、产供销一条龙，提高农业经济效益和市场化程度。重点做好三个提升：一是提升粮食加工能力，支持和培育大型小麦、玉米等主要农产品的深加工企业，扩大企业融资规模，实施对弱小企业和缺乏竞争力企业的兼并、收购，解决该领域企业多、散、弱的问题。二是提升畜牧产品加工能力，大力支持优质畜产品生产加工基地、优势产业带和规模化养殖场建设，重点做好生猪、禽类、牛的规模化养殖生产加工。三是提升物流流通能力，广泛开展物流金融、

产业链金融研究，对上下游企业、产供销各环节提供多种融资工具，大力发展农产品精深加工业和农产品保鲜、储藏、冷链物流等服务业。

四 工作措施和建议

（一）突出重点，进一步加大涉农信贷投放

引导、协调、督促银行业金融机构抓住国家不断加大对“三农”和县域投入力度的机遇，采取有力措施提高涉农贷款额度，拓宽贷款范围，扩大贷款覆盖面，确保全省金融机构涉农贷款增速不低于全部贷款增速。

突出重点领域，以金融支农带动农业结构调整、农村经济发展和农民增收。一是着重支持农机合作社规模发展，提高机械化作业水平。鼓励金融机构在合作社的运作模式、担保模式、贷款模式、保证金放大倍数、利率、激励机制等方面进行创新和完善，通过“统保（担保）分贷”、“统贷分保（担保）”、“有贷有保（保险）”、“贷保（保险）结合”等多样形式支持农村专业合作社发展。继续实施贷款贴息政策，省财政在每年购机补贴专项资金中拿出适当部分用于农机专业合作社购置机具设备、建设厂房、承包土地等项目的贷款贴息。二是着重支持农业结构调整，加快高效特色农业发展。由当地政府筛选确定本地特色农业品种和区域，协调金融机构年度单列贷款规模，集中支持优质粮食生产基地、无公害蔬菜生产基地、畜牧业重点县、生猪肉牛生产大县以及茶叶、水果等产品大县，创出牌子，做大做强。研究完善和复制推广以动产、股权、商标专用权、仓单、结算单、林权、大型农机具、养殖水面、矿权等作为抵（质）押物的贷款模式，扩大抵（质）押物范围，满足农村个体私营企业主、专业养殖户、种植户以及县域中小企业的资金需求。三是着重支持农副产品生产、加工、购销等农业上下游产业发展。研究完善“龙头企业+农户+信贷”、“龙头企业+基地+农户+信贷”、“龙头企业+农民专业合作社+农户+信贷”的多元化的订单农业贷款模式。引入保险和期货工具分散贷款风险，推动开展“龙头企业+农户、订单+期货”模式，带动一批农业产业化龙头企业以及农民专业合作社快速发展。采取一对一服务模式，为县域

重点农业产业化龙头企业确定牵头银行，进行跟踪辅导服务和综合授信，建立长期稳定的银企合作关系。四是着重支持农业开发和农村基础设施建设，加大中长期信贷投入力度。引导信贷资金投向物流基础设施、农产品批发市场建设等领域，完善农业商品物流体系。研究推广物流金融创新，包括仓单质押、动产质押、保兑仓、开证监管等新业务、新产品，扶持做强一批农业专业物流公司，与县域涉农中小企业、农户等实现互惠共赢，大力支持农产品市场流通。

加强政策性和商业性金融在农村金融领域的分工和战略协作。一是加快政策性金融向县域的渗透。国家开发银行复制推广“直贷模式”、“合作机构担保的直贷模式”、“小额批发直贷模式”和小额担保贷款融资支持养殖农户，支持县域农户和中小企业。农业发展银行加大对农业产业化龙头企业的金融支持，积极介入订单农业、林权、仓单质押贷款领域，推出标准化农业小企业贷款产品。二是加大大型商业银行对农村领域的信贷支持。督促引导国有商业银行和股份制商业银行积极做实小企业信贷部门，最大限度将成熟的创新型或特色中小企业信贷产品和模式向县域和农村地区推广。三是充分挖掘地方法人金融机构的支农潜力。引导农村信用社在信贷模式、抵押担保、服务方式、信贷流程等方面加强创新，不断拓展业务品种，加大对农业产业化龙头企业、特色农业的信贷投入。四是加强金融机构在农业产业链上的战略合作。充分发挥各金融机构的信贷产品特点，通过签订战略协议，实行大组合、小分工，有针对性的在自身信贷政策允许的业务范围内，对农户、农业产业化龙头企业以及相关环节进行资金支持。

（二）加强培育，大力发展资本市场

1. 推进资本市场融资

在全省筛选一批农业产业化龙头企业，分类作为主板、中小企业板、创业板重点上市后备企业进行培育，享受省、市、县各级政府的政策支持。开展中介机构与上市后备企业对接，选择优质中介对企业上市进行培育、辅导。各级政府延伸服务链条，在企业办理项目、土地、环评等各项审批方面，特事特办，简化程序，督促上市后备企业规范改制，加快上市进程。同级财政对进入辅导期的拟上市企业一次性给予费用补助和奖励。进一步扩大企业债券市场，

鼓励大型农业企业发行短期融资券和中期票据，获得发展资金；支持中小企业探索融资新模式，积极采取“捆绑发债”方式，发行集合票据。

2. 做大农产品期货市场

依托河南省农业资源优势，抓住由农业大省向农业强省转变的重要机遇期，择机建立和完善大宗农产品中远期交易市场，加快期货市场发展，发挥商品交易和金融衍生品交易功能，提升河南省农产品定价能力，确保农产品合理定价和价格稳定，切实维护好农户利益。充分发挥郑州商品交易所这一稀缺性农业发展资源，努力争取中央支持，加大研发力度和投入，突破农产品期货交易品种局限的瓶颈，尽快推出有影响力的新品种，形成交易品种推出的市场化机制。加大对农民和机构投资者的现代农业教育工作力度，积极引导农民的市场意识。

3. 鼓励发展农业投资基金

农业产业化链条是一条价值增值链，要争取利用其投入产出利润率高、对资本牵引力强的优势，吸引大企业、民间资金、证券市场上的游资合理投向农业，引导龙头企业上规模、上档次，推动其建立现代企业制度。对基金的投向进行合理引导，鼓励投资资金流向优质种苗繁殖基地项目、优质种植养殖项目、区域性农副产品交易市场、加工保鲜和运输行业、农业市场信息建设等方面，带动农业向更广更深的领域发展。

（三）扩大覆盖，加快农业保险发展

按照政府引导、政策支持、市场运作、农民自愿的原则，加快全省农业保险体系建设，提高农业产业化经营风险防控水平。一是争取国家支持，尽快设立以财政为依托的地方法人农业保险公司。二是加大农业保险的政策宣传力度，充分调动广大农户投保的积极性，提高农业保险的广度和深度。三是增加政策性农业保险险种，四是鼓励商业性保险机构进入农村保险市场，大力发展农村小额保险，探索农民保险补贴制度。五是推动农业保险服务创新，鼓励保险机构根据市场需求，开发适销对路、品种多样的保险产品。探索建立农业信贷与农业保险相结合的银保互动机制，着力解决农户质押不足造成的贷款难问题。六是探索建立财政支持的农业再保险体系和巨灾风险分散机制，实现农业保险的可持续发展。

（四）科学引导，加强农村金融体系建设

一是优先支持支农成效显著、风险控制能力强、推动农村金融产品和服务方式有特色的涉农金融机构网点建设。推动大型商业银行和农业发展银行激活县域支行的借贷功能，广泛参与河南省农村金融服务。支持县、乡邮政储蓄银行机构的网点进行优化调整。推动城商行、在郑股份制银行向市、县延伸。继续深化农信社改革，加快组建农村商业银行步伐，提升支农实力。二是大力推进新型农村金融机构组建，加快“招行引资”步伐，争取实现县域全覆盖。三是积极培育社会化、竞争性的中介机构，在农村地区贷款抵押物价值评估、登记、过户、资信证明、信用评估等方面发挥与银行业金融机构的衔接作用。

（五）政策激励，健全风险补偿机制

加强金融政策与财政政策协调配合，引导更多信贷资金和社会资金投向“三农”。一是建立风险补偿基金，由各级财政拿出专项资金，对县域金融机构涉农贷款和小企业贷款，按当年新增量的一定比例进行风险补偿。省、市、县三级财政按比例分担。二是出台县域内银行业金融机构新吸收存款主要用于当地发放贷款的政策，强化激励约束。三是实施财政贴息，由各县（市）选定当地农业结构调整重点品种和带动力强的农业产业化龙头企业，对其形成的贷款进行适当比例的财政贴息。四是重点扶持，帮助设立在农业产值比重大、产业结构比较单一、粮食生产为主、经济发展相对落后县、乡镇的银行业金融机构能够可持续发展，特别是对主动到偏远山区、国家级贫困县或省定贫困县等地设立机构网点的，给予税收减免和财政补贴。五是加强考核监测，制定涉农金融机构农村业务发展考核办法，对支农力度大、农村金融创新显著的给予表彰和奖励，并在各种支持政策上予以倾斜。

（六）奖惩并举，加强农村金融环境建设

充分发挥地方政府的主导作用，建立政府负总责、多部门协调联动的金融生态环境建设工作机制，将金融生态环境纳入各级政府考核目标，切实帮助金融机构清收盘活不良资产，严厉打击逃废金融债务行为。对金融生态环境优良

地区，简化信贷审批程序，加大信贷投放，对金融生态环境较差的地区严格贷款审批和发放，逐步改善河南省农村金融生态环境，为金融支持“三农”发展工作创造良好氛围，完善农村金融和农村经济紧密联系、相互促进、相辅相成的发展关系。

参考文献

高敏：《河南金融业发展中的问题与战略重点》，《金融理论与实践》2008 年第 9 期。

温涛、董文杰：《财政金融支农政策的总体效应与时空差异——基于中国省际面板数据的研究》，《农业技术经济》2011 年第 1 期。

娄永跃：《财政支农与金融支农相关问题研究——以河南省为例》，《金融理论与实践》2009 年第 7 期。

陈治：《财政激励、金融支农与法制化——基于财政与农村金融互动的视角》，《当代财经》2010 年第 10 期。

B.17
电子化背景下银行机构与支付机构的支付服务比较研究

人民银行郑州中支支付结算处课题组*

摘　要：

当前，支付服务主体呈现多元化发展，形成以人民银行为核心、银行业金融机构为基础、非金融机构为补充的支付服务格局。截至2013年7月，获得中国人民银行颁发牌照的第三方支付企业达到250家，涉及货币汇兑、互联网支付、移动电话支付、固定电话支付、数字电视支付、预付卡发行与受理和银行卡收单等七大业务类型。银行机构与支付机构从事着相近的资金转移支付服务，但在市场定位、产品设计、业务运作模式、信用等级和偿债能力等多个方面有所差别，在备付金管理、资源共享等方面有合作需求。因此，建议坚持银行机构是主渠道、支付机构是补充和延伸的支付服务组织格局，实施差异化竞争策略，实现资源共享，尝试在清算环节引入竞争机制，促进双方形成良性竞合关系，实现支付市场健康发展。

关键词：

银行机构　支付机构　第三方支付　收单市场　互联网支付　移动支付

为满足电子商务发展需要，为交易提供安全、便捷、高效的资金转移服务，支付服务主体为不同的使用者提供了多种新兴电子支付服务。一方面，非

* 课题组成员：袁道强、刘英、王晗、张利娴。

金融机构加入支付服务提供者的行列，并针对支付需求的多样化推出了多种新型、便捷的支付工具，打破了原有的银行机构主导支付服务的格局。另一方面，利率市场化进程的加快使银行机构更加重视中间业务的发展，银行机构在保持票据等传统支付业务的同时，开始拓展基于银行卡的新兴电子支付业务。随着二者支付服务渠道的融合、领域的交叉和服务方式的趋同，支付服务市场的竞争将更加激烈。因此，探索出一条适合二者发展的竞争与合作道路显得至关重要。

一 支付服务市场概况

支付是指单位个人在社会经济活动中使用现金、票据、信用卡和结算凭证等进行货币给付的行为，完成资金从一方当事人向另一方当事人的转移。电子支付是指单位、个人直接或授权他人通过电子终端发出支付指令，实现货币支付与资金转移的行为①。

（一）支付服务市场基本构成

支付行为的完成需要支付行为参与主体、支付终端、支付渠道、支付工具或介质等要素。支付市场服务参与者由人民银行、商业银行、支付机构、消费者和商户组成。其中，中国人民银行为核心、银行业金融机构为基础、非金融机构为补充，三者共同承担着支付服务提供者的角色。支付工具包括传统的现金、票据、银行卡和新兴的预付卡、电子钱包、数字签名或认证等。支付终端包括银行柜面等传统终端和电话、电脑、手机、电视等电子化终端。支付渠道主要包括金融机构专用网络、电话网等封闭式网络和通信网、互联网等开放式网络。支付行为的完成，需要借助支付工具等介质，通过不同的支付终端进入不同的支付渠道，并以此为媒介进行支付活动，资金的存储和清算则最终体现在账户资金的变动上。

（二）银行机构支付服务基本情况

银行机构在提供支付业务时，只根据客户发出的支付指令，对客户的身份

① 《电子支付指引（第1号）》（中国人民银行公告〔2005〕第23号）。

信息等进行常规性的验证后，进行转账支付，不参与收付款双方的交易过程。提供支付服务获取的手续费收入归属于中间业务收入。在利率未完全放开的市场条件下，银行支付结算收入在总收入中占比较小，处于辅助地位。

银行机构支付服务涵盖业务范围较广，主要为传统的支付业务，包括票据、银行卡、汇兑和委托收款等业务。近年来，推出了基于新兴电子支付工具的网上支付、电话支付、移动支付、银行卡收单等业务。随着金融脱媒态势的显现和利率市场化的加快推进，银行机构开始加快业务转型，大力发展中间业务，调整利润增长模式，并充分利用互联网技术和“超级网银”发展电子支付业务。

（三）支付机构支付服务基本情况

2010 年 6 月 21 日，中国人民银行出台了《非金融机构支付服务管理办法》（以下简称《办法》），并建立了非金融机构支付服务准入审批制度。根据《办法》规定，支付机构是指非金融机构在收付款人之间作为中介机构提供货币资金转移服务，并取得《支付业务许可证》的机构。截至 2013 年 1 月底，中国人民银行共发放了 6 批《支付业务许可证》，获牌企业数量达 223 家①。业务许可范围覆盖七大业务体系，行业格局已基本形成。

从地域分布看，支付机构覆盖全国 28 个省份，但地域集中度较高，位居前三的北、上、广的法人支付机构数量占全国已获许可机构总数的 54%，排名前十的省份的法人机构数量占 81%。目前，河南省仅有 2 家法人机构，均从事预付卡发行与受理业务。从业务范围看，开展预付卡发行与受理的支付机构较多，占整个市场的 62%，提供互联网支付服务的机构占 17%，居第二位②。在河南省开展业务的备案类机构中，有 6 家仅开展银行卡收单业务，3 家开展预付卡发行与受理业务，2 家同时开展银行卡收单和互联网支付业务。从交易规模看，收单业务和互联网业务占据主要地位，移动支付等业务尚处于起步阶段，占比较小。

① 截至 2013 年底，获牌企业已经达到 250 家。但本文研究中采用的数据为 2013 年 1 月底获取的数据，下同。

② 获得预付卡受理许可的共 145 家，获得预付卡发行业务许可的共 139 家，获得互联网支付业务许可的共 79 家，获得银行卡收单业务许可的共 47 家，获得移动电话支付业务许可的共 34 家，获得固定电话支付许可的共 13 家，获得数字电视业务许可的共 5 家。部分机构同时获得多种业务许可。

二　支付业务现状分析

（一）线下收单市场现状分析

收单业务是指收单机构与特约商户签订银行卡受理协议，在特约商户按约定受理银行卡并与持卡人达成交易后，为特约商户提供交易资金结算服务的行为。收单机构主要分两类，一是经营银行卡收单业务的金融机构，二是经中国人民银行批准运营的特约商户收单业务的非金融机构。

2009～2012年，线下收单市场交易增长率保持在40%～50%，增长速度趋于平缓，市场趋于成熟（见图1）。短期来看，银行机构仍然占据收单市场主体地位，但支付机构的市场份额正逐渐增大。目前，银联商务、拉卡拉和通联支付的河南分公司依次占据河南省支付机构收单市场的前三位，其中银联商务河南分公司的业务量、金额、特约商户、POS终端均占绝对比重。《河南省银行卡收单机构业务外包管理指引》的实施为河南省银行卡收单市场主体全面落实银行卡法规制度提供操作指南，进一步净化收单市场秩序，推进健康发展。

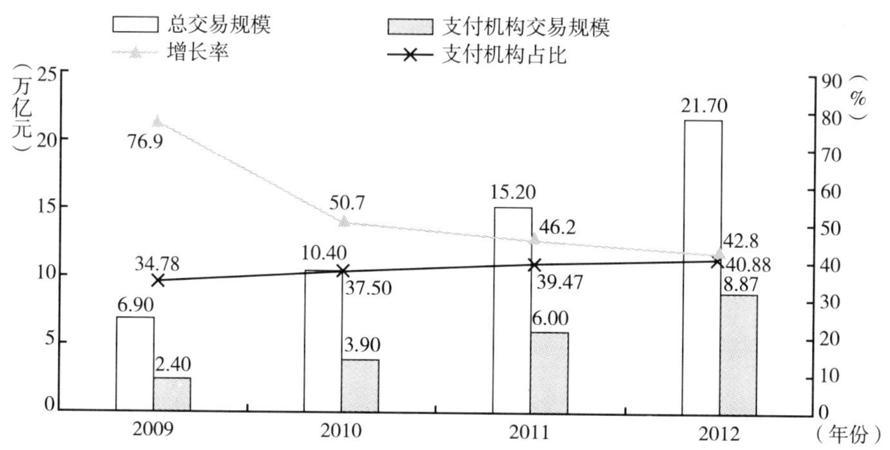

图1　2009～2012年中国线下收单市场交易规模

资料来源：根据iResearch Inc. 统计数据整理。

（二）互联网支付业务现状分析

互联网支付业务整体保持稳定增长态势，但增速明显放缓，已进入成熟发展期，并呈现以下特点。一是银行机构的互联网支付业务以企业网银交易为主，但个人网银交易占比不断增加（见表1）；支付机构互联网业务一直保持稳定高速增长，2012年明显放缓（见图2），市场趋于成熟。二是银行机构互联网支付业务主要集中在大企业和基于B2B的电子商务领域，较少涉足零售领域，但近年来逐渐向零售领域拓展；支付机构互联网支付以网络购物为主，但逐步向网络游戏、电信缴费等日常生活领域和B2B电子商务领域等银行机构的传统领域拓展。三是支付机构互联网支付业务市场集中度较高，以支付宝、财付通为首的7家支付机构占据市场份额的98.3%，其他机构市场份额仅占1.7%。河南省仅2家备案类机构开展网络支付业务，2012年全年业务量不足5万笔，金额不足3亿元。

表1　2009～2012年网上银行交易规模

单位：万亿元，%

项目＼年份	2009	2010	2011	2012
网银交易总规模	326	515.8	701.1	820
增长速度	14.20	58.20	35.90	17.00
个人网银交易规模	53.464	96.4546	138.1167	164
个人网银交易规模占比	16.40	18.70	19.70	20.00

资料来源：中国人民公布数据、iResearch Inc. 统计数据整理。

（三）移动支付市场发展状况

移动支付按照支付距离的远近，分为移动远程支付和移动近端支付。

移动支付目前正处于起步阶段，具有以下特点：一是整体保持高增长态势。2012年底，移动支付市场规模达到1209.6亿元，同比增长51.6%，较2009年增长了2.1倍。二是远程支付正快速进入高速成长期，近端支付发展相对缓慢。2009～2012年，以移动互联网支付和短信支付为主的移动远程支

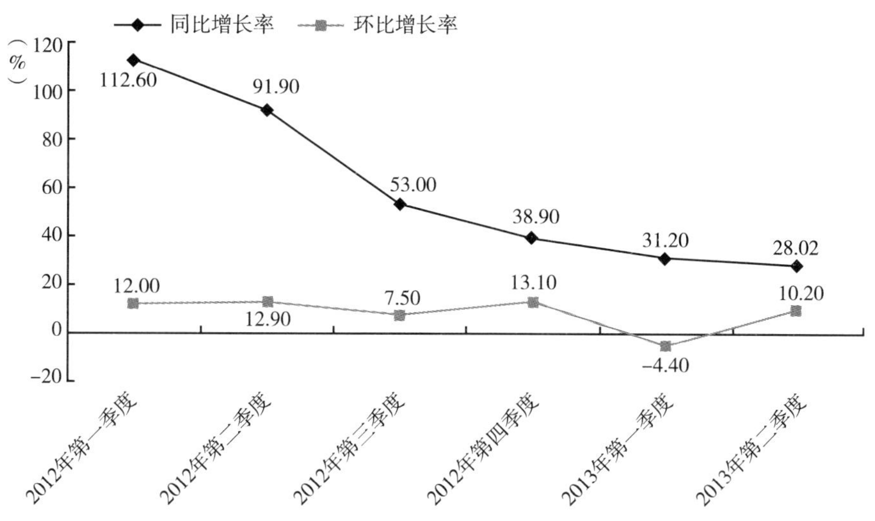

图2　2012－2013年互联网支付业务交易规模季度增长率

资料来源：国家统计局网站、iResearch Inc. 统计数据整理。

付占比均维持在97%以上，近端支付占比从0.1%增长至2.6%，虽有所增长，但占比仍然很低。三是彩票、游戏充值等业务是当前移动远程支付的优势项目。

从外部环境看，移动支付高速增长归因于三个方面。第一，移动电子商务规模的爆发式增长，为移动支付业务提供了广阔的需求空间。2009～2012年，PC桌面互联网经济规模年增长率基本保持在45%～65%，移动互联网经济规模[①]的年增长率分别为27.9%、97.5%、148.3%，远超PC桌面互联网经济规模的增长率。第二，移动互联网用户规模的扩大，为移动支付业务提供了用户基础。2009～2012年，移动互联网的用户规模从2.05亿人增至7.65亿人，年增长率分别为42.46%、48.28%和77.91%，增速逐步加快[②]。第三，互联网从PC桌面互联网向移动互联网的转变，为移动互联网支付业务提供了网络基础。

① 区别于交易规模：交易规模为移动电子商务统计的市场规模。

② 数据来源：根据iResearch Inc. 统计数据整理。

三　银行机构与支付机构支付服务的对比研究

（一）银行机构与支付机构的共性与差异性

1. 共性分析

一是银行机构与支付机构都从事货币资金转移中介服务，在利用信息技术实现支付指令的交换和处理，手段相同。二是支付业务均主要依靠银行账户资源，银行账户成为两类机构产业链中的核心。三是都产生资金积聚效应，存在金融隐患。

2. 差异性分析

第一，支付业务的环节不同。银行机构能够独立完成整个支付结算环节，但支付机构只能办理内部账户之间的资金清算，跨行资金往来必须借助银行进行资金划拨和清算。

第二，市场定位及支付特点不同。银行机构支付业务覆盖面广，集中在大中型企业之间B2B的交易模式中，同时也拓展网上B2B、B2C等业务，对各行业渗透程度高；单笔交易金额大，主要服务于大型企业之间的支付结算。支付机构业务多集中在B2C、C2C领域，或大企业的小额代收付、资金归集等零星业务，具有交易频繁、金额小的特点。

第三，产品设计思路不同。银行机构产品设计和业务开展偏重于安全性；由于研发产品需经决策层通过且实行产品标准化，决策时间较长往往导致产品滞后于市场需求，便捷性欠佳。支付机构将产品创新作为企业发展动力，产品设计和业务开展偏重于便捷性，但风险管理水平相对较低，安全性有待加强。

第四，支持的支付工具不同。银行机构支持的支付工具较全面，主要采取汇票、本票、支票等具有信用创造功能且较安全的支付工具，也逐步推出网银、移动电话支付等工具。支付机构以满足电子商务服务需求为主要目的，主要支持互联网支付、移动电话支付、预付卡等支付工具。

第五，支付业务运作模式不同。银行机构电子支付服务，只负责资金传递，不对交易方式进行约束和管理。支付机构的运作模式一般为：“银行账

户—交易过程—银行账户”，从资金流路径看，支付过程资金流向是“买方银行账户—支付机构备付金账户—卖方银行账户”。在交易过程中，支付机构能将贸易与资金服务功能融合在一起。

第六，支付业务所处内部的地位不同。银行机构主营业务是吸收存款和发放贷款，支付业务属于中间业务，处于补充性、辅助性地位。2012 年，上市银行机构的利息收入占比的平均值超过 80%①。支付机构主营业务是提供支付服务，支付业务手续费收入是其利润主要来源。

第七，信用等级和清偿能力不同。银行机构从事支付服务时，在中央银行开立备付金账户，接受中央银行清算资金头寸管理，信用等级和清偿能力较强。支付机构在业务过程中形成的备付金存放于商业银行，由商业银行对备付金使用实施最直接的监督，面临的风险高于商业银行。

第八，与用户的法律关系定性不同。银行机构与客户之间为清晰的债权债务关系。支付机构与客户之间的关系尚不明确。尚无法律法规对支付机构与使用其服务的当事人之间的民事法律关系予以定性，也未对相关的民事权利、义务做出任何的规定。

（二）竞争的不可避免性

随着支付机构法律地位的认可和实力的壮大，支付机构在支付市场的竞争力也不断提高，二者的竞争不可避免。

第一，支付机构业务范围的拓展挤占了银行机构的中间业务。随着支付机构业务规模的扩大，开始向水电煤气缴费等传统行业渗透，并提供收付款管理、转账汇款、网上缴费、网上基金、网上保险等多种服务，以较低的价格提供与银行相同或相近的服务，挤占银行的结算、代理收付等中间业务和银行卡收单业务。

第二，支付机构创新业务的推出分流了银行机构的存贷业务。支付机构凭借对产业链上下游交易行为和资信记录的全面掌握，为中小企业和商户打造网络融资平台，适应中小企业融资“小、短、频、快”的需求特点，一定程度

① 数据根据上市商业银行年度财务报告整理得出。

上分流了银行机构信用贷款业务。

第三，银行机构向零售领域的拓展加剧了双方客户重叠态势。电子银行业务的成熟使规模经济效应凸显，银行机构凭借较低的成本提供各种零售金融服务，直接开设网上商城，与支付机构争夺零售客户。

第四，双方争先发力移动支付，抢占新兴市场。

移动互联网和信息技术的快速发展使移动支付成为行业热点。面对庞大的手机用户规模和市场发展空间，支付机构和银行机构均加大移动支付技术的投入力度，全面挺进移动支付市场。如建行和银联推出的银联手机支付，农行与银联、中国电信合作的“掌尚钱包”，支付宝与美团、拉手、凡客、航空公司等多个商家合作移动支付业务，财付通也和微信合作推出二维码支付工具等。

随着金融改革的深入和利率市场化进程的加快，银行机构过度依靠存贷利差的赢利模式受到很大冲击，银行更加重视以支付业务为代表的中间业务发展。支付机构随着与其他业务的剥离，也只能依赖支付服务获得生存空间。支付服务市场的发展前景和赢利模式被双方看好，为获取客户资源、抢占市场，银行间、支付机构间以及银行和支付机构间的竞争进入白热化。双方业务领域的交叉和支付方式的同质化现象严重，加剧了双方的竞争。

（三）银行机构与支付机构的优劣势

对比发现，银行机构具有以下优势：一是网点资源丰富、客户群体庞大、基础设施完善；二是善于防控风险、安全性高；三是社会信誉好、客户认可度高；四是经营范围广泛、服务提供全面、能够产生正向协同效应等优势。银行机构具有机构庞大、创新步伐缓慢、零售支付市场服务成本过高等劣势。

支付机构的优势体现为：一是产品便捷、创新性突出；二是服务机制灵活，行业适应能力强；三是能够提供交易担保。但存在社会信用度较低、机构良莠不齐、市场表现影响公众信心等劣势。另外，不能独立完成整个支付环节的内生缺陷使支付机构对银行有依赖性。

（四）合作需求存在的必然性

从银行机构看，合作能够促进银行机构业务的发展：一是可以获取网关接

入手续费用，增加中间收入，丰富赢利结构；二是弥补了中小商业银行因短期内无力建立完善的网银系统而导致网上交易渠道的缺失；三是促进小额交易客户分流，提高资源利用效率；四是支付机构大额度的备付金可成为银行吸收稳定存款的重要来源之一

从支付机构角度看，合作能够促进支付机构的快速成长。一是银行业以其完善的资金清算体系，为第三方支付机构提供有力支撑。二是银行能够为支付机构提供备付金账户，归集客户沉淀资金，从而进一步完善支付机构的信誉体系，提升支付机构的公信力。

从整体社会功效看，支付机构作为商家、银行、消费者之间的桥梁，集成众多商家和消费者统一接入银行机构，从总体上降低了社会支付成本。对商家而言，减少了与众多银行机构联结、管理和维护的麻烦，降低运营成本，增强了交易活动的便捷性和经济性；对消费者而言，支付机构提供的统一应用接口，简化了支付操作程序。对银行机构而言，降低了其开发专用网关接口的成本，创造出了极大的利润空间。同时，支付机构的中介担保功能，有效解决了“市场信用”欠缺下的信任难题，有利于规范约束买卖双方的交易行为。

四　促进建立良性竞合关系的对策建议

坚持商业银行是支付服务的主渠道、支付机构是商业银行支付业务的补充和延伸的支付服务组织格局下，建立良好的竞合关系，促进支付服务市场健康发展。

（一）实施差异化竞争战略，形成良性竞争

银行机构一方面应利用自身的规模优势与网点优势，侧重于向社会公众提供基础性、标准化的支付服务。另一方面利用自身完善基础设施，为大宗商品交易或 B2B 领域商户提供专业化的服务，如依托“网上支付跨行清算系统”，通过“一点接入、多点对接”的系统架构，为客户提供具有统一身份验证、跨行账户管理、跨行资金汇划、跨行资金归集、统一财务管理等功能的一站式

网上支付管理专业平台。支付机构应侧重于收集和挖掘行业客户的需求，提供创新的个性化的金融增值业务，设计个性化解决方案弥补银行服务不足，避免同行业支付服务的同质化问题，如将银行卡收单后台系统与多种支付渠道以及商户 ERP 系统的无缝集成，实现线上和线下不同支付渠道、资金和信息流整合，银行卡、其他银行账户和现金整合，满足商户一站式服务需求。

（二）实现资源共享，推动支付市场发展

支付机构所积累的大量个人和企业用户信息资源，有助于银行机构加强用户信用管理和信贷风险控制以及在此基础上开展一系列创新业务。银行机构庞大的传统服务网络、丰富的支付产品、稳定且可靠的客户群、先进的风险管理经验和相关技术手段都值得其学习和借鉴。

（三）支付机构引进外部审计，促进支付机构规范发展

与银行机构相比，支付机构监管依据立法层次不高、内部控制不完善，监管手段单一、现有监管力量不足，不利于支付机构规范化发展、提高公众认可度。因此，建议借鉴银行机构监管经验，引入外部审计机制，提高市场约束力，促进第三方支付市场的规范发展。

（四）在清算环节引入竞争机制，形成收单市场良性竞争

随着中国支付清算协会的成立和支付机构法律地位的认可，支付清算协会、支付机构工作委员会等自律组织可建立清算组织，在收单市场上形成支付机构接入协会、银行机构接入银联的格局，降低支付机构对银行机构的依赖性。待发展到一定阶段后放开接入限制，形成良性竞争和发展的环境。

参考文献

杜秦智、居慎豪、周凯欣：《国内第三方支付与银行的竞争关系探究》，《金融视窗》2011 年第 1 期。

贝为智：《第三方支付平台对商业银行经营的影响与对策》，《区域金融研究》2011 年第 1 期。

尹娜：《后牌照时代第三方支付与网银竞合关系分析》，《电子商务》2012 年第 2 期。

冯然：《第三方电子支付产生的沉淀资金问题及监管研究》，《中小企业理与科技》2009 年第 11 期。

宋玲、姚世全：《第三方支付探索与实践》，中国标准出版社，2008。

B.18

河南产业结构调整的金融支持研究

盛 见*

摘 要：

河南产业结构调整处于攻坚阶段，而金融对支持产业结构调整的作用重大。目前，全省对金融支持产业结构调整作用认识不够，存在金融与产业结构调整结合不强的问题。因此，结合2014年金融工作任务，围绕强化金融支持河南省产业结构调整，提出一系列建议。

关键词：

金融 产业结构调整 强化作用

一 金融支持产业结构调整的意义和途径

（一）金融支持产业结构调整的意义

当前，我国产业发展重要任务是加快产业结构调整，化解产能过剩。河南省由于产业层次低、传统产业和资源型产业比重大，产业结构和产能过剩问题更为严重，已成为制约经济稳增长主要障碍，产业结构调整迫在眉睫，任重道远。金融是经济运行核心，是产业发展的重要支撑，能够有效地影响产业发展的水平和质量。河南省应该发挥和强化金融在产业结构调整中的重要作用，将金融业自身转型升级与产业转型升级紧密结合起来，既能推动金融行业强管理、卸包袱、化风险、增效益，更能推进产业的化产能、调结构、促转型，实现双赢。

---

* 盛见，河南省发展和改革委员会经济研究所副研究员、博士。

（二）金融支持产业结构调整的途径

现实经济生活中金融支持产业结构调整，包括市场性金融支持产业优化选择和政策性金融支持产业优化选择，使二者有机结合。政策性直接金融支持产业优化选择又有直接和间接两种。政策性直接金融支持产业优化选择主要是通过国家政策性金融机构，对政府公益性产业或处于发展初期的优质产业进行资金支持。政策性间接金融支持产业优化选择主要是指政府通过制定相关的产业金融政策来引导市场性金融的产业选择活动，从而实现政府产业选择的目标。具体而言，政策性间接金融支持产业优化选择主要包括信贷倾斜政策、差别利率政策、资本市场准入政策等的产业选择。

二　河南金融支持产业结构调整的现状和存在问题

（一）河南金融支持产业结构调整的现状

为认真贯彻国务院《关于金融支持经济结构调整和转型升级的指导意见》（国办发〔2013〕67号）文件精神，发挥金融支持产业结构调整作用，2013年7月，省政府召集省直有关单位和驻豫金融单位研究制定了《河南省人民政府办公厅关于加强金融支持全省经济结构调整和转型升级的实施意见》（豫政办〔2013〕86号），指出要加大信贷投放力度，着力优化信贷结构，加强重点领域融资规划，改善提升小微企业金融服务，大力发展消费金融等。

2013年前9个月，河南省合计新增融资4208.4亿元，创历史同期最好水平，其中本外币各项贷款2518.1亿元，直接融资1690.3亿元，完成全年5200亿元融资目标的81%，超过时间进度6个百分点。

1. 贷款持续较快增长

9月末，河南本外币各项贷款余额为22885.3亿元，同比增长14.8%。贷款余额居全国第11位、中部首位。贷款结构变化表现为“三个上升”。一是个人贷款占比上升。9月末，个人贷款及透支同比增长25.8%，较上年同期提高6个百分点，这一增量为历史同期最高水平。二是中长期贷款占比上升。9

月末，中长期贷款同比增长13.8%，较上年同期提高3.7个百分点。三是小微企业贷款占比上升。8月末，小微企业贷款同比增长24.8%，分别高出大型、中型企业贷款增速20.1个和12.4个百分点，较上年同期提高12.1个百分点。

2. 直接融资持续增加

前9个月，河南省通过资本市场等直接融资1690.3亿元。分类看，债券市场融资712.3亿元。其中，企业债券121亿元、中期票据44亿元、短期融资券162.5亿元、中小企业集合票据4.45亿元、非公开定向融资380.3亿元。在境内沪深两市IPO尚未开启情况下，实现股票市场融资166.74亿元。其中，新增境外上市企业2家，募集资金16亿元，和谐汽车在香港联交所主板上市，玉典钒业在加拿大创业板上市；12家上市公司实现并购重组再融资150.7亿元，信托融资415.3亿元，其他市场融资396.1亿元。前9个月，河南10家省级投融资公司（不含省收费还贷中心）共实现融资818.4亿元。其中，贷款438.5亿元，债券融资201.5亿元，信托融资39.8亿元，其他方式融资138.6亿元。

3. 保险资金运用取得新突破

平安集团通过债权计划累计投资交投、铁投55亿元，并与郑州市政府和投资集团、豫资公司、煤化集团等企业，就航空港建设、养老基地、债权融资等达成近3年投资2000亿元的合作意向。

（二）河南金融支持产业结构调整存在的问题

1. 对金融支持产业结构调整的作用认识还不够

省政府早在2010年就出台《关于抑制我省部分行业产能过剩和重复建设引导产业健康发展的实施意见》（豫政〔2010〕48号），指出钢铁、煤化工、有色工业、水泥、平板玻璃等行业的现有产能已超过市场需求，严重过剩，多晶硅、风电设备等新兴产业也出现了重复建设的苗头。要求必须尽快抑制产能过剩和重复建设，把有限的要素资源引导和配置到优化存量、培育新的增长点上来，加快转变发展方式，促进经济社会可持续发展。但省辖市以及县级政府，在GDP政绩驱动下，没有深刻认识到产业结构调整的复杂性、长期性和

艰巨性，存在“等、靠、要”的被动局面，没能积极主动应对，认真贯彻执行。金融业也没充分认识到强化金融对产业结构调整支持不仅有利于产业健康和可持续发展、提高经济效益、强化金融利润根基，也有利于化解金融风险、优化金融结构、增加经济效益、提高自身管理能力、实现自身转型升级。

2. 与产业结构调整结合不强

河南省金融运行总体是稳健的，但资金分布不合理问题仍然存在，与产业结构调整和转型升级的要求不相适应。没有严格按照国务院《国务院关于化解产能严重过剩矛盾的指导意见》（国办发〔2013〕41号）、《关于金融支持经济结构调整和转型升级的指导意见》（国办发〔2013〕67号）和《河南省人民政府办公厅关于加强金融支持经济结构调整和转型升级的实施意见》（豫政办〔2013〕86号）等文件精神，坚持有扶有控、有保有压原则，增强资金支持的针对性和有效性。对先进制造业、战略性新兴产业、劳动密集型产业、基础设施和基础产业、现代服务业、文化旅游等领域的信贷支持力度不强，更缺乏有效的措施和相应的监督考核办法。

三　金融支持产业结构调整的形势分析及预测

总体来看，有利于2014年金融融资积极因素较多。一是宏观环境依然较好。2014年国家宏观政策趋向稳定，继续实施积极的财政政策和稳健的货币政策。特别是实施稳健的货币政策，不放松也不会收紧银根，重点是通过盘活存量、用好增量来支持实体经济和结构调整升级，同时加快金融改革。二是行业政策支持有力。2013年下半年国家在棚户区改造、铁路、信息消费、污染防治、节能环保、光伏产业、城市基础设施、养老服务、健康服务等领域相继出台了一系列支持政策，预计2014年相关行业的金融投资将较快增长。三是载体承载能力不断增强。近年来河南省强力推进产业集聚区、城市新区、城市组团、商务中心区和特色商业区等载体建设，将涉及产业调整、基础设施和基础产业、现代服务业等行业的金融融资，形成巨大金融融资增量。

同时，制约2014年金融融资较快增长的不利因素也不容忽视。一是宏观经济稳定回升的基础不牢。受国际金融危机的深层次影响，主要经济体仍处于深度调整期，依然保持低速增长态势。河南省正处于结构调整的阵痛期，一些行业金融融资增速在调整中将会继续放缓。二是工业金融融资受产能过剩及结构调整影响较大。受市场需求不足、行业产能过剩问题严重等因素影响，加上国家进一步加大产业结构调整力度和严格控制“两高一剩”行业扩张，河南省钢铁、有色、纺织、水泥、煤炭等传统行业金融投资将低速增长。

考虑到国家货币政策相对于2013年不会做出大的调整，贷款投放增长将稳定在目前水平，同时考虑到河南省基础设施、商务中心区、特色商业街区、新型城镇化步伐加快，加上直接融资规模增长较快，预计2014年河南省社会融资总量将高于2013年。

四　金融支持河南产业结构调整的对策建议

（一）总体思路

围绕国家重点支持领域和全省产业结构战略性调整，以优化社会融资结构带动产业结构升级为目标，以深化金融服务为切入点，以确保重点领域资金需求为重点，完善金融体系，推进金融创新，拓宽融资渠道，推动运用信贷、债券、信托、基金、保险资金、融资租赁等多种方式融资，增强支持能力，更好地发挥金融对产业结构调整和转型升级的支持作用，更好地发挥市场配置资源的基础性作用，切实防范金融风险。争取2014年全省社会融资规模达到6000亿元，其中银行贷款新增3200亿元，直接融资2800亿元，重点建设项目资金满足率达到90%以上，小微企业资金满足率达到50%以上，全面提升金融支持产业结构和转型升级的能力和水平，促进金融与实体经济协调发展。

（二）金融引导产业结构调整的方向和重点

坚持有扶有控、有保有压原则，增强金融资金支持的针对性和有效性。

1. 金融支持的方向和重点

——加快推进郑州航空港经济综合实验区规划实施，重点加强基础设施、航空物流、电子信息、航空器材、高端制造、生物医药、临空服务及开放平台

等建设，尽快发挥其对中原经济区对全省经济发展的龙头引领作用。

——围绕国家支持的重点领域和河南省发展需要，重点加强扶持铁路、航空、电力、水利、信息、城建等基础设施和千亿斤粮食工程建设，构筑支撑有力、适度超前的现代化基础设施平台。

——大力发展现代物流、信息服务、文化旅游、金融服务等现代服务业，加快教育培训、健康服务、商务服务、养老服务等新兴服务业，培育一批服务业产业集群，壮大现代服务业规模，提升服务业发展层次。

——重点加大电子信息、汽车零部件、智能装备制造、生物医药、节能环保、新能源汽车、新能源、新材料等高成长性和战略新兴产业融资，加快推进食品、轻工、纺织等劳动密集型产业集群化发展。

——落实国家大气污染防治行动计划，重点加强生态体系和污染防治等环保设施建设，强力推进重点行业脱硫、脱硝、除尘工程改造，加快淘汰落后产能，全面推行清洁生产，大力发展循环经济，进一步优化生态环境。

2. 着力优化信贷结构

对资源型产业特别是“两高一剩”行业区分不同情况实施差别化政策，促进有色、化工、建材、钢铁等传统产业的改造升级，着力调结构、促转型，进一步提升产业整体竞争力。对产品有竞争力、有市场、有效益的企业，协调金融机构继续给予资金支持。对实施产能整合的企业，通过定向开展并购贷款、适当延长贷款期限等方式，支持企业兼并重组。严格控制对高耗能、高排放和产能过剩行业贷款，盘活信贷存量，腾出信贷规模，支持经济结构调整和转型升级。

（三）重点工作及对策建议

1. 进一步扩大信贷规模

健全银企对接协调机制，加快建立银企对接电子网络平台和融资需求项目库，强化跟踪协调服务；建立金融机构信贷投放奖励机制，将财政资金存款与金融机构支持河南省经济发展挂钩，设立信贷投放奖励基金，对当年新增贷款额同比增长及新增存贷比超过一定比例的金融机构给予奖励；支持各银行对基础设施、产业升级、消费升级等领域的贷款进行梳理，积极向总行争取信贷资产证券化规模；鼓励各类驻豫金融机构积极争取总部对河南省在贷款规模、网点建设、项目审批、扩大权限等方面给予更多的支持和倾斜，确保2014年新增各类贷款3200亿元以上。

2. 继续支持重点项目

结合金融重点支持的方向和重点，2014年应着力在项目开工和项目谋划上下功夫，增强金融支持的着力点。一是着力扶持在建重大项目，确保一批项目竣工投产。确保郑焦城际铁路、郑开城际铁路、焦作龙源电厂、南水北调受水配套工程、河南联通智慧中原、中国移动河南TD建设工程、郑州轨道交通1号线一期、济源富士康新增产能、东风日产郑州发动机工厂、中信重工高端制造工业园区等一大批项目竣工投产；加快推进郑徐客运专线、郑州至机场铁路、郑州机场二期、大唐三门峡电站扩建、中国联通中原数据基地、郑州轨道交通2号线一期工程、郑州华南城大型物流园一期工程、中国民生银行后台服务区、郑州华强电子高端服务业基地、富士康郑州航空港项目、北大科技园河南园区、福仁药业综合产业园、东风日产郑州工厂能力扩建等一批重大项目建设。二是围绕国家重点支持领域和河南省出台的重大规划，结合项目谋划，开展常态深度全程融资对接。根据2013年以来国家在铁路、信息、城市基础设施、健康服务等方面出台的一系列支持政策，紧紧围绕省委、省政府关于建设大枢纽、发展大流通、培育大产业、塑造大都市的发展主线和加快推进产业结构战略性调整的指导意见、城镇化三年行动计划、生态省建设规划、“米”字形铁路建设等重大决策部署，在基础设施、现代服务业和高端制造业等领域，通过招商引资、政策引导等方式，高水平、高起点谋划1000个总投资5亿元及以上的重大项目，做好金融全程融资对接服务计划。通过融资对接服务，加快推进郑渝客运专线、中国智能骨干网项目（菜鸟计划）、波音飞机交付中心、俄罗斯空桥航空基地及物流园、中国移动安全基地、惠普—洛阳国际软件人才及产业基地、郑州航空港区生物医药基地等一批重大项目尽快落地建设。

3. 加强重点领域融资计划

鼓励引导驻豫各银行业金融机构充分运用信贷、债券、股权、信托、租赁等多种融资工具，为河南省重点领域、重点项目提供综合性融资服务。制定重点领域融资规划，邀请金融机构提前介入，参与项目规划论证。对涉及全局的重点项目，制定专项融资方案，保证重点在建、续建项目的资金需求。在重点基础设施和城市基础设施建设领域，推广“统融统还”融资模式。加大保险资金引进力度，筛选适合保险资金投资的重点企业和项目，建立引进保险资金项目库，支持保险资金购买地方债、企业债，参与企业股权投资、并购、重组、改制上市。对引进的保险资金按照一定的比例给予贴息。组织国内大型证券机构与省、市级投融资公司对接，推动河南省重点建设项目通过专项资产管理计划进行融资。

4. 提升小微企业融资服务水平

推动各省辖市和有条件的县（市）成立政府主导的再担保公司，设立小微企业信贷风险补偿基金。支持小额信贷保证保险发展，帮助小微企业融资增信。结合专项资金发放、资格认定等行政环节，组织省融资对接联席会议成员单位筛选市场竞争力强、市场前景好、符合产业结构调整方向的中小微企业，定期拟定推荐名单，向金融结构推荐。制定出台促进中小微型企业进行供应链融资的工作方案，选择若干重点扶持产业群，推动产业群内龙头企业对上下游中小微企业展开供应链融资合作。大力发展产业链融资、商业圈融资和企业群融资，加大小微企业批量营销力度。依托中国人民银行的动产权属统一登记公示平台，积极开展知识产权质押、应收账款质押、动产质押、订单质押、仓单质押等抵质押贷款业务，扩大小微企业抵质押物范围。在小微企业集聚程度较高的产业集聚区、经济技术开发区、高新技术开发区、中心商务区和特色商业区，批量增设专营机构网点和同城支行，向小微企业提供融资、结算、理财、咨询等综合性金融服务。加强对银行业金融机构小微企业贷款比例、贷款覆盖率、服务覆盖率和申贷获得率等指标的考核，按月通报，确保各家银行全年小微企业贷款增速不低于当年各项贷款平均增速，贷款增量不低于上年同期水平。加强银行业金融机构不合理收费和高收费行为治理，切实降低小微企业融资成本。

5. 大力发展消费金融

鼓励引导各银行业金融机构深入落实金融支持服务业、旅游业、文化产业、服务外包、家庭服务业、健康服务业、教育培训、信息消费的信贷政策，细化政策措施，满足服务消费领域的合理信贷需求。根据城镇化过程中进城务工人员的就业、收入和消费特点，提高金融服务的匹配度和适应性，促进消费升级。严格执行差别化住房信贷政策，支持保障性住房、中小套型普通商品住房建设和居民首套自住普通商品房消费，坚决抑制投机、投资性购房需求。在全省范围内积极推广公务卡、中职卡、高中资助卡，加强与相关部门的合作，拓展银行卡在公交、轨道交通（地铁、轻轨等）、社保、卫生、铁路等行业的应用。探索设立消费金融公司，培育和壮大新的消费增长点。

6. 推动资本市场支持经济转型

继续做好各行业龙头企业上市融资工作，积极支持已上市企业通过配股、增发、发行公司债和可转换债券等形式再融资。规范非上市公众公司管理，引导创新型、创业型企业积极到全国中小企业股份转让系统挂牌和定向发行股票融资。积极加快区域性股权交易市场建设。鼓励各省辖市设立中小企业直接债务融资发展基金和中小企业信用担保资金。积极推动各级政府投融资公司发行企业债券、中期票据、短期融资券，鼓励大型担保公司对中小企业发行中小企业集合票据、中小企业私募债、公司债等提供担保增信，并对符合条件的企业落实有关财政补贴政策。加强与上海、深圳证券交易所的合作，加快推进中小企业私募债券试点工作。逐步扩大中小微企业集合债券、集合票据、集合信托和短期融资券发行规模，大力拓宽中小微企业融资渠道。充分发挥河南省股权投资引导基金的杠杆作用，扶持创业投资企业和产业投资基金发展，引导社会资本支持创新型、创业型企业发展。吸引国内外投资能力较强的股权投资企业和创业投资企业投资河南省科技创新型企业，支持符合条件的创业投资企业、股权投资企业、产业投资基金发行企业债券，专项用于投资小微企业。全力支持郑州商品交易所发展，研发上市更多的农畜产品、能源、原材料期货品种，形成在国际上有重要影响力的价格形成和交易中心。

参考文献

国务院：《关于金融支持经济结构调整和转型升级的指导意见》（国办发〔2013〕67号）。

国务院：《关于化解产能严重过剩矛盾的指导意见》（国办发〔2013〕41号）。

河南省人民政府办公厅：《关于加强金融支持全省经济结构调整和转型升级的实施意见》（豫政办〔2013〕86号）。

河南省金融管理办公室：《河南省落实国务院常务会议精神金融支持经济结构调整和转型升级工作情况》。

河南省发展和改革委员会财政金融处：《2014年财政金融工作思路和重点》。

河南省发展和改革委员会投资处：《关于明年全省固定资产投资计划初步安排意见的汇报》。

B BLUE BOOK .19

河南省多元化小额信贷市场运行机制与模式

李莉莉*

摘　要：

自20世纪90年代以来，小额信贷在中国取得极大的发展。本文从非政府组织、政府组织以及正规小额信贷组织等三个方面系统阐述了小额信贷的运行机制及当期河南省实践的情况。结合河南省的发展实际，认为找准市场定位，积极创新业务，小额信贷市场才能逐步扩大，小额信贷机构才能可持续发展。

关键词：

小额信贷　多元化市场　河南省

自20世纪90年代初期小额信贷（Microfinance）进入中国以来，小额信贷活动在国内获得了极大的发展，不仅对于小额信贷内涵的理解不断深化，而且在小额信贷活动主体日益多元化的背景下，中国小额信贷市场逐渐形成并迅速发展。小额信贷由最初的非政府组织（NGO）的运作开始，到政府主导下的小额信贷活动也取得明显进展，至2001年，农村信用社以正规金融机构身份介入小额信贷领域，正规金融机构成为国内小额信贷市场的主要供给主体。2005年以来，随着农村金融领域内机构多元化改革的推进，加之传统银行市场竞争的加剧，越来越多的正规金融机构开始关注并进入小额信贷市场，小额信贷市场成为中国信贷市场的蓝海（何广文，2011）。上述背景下，在河南省内，各类型小额信贷活动均取得了不同程度的发展。

* 李莉莉，河南财经政法大学金融学院副教授。

一　非政府组织的小额信贷运作

非政府组织（NGO）小额信贷是小额信贷进入中国的最初形式，虽然占据的市场份额较小，但是中国小额信贷市场却发端于此。最初小额信贷的宗旨主要在于扶贫，通过小额信贷资金的注入，致力于打破贫困人群所面临的“贫困的恶性循环”，进而助其脱贫致富。1993 年，中国社会科学院农村发展研究所将孟加拉国乡村银行小额信贷模式（“GB”模式）引入中国，并在河北省易县成立了第一个扶贫社。随后，扶贫社分别于 1995 年 8 月和 10 月，在河南省虞城县和南召县开办了试点，分别成立了虞城县扶贫经济合作社和南召县扶贫社。这是河南省非政府组织小额信贷运行的典型代表。

从“扶贫社”的组织结构来看，分为两个管理层级：县社和分社，县社为管理机构，分社为贷款业务的实施机构。“扶贫社”项目的开展包括项目选择与项目运作两个阶段。首先是项目的选择，以贫困县为基本的选择标准，同时取得当地政府的支持，“扶贫社”项目试点活动共选择了 4 个县，除了河南省的虞城、南召两县外，另两个点在河北省。在进行具体的项目运作前，相关工作人员会在当地进行动员、宣传以及人员的培训，以确保当地工作人员和客户对小额信贷有清晰的认识。接着进入具体的项目运作阶段。项目的运作机制详见图 1。①贷款采取五户联保方式开展，因此要求有贷款需求的农户自愿组成联保小组，选出小组长，组内不能有直系亲属，小组内社员与社员之间建立互助、担保的责任关系。②遵循“贷穷不贷富，贷女不贷男”的原则，选择有一定经营项目和经营能力、有信用的农户作为贷款对象，发放贷款。贷款发放时，要扣除 5% 的小组基金，小组基金将在还款后返还 4%[①]。③分期还款，贷款从发放贷款后的第三周开始回收，并且要求贷款者同时进行个人储蓄，这实际上是一种强制储蓄，在一定程度上也起到了担保的作用。④结清本息后，小组基金和之前的强制储蓄返还给贷款者，贷款结束，成员可以退出小组。

① 这是在南召的扶贫社运作中采用的方式。

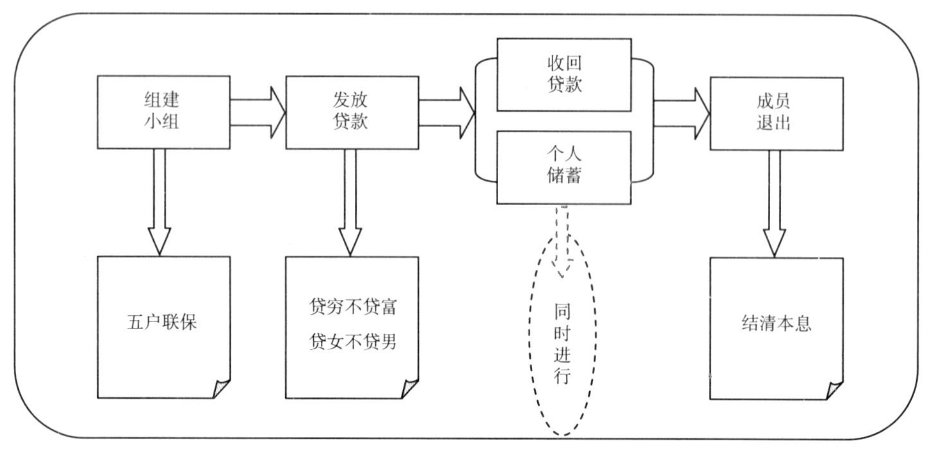

图1 "扶贫社"项目的运行机制

"扶贫社"小额信贷项目的运作在很大程度上瞄准了农村的贫困群体，向这些长期被传统银行信贷所排斥的客户提供了信贷服务，由此在一定程度上促使其脱贫致富，取得了较好的效果。截至2010年4月底，虞城扶贫社项目在文集、大侯、刘店、小侯、李老家、稍岗等10余个乡镇的78个行政村中正常运行，共有信贷员8名，贷款本金290万余元。资金来源为台湾杨麟先生的捐助资金。累计发放贷款4318万元，回收资金3933万元，贷款余额385万元。截至2010年4月累计扶持农户16048户，约5万余人。

截至2010年6月底，南召扶贫社已形成一个县社、四个分支机构的规模，工作人员30人，贷款资本金523.6万元。资金来源主要有孟加拉乡村银行、台湾杨麟先生、美国乡村银行基金会及澳大利亚开发署等。南召县扶贫社已累计向贫困农户发放1.3亿元小额贷款，资产总计930万元，贷款余额587万元。现有社员5388名，已扶持过的贫困农户20244户，业务范围涉及全县13个乡镇112个行政村，资金回收率99%以上。

然而，作为非政府组织的小额信贷项目，在发展中也面临诸多的问题。一是产权和治理结构方面存在严重缺陷，由于所有制与所有权的混淆、缺乏所有权性质的区分、普遍缺乏法人所有权的概念和观念，以及组织的所有权与组织财产所有权的混淆，这种类型的小额信贷组织存在严重的产权不清问题，由此也带来了治理结构的不完善（杜晓山等，2008）。二是如何能够既利用政府的

力量，同时又避免政府的干预，处理好这两者的关系成为一个挑战。三是资金短缺问题普遍存在，大多数 NGO 小额信贷的资金来自国际机构的捐赠和软贷款，从上述河南南召和虞城两个扶贫社的资金来源中可以看到这一点，这些资金往往具有来源单一、数量小且很不稳定的特点，一旦外部资金无法继续提供，小额信贷项目将受到极大的影响。四是可持续发展能力较弱。由此，如何实现机构的转型成为 NGO 小额信贷所面临的重要课题。

针对上述问题，2012 年底，中国社会科学院决定与中国扶贫基金合作，旗下包括虞城、南召在内的 4 个扶贫社将陆续由中和农信接管，进入专业化管理和规模化操作的发展轨道。2013 年 7 月 16 日，河北省涞水县扶贫社成为第一个被中和农信接管的扶贫社。

二　政府主导的小额信贷①

政府参与小额信贷活动，最早的实践可以追溯到 20 世纪 90 年代中后期利用小额信贷的方式对扶贫贴息贷款的发放。随后，为解决由于国有大中型企业深化改革所带来的下岗失业人员再就业问题，城市领域内针对下岗失业人员的小额担保贷款业务开始启动。2002 年，国务院及有关部门先后下发《中共中央、国务院关于进一步做好下岗失业人员再就业工作的通知》（中发〔2002〕12 号）和《下岗失业人员小额担保贷款管理办法》（银发〔2002〕394 号），为政府主导下的小额贷款担保活动提供了基本的制度规范，各地市也纷纷建立了下岗失业人员小额贷款担保中心，并建立相应的担保机构，对创业和再就业活动给予贷款担保。从 2002 年至今，这项由政府主导的小额信贷活动已经历时 10 余年，所服务的对象也从起初的下岗失业人员，拓展至下岗失业人员、转业退役军人、大中专学生、残疾人、回乡创业农民工、失地农民、创业妇女等 7 类人群以及由以上人员合伙经营、组织起来就业的经济实体，合法经营和有一定自有资金、吸纳符合上述条件人员达到规定要求的劳动密集型小企业，大量的城乡低收入人员和小微企业通过小额贷款担保中心担保获得了信贷资

① 文中用到的开封、洛阳的数据为中国农业大学农村金融与研究中心调研数据，在此表示感谢。

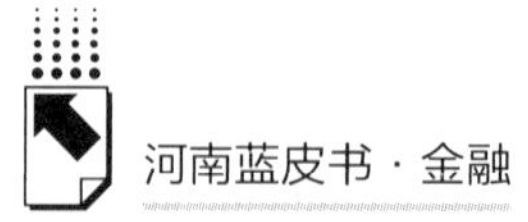

金，解决、带动了就业并发展了生产。

在河南省内，各个地市均建立了下岗失业人员小额贷款担保中心，成为在城市领域内最早推广小额信贷活动的代表。从具体运作来看，各地市的运作机制与模式大体类似。

（一）扁平化的内部组织体系，保证业务流程的简短快捷，也提高了小微客户贷款可获得性

各地市下岗失业人员小额贷款担保中心一般内设综合业务受理大厅，直接接受客户的贷款申请；然后，由相应业务部门安排工作人员与客户约见、入户调查和资料收集；随后，相关材料将提交担保中心上会讨论，如果贷款申请获得通过，则直接转至合作银行，履行贷款程序，发放贷款（见图2）。

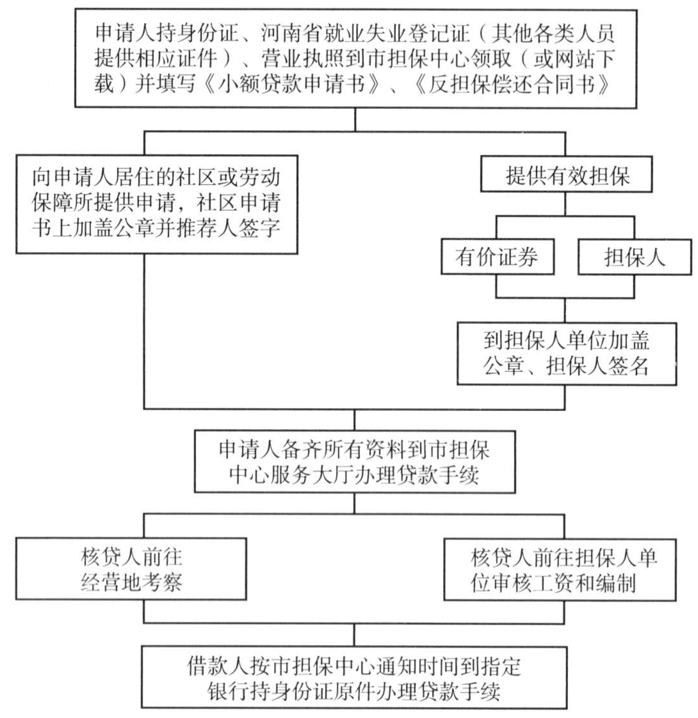

图2　开封市下岗失业人员小额担保贷款办理流程

（二）多样化产品针对不同层次需求，且构建了完善的贴息机制

针对小微客户不同层次的需求，小额贷款担保中心推出的贷款业务包括创业贷款、组织就业贷款和小企业贷款三大贷款产品（见表1），其中，创业贷款主要针对创业者个人，组织就业贷款则针对由失业人员等合伙经营、组织起来就业创办经济实体的申请者，小企业贷款主要针对达到规定要求的劳动密集型小企业。

表1　开封市小额贷款担保中心贷款产品一览

项　目	贷款额度	贷款期限	利　率	信用保证
创业贷款	8万，毕业两年内大学生15万	2年	基准利率上浮3%	担保人
组织就业贷款	人均8万，妇女人均10万，不超过10人，总额不超过100万元	2年	基准利率上浮3%	担保人、房产抵押、存单质押
小企业贷款	人均10万，总额不超过500万	2年	基准利率上浮3%	—

根据2008年中国人民银行、财政部、人力资源和社会保障部下发《关于进一步推进小额担保贷款管理积极推动创业促进就业的通知》（银发〔2008〕238号）和财政部《关于积极发挥财政贴息资金支持作用切实做好促进就业工作的通知》（财金发〔2008〕77号）等相关政策规定，对申请贷款从事微利项目的（包括创业贷款和组织就业贷款）由中央财政全额贴息，对小企业由中央和地方财政各负担一半贴息，贴息的利率可在央行规定利率基础上上浮3%。

（三）平衡安排小额贷款参与各方收益关系，促进小额担保贷款可持续开展

其一，对于经办银行，按照期间贷款实际发生额的0.3%给予手续费补助，用于补充经办银行的工作经费。其二，对于担保机构，按照期间贷款实际发生额的1%给予补贴，用于补充担保机构的工作经费。同时根据当年贷款新增额的0.4%给予奖励性补助资金。其三，对于贷款回收率达到94%以上的社区，根据期间贷款推荐情况的0.3%给予奖励资金补助（见图3）。这一系列

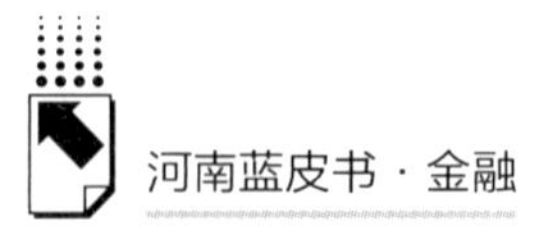

奖励机制的实施，为贷款经办机构补充了一定的工作经费，提高了经办单位的工作积极性，保证了贷款业务的正常开展。

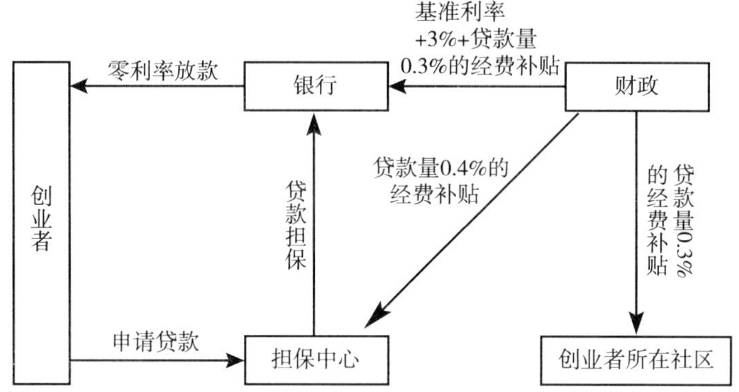

图3　小额创业担保贷款的各方的收益关系

虽然没有全省统计的数据，但是从洛阳与开封两地市来看，这类小额信贷活动在推动创业、带动就业方面发挥了重要的作用。截至2013年6月末，开封市下岗失业小额贷款担保中心累计发放小额担保贷款70595笔、共37亿元，综合回收率99.63%，直接扶持68148人次自主创业，辐射带动162604人次实现就业再就业。截至2013年7月底，洛阳市小额贷款担保中心累计发放担保贷款101781笔，共计632049万元，直接扶持了10.2万余人进行创业或就业，间接带动了35.6万余人就业。

当然，作为政府主导的小额信贷活动，在现行政策下绩效十分明显。但是，随着小额担保贷款业务的扩张所带来的对政府贴息资金的需求也在上升，政府的贴息资金却不可能无限扩张，因此，这类业务也将会面临转型的挑战。

三　正规金融机构小额信贷的运作

随着小额信贷在中国的发展，加之长期以来县域内的农户和中小微企业“融资难”的问题始终难以解决，2001年底，中国人民银行颁布了《农村信用社农户小额信用贷款管理指导意见》，明确要求各地农村信用社适时开办农户小额信用贷款，简化贷款手续，方便农民借贷。2002年开始，中国人民银行

在全国范围内普遍推行农户小额信用贷款业务。农户小额信用贷款业务的推出，是农村金融机构着眼于农户金融需求特点所进行的重要业务创新，同时也标志着中国的正规金融机构开始进入小额信贷领域（李莉莉，2005）。至2003年6月，国务院下发了《关于深化农村信用社改革试点方案的通知》（国发〔2003〕15号），以及2004年8月，国务院下发了《关于进一步深化农村信用社改革试点的意见》（国办发〔2004〕66号），以农村信用社产权与管理体制改革为核心，开启了农村正规金融机构组织制度创新的新篇章。组织制度的创新促使农村信用社进一步明确了市场主体地位，明晰了产权，完善了法人治理，在农村金融市场逐步形成的竞争性环境下，农村信用社也成为我国小额信贷领域内重要的供给主体，在服务农户和小微企业方面发挥着重要的作用。

河南省农村信用联社成立于2005年，截至2013年底，河南省农村信用社共有143家县级法人行社，其中，27家农村商业银行、116家县级联社。从2002年农信社以农户小额信用贷款业务开始在小额信贷市场中开展业务以来，随着农村经济金融的发展以及农信社自身软硬件设施的不断改进，河南省农信社创新地推出了“金燕快贷通”业务，成为服务小微客户的主导业务品种。2013年末，全省农信社存款余额达到6731.73亿元，年内净增额为1122.32亿元，完成年度目标任务的124.70%。这是继2011年存款增长682亿元、2012年存款增长905亿元之后创下的又一历史新高。在全省银行业金融机构中，农信社新增存款占20.65%，稳居首位。2013年末，全省农信社贷款余额达到4165.26亿元，年内净增额为631.61亿元，完成年度目标任务的126.32%。在全省银行业金融机构中，农信社新增贷款占21.03%，稳居首位；其中新增涉农贷款、中小企业贷款均占40%，农户贷款占90%以上。

2005年之后，随着人民银行“只贷不存”小额信贷机构的试点，2006年银监会农村金融准入新政的实施，以及2008年银监会与人民银行联合发布《小额贷款公司试点指导意见》，各类新型金融机构获得快速发展，村镇银行、小额贷款公司等新型机构，作为农村金融市场的增量主体，基于市场竞争的环境以及自身的比较优势，均将客户定位于农户和中小微企业等小额信贷客户，在中国小额信贷市场上的正规金融机构供给主体进一步多元化。截至2014年2月末，河南省已组建村镇银行60家，村镇银行主发起行类型已覆盖所有类型的商业银行，全省18个省辖市也已实现村镇银行全覆盖。据中国人民银行统计，截至2013年9月底，河南省已成立小额贷款公司298家，小额贷款公司从业人员4319名，实收资本175.03亿元，贷款余额181.69元，贷款余额占全国小额贷款公司总贷款余额的2.41%。另外，作为新型农村金融机构的三类机构之一的农村资金互助社，河南省已经组建3家，它们均成为河南省多元化小额信贷市场重要的供给主体。

同时，邮政储蓄银行自2007年成立以来，就定位于服务三农与小微企业客户，创新地推出了“好借好还”小额贷款业务，致力于成为全国最大的小额信贷供给者。截至2013年底，邮储银行累计发放小额贷款8100多亿元，解决了近800万农户家庭融资问题；累计发放小微企业贷款近2万亿元，支持了1200多万户小微企业的经营资金短缺困难，成为支持实体经济发展的新生力量。在这一市场定位指导下，邮储银行河南省分行也瞄准了小微客户，加入河南省多元化小额信贷市场的竞争行列。

另外，在日趋激烈的市场竞争环境下，各类大型银行也不断通过客户群体的下移介入小额信贷领域，河南省小额信贷市场已经形成多元竞争的市场格局，这也必将有利于金融市场的不断深入发展，有利于农户和小微企业等小微客户融资难问题的解决。当然，在竞争性的环境中，更需要各类机构在小额信贷领域内找到准确的市场定位，加大业务创新的力度。

参考文献

杜晓山等：《中共公益性小额信贷》，社会科学文献出版社，2008。

李莉莉：《正规金融机构小额信贷运行机制及其绩效评价》，中国农业大学博士论文，2005。

何广文、李莉莉：《大型商业银行的小额信贷之路——兼论与新型农村金融机构的合作机制》，《农村金融研究》2011年第5期。

河南省科技金融发展现状及其创新路径

赵紫剑　于 娟*

摘　要：

近年来，在科技创新发展战略指导下，科技金融作为促进科技成果转化和科技产业发展的系统性创新性融资体系逐步形成并在不断完善。河南省各级政府积极倡导和鼓励各类金融机构针对科技企业开展科技金融支持，为科技产业发展提供了有力支持。但就省内科技企业尤其是中小型科技企业的资金供求现状而言，无论是结构还是总量均呈现不对称性，有必要通过顶层设计、转变财政投入方式和多元化市场金融支持等路径加强科技金融创新力度。

关键词：

科技金融　顶层设计　创新路径

后危机时期，转型国家借助全球经济复苏契机进行国内经济深度改革，再度强化科技创新发展战略。在这一发展战略指导下，我国战略性科技创新产业发展迅猛，其发展过程中的金融支持问题日益凸显，科技金融①作为促进科技成果转化和科技产业发展的系统性创新性融资体系逐步形成并不断完善。

从我国科技金融发展实践来看，随着科技金融政策环境的持续优化，近年

* 赵紫剑，河南财经政法大学金融学院副院长，副教授，经济学博士，硕士研究生导师；于娟，河南财经政法大学，讲师，东北财经大学博士后。

① 根据国内关于科技金融概念的最早界定，科技金融是促进科技开发、成果转化和高新技术产业发展的一系列金融工具、金融制度、金融政策和金融服务的系统性、创新性安排，是向科技创新活动提供金融资源的政府、企业、市场、社会中介机构等各种主体及其在科技创新融资过程中的行为活动中共同组成的一个体系，是国家创新体系和金融体系的重要组成部分。（赵昌文，2009）

来各地政府与金融机构都在积极创新融资机制，探索科技金融结合的运作模式，科技金融发展总体呈现以下特点：政府、市场缺一不可，多个主体互动结合，高新园区作为依托，四大领域寻求突破。具体而言，政府着力进行制度供给、平台搭建和财政投入方式的创新。自 1985 年《关于科学技术体制技术改革的决定》，到 2011 年《国家科技成果转化引导基金管理办法》等文件的相继出台和政策的实施，为科技金融发展提供了良好的制度基础。财政部运用财政支付、补贴、风险补偿、设立引导基金等多种方式，优化科技资源配置，推动科技金融的顺利开展。2012 年我国科技经费投入继续保持稳定增长，全国共投入研究与试验发展（R&D）经费 10298.4 亿元，比上年增加 1611.4 亿元，增长 18.5%；R&D 经费投入强度为 1.98%，比上年提高 0.14 个百分点。按研究与试验发展人员（全时工作量）计算的人均经费支出为 31.7 万元，比上年增加 1.6 万元。① 科技金融结合的具体运作日益市场化、多元化，科技金融体系发展较快的大部分地区均依托当地的高新技术园区，针对园区内科技型中小企业的实际需求，在科技信贷、创业风投（VC）和私募股权（PE）、多层次资本市场（尤其是创业板和“新三板”）以及科技保险等四个领域进行了大量的突破创新。2011 年，科技部与“一行三会”（中国人民银行、银监会、证监会和保监会）依托国家自主创新示范区、技术创新工程试点省、创新型试点城市和国家高新区等，在全国确定了 16 个科技金融结合试点地区，涉及北京、上海、天津、重庆 4 个直辖市以及江苏、浙江、安徽、湖北、湖南、广东、四川、山西、辽宁、山东等 10 个省。在首批试点地区的带动下，河南省在促进本地区科技成果转化与融资机制创新方面积极尝试，为科技型中小企业发展以及战略性新兴产业培育提供了有力的支持。

一　河南省科技金融发展现状

（一）河南省科技产业发展状况及其融资需求

2008 ~2012 年，河南省先后实施高新技术产业化项目 126 项，高新技术产

① 中华人民共和国财政部：《2012 年全国科技经费投入统计公报》。

业经济总量翻了一倍多，一大批企业实现了跨越式发展。截至2012年末，河南省高新技术企业数量已达770家，其中国家级创新型（试点）企业18家、省级创新型（试点）企业241家，涌现许继、中信重工等一大批具有竞争力的大型企业集团，成为推动全省经济社会健康快速发展的主力军。全省规模以上高新技术产业增加值达2720亿元，同比增长18.3%。高新技术企业数量虽仅占全省工业企业数量的0.6%，但实现工业增加值占全省工业增加值的比重达到7%以上。

作为科技型企业主要集聚区的高新技术园区为推进经济发展进程发挥了重要作用。2012年，全省高新区实现技工贸总收入4979亿元、工业总产值4920亿元、工业增加值1280亿元，同比增长分别为24.7%、24.6%和23.9%。以郑州高新区为例，自1988年建园以来，1991年成为国务院首批批准的国家级高新区，1993年、1998年、2003年、2008年、2012年先后五次被评为全国先进高新区。经过20多年的市场洗礼，高新区初步形成具有区域特色的五大主导产业，分别是电子信息产业、新型仪器仪表产业、新材料产业、生物制药产业和新能源及节能环保产业。其中，超硬材料产业集群被科技部认定为首批国家级产业集群试点。依托主导产业，该区先后建成了国家级火炬计划软件产业基地、国家级软件孵化器、国家级信息安全产品研发生产基地、国家级大学科技园、国家生物高技术产业基地、国家火炬计划河南超硬材料产业基地和国家863成果转化基地。全区经认定的高新技术企业占全省的31%，占全市的68%。目前，河南省共建有5家国家高新区和16家省级高新区。

科技企业的发展壮大离不开资金支持，一份关于民营科技企业的调查问卷显示，在影响河南省民营科技企业创新与发展程度的各种因素中，银行贷款难成为仅次于税费负担较重的第二大原因①。位于郑州市金水区的河南科技园（又称科技市场）是郑州市另一个科技型中小企业聚集区。从园区内入驻企业的主要构成来看，95%以上为科技型中小企业，主观上存在扩大的愿望，市场上存在上升的空间，但在客观上普遍因缺乏发展壮大的资金，难以实现企业升级。从科技园区内企业的资金需求来看，既包括长期发展资金，也包括短期发

① 《民营科技企业发展报告研究》课题组：《中国民营科技企业发展报告》，中国经济科学出版社，2011，第134页。

展资金。短期发展资金多半问题不大，一般通过短期票据抵押、应收账款贴现、短期典当抵押等方式解决，真正构成企业发展障碍的是关系到未来发展方向和发展潜力的长期发展资金。具体到不同的企业来看，这种需求又会有不同的表现。比如，生产类科技企业的资金需求主要包括开发新技术、新项目所需要的资金以及新技术、新项目成功后专为工业生产所需要的资金；而销售类科技企业的资金需求主要包括代理新产品所需资金、扩大销售规模所需资金以及扩展销售网络所需资金。从性质上看，以上这些都属于长期发展资金。长期发展资金的不足是制约河南科技园内中小企业发展的重要原因之一。

（二）政府政策引导、财政投入与融资平台建设

为了鼓励、扶持和促进科技型企业开展技术创新活动，省政府相继推出一系列政策指引，如《关于增强自主创新能力建设创新型河南的决定》、《河南省科技型中小企业技术创新资金项目管理办法》、《河南省股权投资引导基金管理暂行办法》等，2013 年 5 月，省委、省政府下发了《关于加快自主创新体系建设促进创新驱动发展的意见》，明确提出要积极推进科技与金融的结合，逐步建立“投、保、贷、补、扶”一体化的科技投融资体系，着力破解科技成果转化的资金瓶颈。

从财政投入的情况来看，2012 年，全省财政科技投入 70.7 亿元，较上年增长 24.9%，高于全国 5.7 个百分点；10 年间全省财政科技支出总额增长了 8 倍，年均增长速度为 23%。但科技支出仍仅为总体公共支出的 1.55%，10 年间仅提高 0.05 个百分点，远低于全国 4.49% 的水平。①

在融资平台构建方面，郑州市生产力促进中心是科技部认定的全国首批科技金融服务试点单位，通过探索“知识产权质押”、“孵化企业五户联保”、“投、保、贷一体化融资”等模式，促成引起对接项目 60 多个，帮助企业融资近 2 亿元。郑州、洛阳等市先后成立了科技金融服务中心，通过建立科技金融网上服务平台，搭建科技企业与金融机构的沟通桥梁。服务平台开发了科技

① 根据《2012 年河南省国民经济和社会发展统计公报》（河南省统计局、国家统计局河南调查总队）公布的有关数据计算。

企业数据库，整合了银行、创投、担保等金融机构的业务，通过“网上科技金融超市”，为企业提供综合性的科技融资服务，缓解科技型企业特别是科技型中小企业的融资难问题。此外，通过建立市县（区）联动的科技金融服务网络体系，全方位开展科技金融服务，结合科技企业孵化器建设，开展在孵科技企业的“微小贷”业务。

（三）金融机构的科技信贷支持

从金融机构信贷支持的情况来看，2012 年末，全省金融机构人民币各项贷款余额突破 2 万亿元，同比增长 14.4%；其中，中型、小微企业贷款分别新增 510.40 亿元和 643.40 亿元，同比分别多增 106.30 亿元和 6 亿元，中型企业贷款增量占全部企业贷款增量的 36.9%，较上年同期提高 6.8 个百分点，小微企业贷款增量占比为 46.5%，较上年同期回落 1 个百分点。[①] 2012 年全省金融机构新增贷款中的 83.4% 都投向了中小微企业，但是针对全省约 40 万户的中小企业来说仍显微弱。根据省内某市 30 家小微企业的有关调查显示，只有 1/4 的企业不存在资金缺口，只有 1/3 的企业获得过银行贷款。考虑到科技型中小企业只是中小企业的一小部分，其贷款比例可想而知。

2012 年 12 月和 2013 年 6 月，郑州市政府先后与中信、招商两家银行的郑州分行分别签署了金融支持科技创新战略合作框架协议，专门挂牌建立了两家科技银行，倾力扶持科技型企业融资发展。未来 3 年内，两家银行将为郑州市科技型企业提供 250 亿元的贷款授信额度，首批 8 家科技型企业共计获得 10.9 亿元的贷款授信。

（四）其他领域的科技金融资源

除了财政和银行两大传统的外源性融资渠道，在新兴的创业风险投资、资本市场、债券融资等领域，河南省科技型中小企业的融资利用度目前比较有限。截至 2012 年末，河南省的 A 股上市公司共 66 家，占我国 A 股上市公司的

① 赵波、帅红、徐红芳：《2012～2013 年河南省金融业形势分析与展望》，中国人民银行郑州中心支行。

2.69%，在中部六省中排第四位。其中主板上市公司36家，中小板和创业板分别为22家和8家（见表1和表2），后两者的市场数量占比为3.4%和2.4%。

表1　河南省创业板上市公司名录及信息披露考核结果

序　号	公司代码	公司简称	考核成绩
1	300007	汉威电子	A
2	300064	豫金刚石	A
3	300080	新大新材	B
4	300109	新 开 源	B
5	300179	四 方 达	B
6	300248	新 开 普	B
7	300259	新天科技	B
8	300263	隆华传热	B

资料来源：河南证监局网站。

表2　河南省中小企业板上市公司名录及信息披露考核结果

序　号	公司代码	公司简称	考核成绩
1	002007	华兰生物	A
2	002046	轴研科技	A
3	002087	新野纺织	B
4	002132	恒星科技	B
5	002216	三全食品	A
6	002179	中航光电	B
7	002225	濮耐股份	B
8	002189	利达光电	B
9	002296	辉煌科技	B
10	002358	森源电气	B
11	002321	华英农业	B
12	002406	远东传动	C
13	002407	多 氟 多	C
14	002448	中原内配	B
15	002423	中原特钢	B
16	002477	雏鹰农牧	B
17	002535	林州重机	B
18	002536	西泵股份	B
19	002560	通达股份	B
20	002601	佰 利 联	B
21	002613	北玻股份	B
22	002582	好 想 你	B

资料来源：河南证监局网站。

债券融资方面，2011 年 2 月，河南省率先提出对中小企业集合债券进行“集合担保”的概念，即由多家担保机构联合为企业提供担保，以此扩大资本金，提高信用评级。8 家企业集合组成的“11 豫中小债”在深圳证券交易所开始上市发行，发行总额 4.9 亿元，债券期限“3 +3”年，票面年利率 7.8%（5 年期银行贷款利率为 6.6%），由河南省中小企业投资担保股份有限公司等 4 家担保公司组成统一担保人，以不可撤销的连带责任保证责任方式提供债券担保，河南省中小企业信用担保服务中心为本期债券提供再担保，再担保人对担保人的担保责任承担一般保证责任。

创业风险投资方面，由河南省政府设立并按市场化方式运作的股权投资引导基金目前规模已达 8 亿元，虽不直接投资产业，却可以发挥“母基金”对社会资本的引导作用。郑州高新区内的华夏海纳创业投资发展有限公司与国家发改委、财政部、省政府共同出资，已设立了 2.5 亿元的创业投资基金，这是政府财政资金引导民间资本跟进投资的一个有益尝试。截至 2012 年末，郑州市的创业风险投资机构共计 43 家，创业投资管理规模 135 亿元。此外，其他专营的科技性金融机构如科技小额贷款公司、科技担保公司、科技保险尚属于空白。

总体而言，无论在总量上还是结构上，科技型中小企业的资金供求之间均存在着一定程度的不对称性，科技金融基础有待增强，科技金融结合的机制、模式和产品的创新势在必行。

二　河南省科技金融发展的制约瓶颈

科技创新领域是一个风险极大但社会效益极高的领域，存在着不少市场失灵的地方，科技金融具有极强的公共金融属性，离不开政府的制度安排和财政投入进行引导，但是政府的作用又必须以市场机制为基础，既不能“缺位”也不能“越位”，政府参与科技金融的出发点是培育、引导和调控市场机制，通过政府作用和市场运作最终形成有效的科技型中小企业融资机制。

基于融资啄序和企业生命周期理论，科技型中小企业在从初创期到成熟期的发展过程中，不同时期会有不同的融资特点，这就需要政府、创业风险投资机构、银行、证券、保险、担保、信托等多个主体共同参与，在运作模式和产品服务等方面进行联动创新。而各方主体是否愿意参与以及能否做到协调运作，关键在于是否能够建立一套科学有效的融资机制。融资机制从本质上说就是参与融资活动的各种主体之间有机结合和自动调节所形成的内在关联和运行方式，在外部条件发生变化时，融资机制可以相对稳定地发挥系统作用，不易因一人一事而改变。

融资机制的建立有两个基本点，首先是参与融资活动的主体的客观存在，其次是协调各部分关系的运作方式。前者的不足可以引导创立，后者则依靠体制变革和具体的制度安排，通过建立适当的制度体系，机制在实践中才能得到体现。融资机制发挥作用时，一般是各经济主体借助行政作用与市场力量通过一定的融资方式共同实现资金在全社会的优化配置，从而提高资金使用效率。因此，融资环境、融资主体和融资方式是整个融资体系的主要构成要素，也正是这些要素之间的作用关系与约束方式才构成了一定制度背景下的融资机制。

我国科技金融发展的地区差异从第一批科技金融试点的地区分布可见一斑。政策环境、市场基础、财政投入、金融创新等资源禀赋相对优越的东部地区明显呈现科技型中小企业融资渠道多元化、自主创新强力的态势，科技应用、企业发展与经济增长形成良性循环。有关研究表明，从区域科技创新与科技金融的耦合协调度来看，除京津沪和江浙粤地区属于中度协调外，其他地区均处于低度协调。相比之下，河南省科技金融体系的构建虽然已取得长足进步，但仍需突破以下制约瓶颈。

（一）科技金融的政策体系有待完善

如前所述，科技金融具有极强的公共金融属性，因此其发展离不开政府的引导，离不开政府的顶层制度设计和统筹规划。尽管政府的科技管理部门对辖内科技企业的情况较为了解，但是政府的口头推介和担保无法替代金融市场化运作中的风险管理要求。河南省政府近期出台的《关于加快自主创新体系建设促进创新驱动发展的意见》虽然指出了逐步建立“投、保、贷、补、扶”一体化的科技投融资体系的方向，但仍限于粗线条的描述，缺乏明确的有针对

性的关于区域科技金融发展的指导意见，也缺乏具有实际操作意义的具体管理办法，如创业投资风险补偿、科技贷款贴息、担保和保险费用补贴等，难以真正解决按市场化原则经营的金融机构所关心的风险收益对等问题，从而也就难以切实调动其参与科技企业融资活动的积极性。

（二）科技企业的融资管理能力有待提高

与其他企业一样，河南省科技型中小企业的资金需求主要依靠内外源两大融资渠道实现。内源融资是企业依靠内部资金集聚，通过资本金、折旧基金转化重置投资和留存收益转化为新增投资完成。而外源融资主要包括直接融资和间接融资两种方式。直接融资通常包括股权融资和债券融资，前者是指公司通过出售或以其他方式交易公司股票或股份获得资金的融资方式，包括IPO、VC、PE等方式，后者是指企业通过发行债券的方式筹集资金；后者往往是指贷款融资，是指企业通过银行以及非银行金融机构的贷款获得资金的方式。

从表3可以发现，科技型中小企业在初创期普遍依赖内源融资和亲朋借贷，只有15%的企业能够获得政策性扶持基金、17%的企业能够获得风险投资，这两类资金来源渠道合计仅占10%左右。大约有30%的企业能够获得银行贷款，占总融资的比例只有15%，若加上贴现融资，大约有超过40%的资金来自银行体系。

表3　河南科技园中小企业的资金来源情况

单位：%

融资方式	内源融资	亲友借贷	风险投资	政策性基金	银行贷款	贴现等准贷款	担保信托融资	产业链融资
采用企业百分比	100	100	17	15	31	79	83	87
总体融资占比	9	11	3	7	15	27	25	3

资料来源：彭鑫邦：《河南科技园中小企业融资分析》，2011年4月。

除外部渠道因素外，造成科技型中小企业融资困局的内部障碍是企业自身的融资管理缺位。融资活动本是企业管理中的重要一环，尤其是对中小企业而言，融资成败，攸关生命。但是很多企业并不重视融资管理，以至于错失发展良机。这里面固然受外部宏观经济环境和金融政策等影响，但也有很多问题出在企业自身。认识不到位，经营缺乏目标和规划，随意性较强，融资活动也缺乏规划，具有很大的盲目性；管理不到位，缺乏专业人才进行有效决策，重大融资决策都是实际控制人或实际经营者一人拍板，看天吃饭；手段不到位，对融资工具了解甚少或利用不善，每当资金短缺时，只能想到银行，较少想到利用其他工具和渠道进行融资。

（三）科技金融的融资主体有待健全

科技型中小企业外源融资困难的成因主要表现为已构建的融资体系不健全和缺乏规范专业的中介机构与融资平台。融资体系不健全表现为直接融资方式少、间接融资渠道窄、政策性融资渠道效果不明显的特点。以企业最为依赖的银行信贷为例，由于科技企业的独特性，很多地区探索建立了科技支行运作模式能够更有针对性地满足科技企业融资的专业化要求。目前，两家专营的科技支行在运作初期的贷款投向主要是大型科技企业，针对科技型中小企业的运作模式和产品创新仍在摸索之中，尚未形成规模。科技担保、科技保险尚未起步。同时，中介机构是搭建金融服务主体的桥梁，目前中介机构的缺失造成了金融服务链条的断裂与低效，服务于科技成果发现、定价、评估、转移的专业化的中介机构发育不完善，对科技型产品价值难以评估。尤其是专利质押贷款手续烦琐，技术产权交易市场不健全，使得知识产权的认定、评估、侵权、变现等成为知识产权质押贷款的难点，限制了银行开展知识产权质押贷款业务。

三　河南省科技金融创新的路径与对策

我国科技金融理论层面的研究框架日趋体系化，应用领域的实践效果（科技金融的协调性）在发达国家和发展中国家以及发展中国家内部存在着较大差异，差异的根源主要在于制度环境体系和金融市场体系的发育程度，前者取决于政府行为，后者依赖于市场机制。因此，科技金融创新重在制度和机制

的创新，并以此推动科技产业发展的公共财政投入和市场金融投入两大方面的模式创新。

（一）顶层设计，制度创新，完善科技金融协调发展机制

河南省科技金融创新首先应从制度层面进行创新，通过顶层设计，全省布局，建立一整套推动科技金融发展的制度体系，这不仅包括推进全省科技金融结合的总体指导意见，而且要包括具体的财政、税收、风险补偿、奖惩激励等方面的管理办法，构建贯通省市区（县）三级行政，覆盖信贷、创业投资、资本市场、担保、保险等多融资领域的政策支撑体系。

建立和完善科技金融工作联动机制，推进科技部门、高新区与地方金融管理部门的合作，统筹协调各方科技金融资源，搭建科技金融合作平台，建立科技企业和金融信息库、专家库等，为科技金融创新提供基础支撑。优选优育科技企业资源，推动创业投资机构、银行、券商和保险机构等创新金融产品及服务模式，构建以政府投入为引导、企业投入为主体，政府资金与社会资金、股权融资与债权融资、直接融资与间接融资有机结合的科技投融资体系，提升区域经济活力和创新能力。

（二）增加投入，转变方式，放大财政资金社会效应

有关研究表明，地方财政科技投入与地方经济增长之间存在长期稳定的均衡关系，财政科技投入对地方经济增长具有明显的促进作用。由于河南省整体财政科技投入占比低于全国平均水平，要想实现科技强省，未来仍需持续加强科技投入力度，建立有效的资金管理机制，保证资金切实流向科研和技术创新领域，提高资金运行效率。

在具体的财政投入方式选择上，努力实现由“直接”向“间接”、由“无偿”向“有偿”、由“分散”向“集中”的转变，除无偿资助外，可以综合运用偿还性资助、创业投资引导、风险补偿、贷款贴息以及后补助等多种方式，通过“拨改贷”、“拨改投”、“拨改补”等投入方式的转变，建立直接投资引导和间接投资拉动相结合的模式，带动和集聚金融资本和民间资金等社会资本共同参与科技创新，把分散在各部门的扶持科技企业发

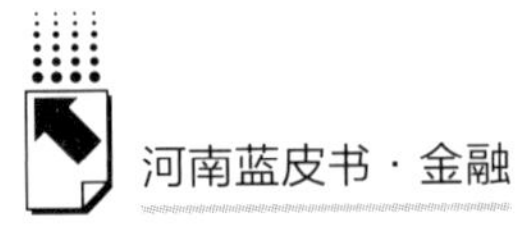

展的资金统筹管理，集中使用，形成合力，从而放大财政资金投入的总体社会效应。

（三）专业经营，协调运作，拓展多元金融支持路径

针对科技企业不同成长周期的融资特点，大力发展风险创业投资，培育建立专营科技金融机构（包括科技信贷、科技担保、科技保险等），积极利用“新三板”、创业板、中小企业板等多层次资本市场，完善风险投资机制，拓展多元金融支持路径，促进科技成果资本化、产业化。

1. 风险创业投资

充分发挥创业投资引导基金的社会效应，逐步建立以政府资金为引导、民间资本为主体的创业资本筹集机制和市场化的创业资本运作机制，探索符合市场发展规律的投资决策、考核评价、转让退出和激励约束等制度；扩大科技型中小企业创业投资引导基金规模，鼓励地方设立种子基金、孵化基金等对种子企业、初创期企业的支持，综合运用阶段参股、风险补助和投资保障等方式，引导创业投资机构向初创期科技型中小企业投资，促进科技型中小企业创新发展；探索科技项目与创业投资的对接机制，引导金融资本流向“三化”领域。

2. 科技信贷

通过组建科技信贷专营机构可以更好地集中专业资源专门针对科技企业提供差异化的产品创新服务，主要包括科技银行、科技小额贷款公司和科技担保公司。科技担保公司专门针对科技型中小企业贷款提供融资担保，科技银行和科技小额贷款公司是直接从事科技信贷的两大主体，尤以科技银行为主。河南省目前仅有两家科技银行，均是以商业银行支行的形式出现，并不具备独立法人地位。未来的科技信贷创新，一方面要在科技支行的现有基础上真正摸索出一套独具特色的科技信贷运营模式，包括独特的科技贷款审批机制（客户准入、审批权限、协调政策等）以及独特的风险容忍和补偿机制；另一方面也可以鼓励社会民间资本借鉴国内外经验，积极探索创办具有独立法人资格的科技银行和科技小额贷款公司，在坚持“安全性、流动性、营利性”的经营准则基础上，充分分享高科技中小企业高成长的高回报。鼓励科技银行与其他部门联动，构建银政、银投、银保和银园合作平台，形成科技企业金融一体化服

务战略联盟。在知识产权质押、联保等方式之外，探索银投连贷、创投跟贷、担保期权贷款等方式，为企业提供多种科技金融信贷产品。

3. 多层次资本市场

鼓励处于不同成长周期的科技企业积极利用多层次资本市场融资。除主板市场之外，中小企业板和创业板市场的设立初衷均是为解决高科技企业的融资难问题，科技金融结合试点启动后，“新三板”被明确称为科技金融的重要组成部分，是与公开发行市场互为补充的私募发行市场，能为无法在中小板、创业板上市的科技型中小企业提供发现价值、展示企业和接触资本的机会。“新三板”不仅可以帮助企业遇到潜在的战略投资者和获取银行贷款，也会进一步“孵化”一些有潜力的企业完成上市转型。河南省各级金融管理部门和高新园区应紧紧抓住“新三板”试点扩容至全国范围内所有潜力优质中小企业的机遇，加大宣传培训力度，挖掘培育后备资源并尽快制定出扶持政策，积极组织中小企业到“新三板”挂牌交易，利用多层次资本市场实现企业跨越式发展。

4. 其他金融支持

疏通科技企业债务融资渠道，鼓励中介机构加强对其辅导力度，支持符合条件的科技型中小企业利用银行间债券市场通过发行公司债券、企业债、短期融资券、中期票据、集合债券、集合票据等方式融资；探索符合条件的高新技术企业发行高收益债券融资。利用信托工具支持自主创新和科技型企业发展，推动公益信托支持科学技术研究开发，充分利用信托贷款和股权投资、融资租赁等多种方式的组合，拓宽科技型中小企业融资渠道。提高科技企业风险规避意识，借鉴国家科技保险试点政策和经验，探索与科技企业需求契合的保险产品创新。

参考文献

促进科技和金融结合试点工作部际协调指导小组秘书处：《中国科技金融发展报告（2012）》，经济管理出版社，2013。

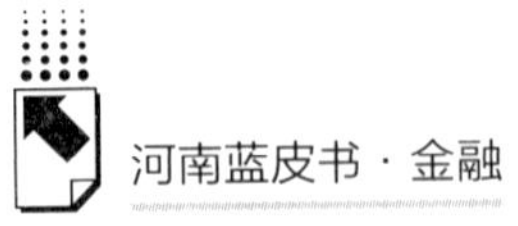

赵昌文：《创新型企业的金融解决方案》，清华大学出版社，2012。

民营科技企业发展报告研究课题组：《中国民营科技企业发展报告（2006～2010）》，中国经济科学出版社，2011。

王伟忠：《促进科技金融结合文件汇编》，科学技术文献出版社，2011。

夏太寿、褚保金：《科技金融创新与发展》，东南大学出版社，2011。

徐玉莲等：《区域科技创新与科技金融耦合协调度评价研究》，《科学学与科学技术管理》2011年第12期。

B.21

不良资产市场趋势及河南的应对策略

武　钰*

摘　要：

2013年，中国银行业金融机构的不良贷款率开始出现反弹的迹象。为了找出不良资产的困境，分析不良资产的原因，本文总结了2012～2014年中国不良资本市场的发展态势，认为商业银行不良贷款余额和不良率改变了以往的双降趋势，均出现反弹；信用风险有所显现，影子银行、房地产、民间借贷等领域风险亟须引起警惕。结合河南省资本市场实际，要大力发展实体经济，加强金融资产的监管，创造稳定的市场环境。

关键词：

不良资产市场　不良贷款率　影子银行　河南省

中国人民银行2013年6月7日发布的《中国金融稳定报告2013》指出，我国银行业金融机构不良贷款余额8年来首次出现反弹，信用风险有所显现，理财产品、民间借贷等领域风险亟须引起警惕。2012年第三、第四季度以来的数据也显示，商业银行不良贷款余额和不良率改变了以往的双降趋势，均出现反弹。考虑到不良贷款对金融稳定的影响，本文在综合分析我国不良资产市场趋势的基础上，结合河南省区域金融特点，有针对性地提出河南省的应对策略。

一　全国不良资产市场概况分析

通过对近1～2年的相关数据进行分析，近期国内不良资产市场状况如下。

* 武钰，中国社会科学院金融研究所博士后流动站，中国华融资产管理股份有限公司博士后工作站。

（一）商业银行体系不良资产现状及趋势分析

1. 近期商业银行体系不良资产呈上升趋势

受宏观经济下行、利率市场化提速、部分地域中小企业经营困难等因素的影响，商业银行的净息差有所收窄，中间业务收入增长受限，不良贷款余额和不良贷款率自2011年第四季度以来，已连续6个季度双双上涨。根据央行2013年6月份发布的《中国金融稳定报告2013》，国内银行业金融机构不良贷款余额8年来首次出现反弹，2012年末余额1.07万亿元，较2011年新增不良资产贷款650亿元，不良贷款率1.56%，每个季度新增不良贷款额分别为103亿元、182亿元、224亿元、141亿元。商业银行不良贷款余额4929亿元，比年初增加647亿元；不良贷款率0.95%，与年初基本持平。

2013年以来，不良资产数据还在上升，据银监会2013年8月14日的数据显示，截至2013年第二季度末，境内商业银行不良贷款余额5395亿元，为连续7个季度上涨；不良贷款率0.96%，比2012年第四季度高出0.01个百分点（见图1）。

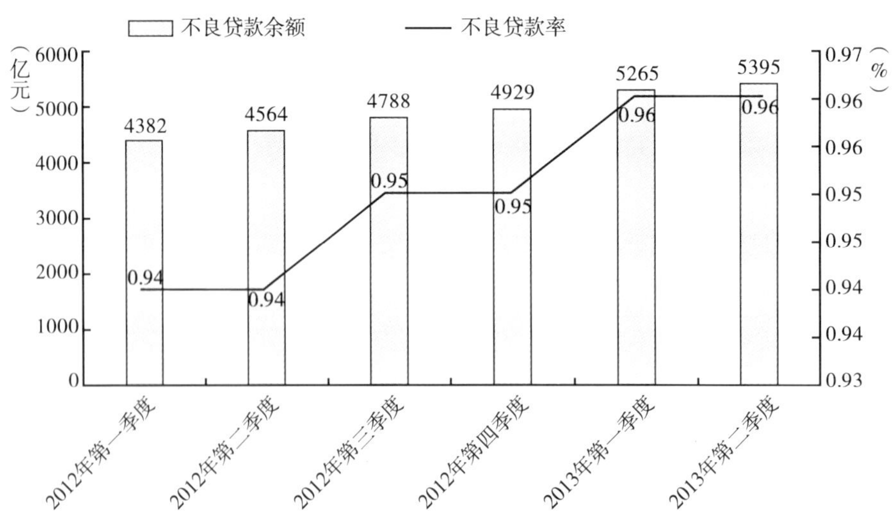

图1　商业银行不良贷款情况

资料来源：银监会。

据此前公布的各银行半年报，17 家上市银行中，除重庆农村商业银行数据不详外，其余银行 2013 年上半年均呈现不良双升态势，比第一季度不良双升银行数量又有增加。银监会公布的数据还显示，2013 年上半年，国内商业银行净利润为 7531 亿元，同比增长 13.83%，增速较上年银行业利润增速明显放缓。

2. 本轮银行不良贷款上升的特点

本轮银行不良贷款上升呈现“区域集聚、行业集群”特点，长三角地区、制造业和批发零售业为不良率上升主要区域和行业。2012 年工行在长三角地区的不良率从年初的 0.65% 升至 0.8%；农行、建行、交行、招商、中信、浦发和平安银行也都表示“长三角”是其不良贷款余额增长的主要区域，其中农行该地区不良贷款余额较上年末增加 48 亿元，建行该地区不良率由 1.31% 升至 1.97%，招商银行不良贷款增量的 69% 集中于此。

从行业上看，批发零售业和钢贸、光伏、造船等产能过剩行业，是银行不良贷款增长的高发行业。招行的企业贷款不良增量主要集中在制造业和批发零售业，占不良贷款总增量的 67%；浦发银行不良贷款存量八成以上来自批发零售业和制造业；农行制造业和批发零售业的不良贷款分别增加 54 亿元和 25 亿元；交行称不良贷款行业主要分布在批发和零售业，钢贸贷款和民间融资出现风险，使不良贷款明显增加。

商业银行中，农商行和股份制商业银行不良贷款余额上升明显，其中农商行连续 3 个季度不良贷款余额增长超过 50 亿元；股份制商业银行近 3 个季度不良贷款余额增量分别为 49 亿元、86 亿元和 54 亿元（见表 1）。

3. 不良贷款上升的原因分析

金融为实体经济服务，银行资产质量的变化与经济周期的波动呈高度正相关的关系，而从这种影响的作用时间来看，从经济增速见底到不良资产见底一般要有一定的滞后期。在经济处于下行趋势或增长放缓的情况下，商业银行的不良贷款通常会呈现增长的态势。国内经济增速自 2012 年以来明显放缓，2012 年 GDP 增长 7.8%，为 1999 年以来最低，也是最近 20 年来“倒数第二”的经济增长速度。与之相应，不良贷款和不良率均呈现反弹的趋势。从目前情况判断，我国经济增速已经于 2012 年第三季度见底，那么据此推断未来两年

表1　2012年不同类型商业银行不良贷款余额及变化情况

单位：亿元，%

季　度	大型商业银行			股份制商业银行		
	不良贷款余额	不良贷款环比增量	不良贷款环比增长率	不良贷款余额	不良贷款环比增量	不良贷款环比增长率
一季度	2994	—	—	608	—	—
二季度	3020	26	0.87	657	49	8.06
三季度	3070	50	1.66	743	86	13.09
四季度	3095	25	0.81	797	54	7.27
季　度	城市商业银行			农村商业银行		
	不良贷款余额	不良贷款环比增量	不良贷款环比增长率	不良贷款余额	不良贷款环比增量	不良贷款环比增长率
一季度	359	—	—	374	—	—
二季度	403	44	12.26	426	52	13.90
三季度	424	21	5.21	487	61	14.32
四季度	419	-5	-1.18	564	77	15.81

资料来源：银监会。

银行不良资产可能会继续有所暴露。预计在国际经济持续低迷和国内经济结构调整逐步深化的环境下，未来中国经济将很难重现过去两位数的高速增长，经济增速整体将趋缓趋稳①。伴随着经济增长的放缓，预计商业银行的不良贷款也会维持2012年以来增长的态势。

从银行的角度看，2012年前三季度所生成的部分逾期贷款仍列在正常类贷款中。定量估算，如果按照80%的不良转化率来处理2012年上半年生成的逾期贷款，会使得多数上市银行的不良率提高0.10~0.20个百分点，而对某些银行不良率的影响甚至可能超过了0.4个百分点。而从企业来看，与银行贷款质量有关的企业经营指标目前看来尚无明显好转的迹象，企业赢利和现金流对贷款利息的覆盖能力处于近年来的低位，亦支持上述判断。2013年初，中金公司发布的一份报告中称，未来商业银行不良贷款仍将持续增长，预计

① 2013年3月，温家宝在最新的政府工作报告中，将2013年GDP增长的预期目标设定为7.5%，这是继2012年增速目标首次“破8”调低至7.5%之后，第二年将目标设定为这一数值。

2013年仅上市银行新增不良贷款就将达到920亿元。

尽管房地产和融资平台贷款本轮未出现大规模坏账，但预计未来房地产贷款、政府融资平台和小微企业等特定领域贷款的走势仍将是决定商业银行中长期资产质量走势的关键因素，加上中小微企业等特定领域贷款未来面临的不确定性因素最多，均可能推动不良贷款余额的继续反弹。

（二）“影子银行”体系的不良资产现状

尽管国内对什么是“影子银行”没有统一的说法，但根据IMF的界定，“影子银行”主要包括非正式部门金融（典当行、小额贷款公司、民间借贷等)、私募股权（PE）和财富管理产品（WMP)。“影子银行”是一种能够提供信用转换、期限转换和流动性转换的金融中介形式，这一功能从本质上与商业银行等金融机构是一样的。在我国利率双轨制和信贷资源稀缺的现状下，“影子银行”正成为一个连接资本市场和存贷款市场的中介运作体系。

伴随着我国金融监管水平的提高，中国银行业的高风险贷款和不良资产正以空前的规模传导到以信托、券商和保险业为主的“影子银行”体系，大量银行到期不良贷款借道信托和券商实现了表外再融资。这也侧面说明，若没有“影子银行”体系的吸收，我国银行业的不良贷款率将远远高于当前的数据。

根据中国信托业协会的数据，2012年全国信托资产激增55%至7.5万亿元，券商受托银行资金规模增长5倍，至1.61万亿元。信托公司通过出售理财产品来募集资金并从银行购买不良贷款，这些理财产品往往作为高收益投资通过银行各营销网点被出售给了储户。从银行表内的情况来看，同业业务成为2012年以来“影子银行”增长的主要方向。根据《证券时报》2012年12月估计，我国“影子银行”的规模估计在25万亿元以上。截至2013年6月末，信托资产余额9.45万亿元，1~6月份环比增速从5.2%下降到0.44%。

由于缺乏对“影子银行”体系规模的数据统计，亦没有足够的关于“影子银行”体系质量和信用状况的数据，有多少不良贷款和高风险贷款借助“影子银行”体系被转嫁给资本市场投资者也不得而知，因此“影子银行”体系所承担的风险也难以预测。但可以肯定是信托、理财资金、离岸工具以及其他形式的非监管借贷占据了新增信贷的半壁江山，有近36%的贷款在我国银行贷款以外，而“影子银行”体系毫无透明度可言，贷款资金流向、贷款方和质押资产质量等都无从得知。这一方面说明，当银行不良贷款可以借道“影子银行”体系随意转移时，银行坏账的指标变得毫无价值，难以说明其不良资产的真实状况，另一方面也说明，目前尚处于监管真空中的“影子银行”体系正积聚着巨大的风险，一旦爆发，带来必将是数量难以小觑的不良资产。

2013年7月5日，国务院出台了《关于金融支持经济结构调整和转型升级的指导意见》，其中首次提到“严控房地产融资风险”，直接指向信托等“影子银行”的融资风险，用语严厉。也表明，“影子银行”体系或成未来不良资产重要来源。

二　不良资产市场的未来趋势分析

（一）商业银行不良贷款的未来趋势预测

1. 关注类贷款向不良转化可能性增加

关注类贷款是银行贷款五级分类中的灰色地带，其资产质量介于正常类贷款和不良贷款（次级类、可疑类和损失类）之间，关注类贷款的增加往往被视为不良贷款异动的预警。由于不良贷款指标与银行业绩、相关人员的绩效水平密切相关，银行内部出于业绩和考核的压力，可能会将一部分实质为不良的贷款反映在“关注”一类里。以浦发银行为例，该行2012年全年新增关注类贷款64.75亿元，但仅第四季度就新增了30.86亿元，占全年新增关注类贷款的近50%。有分析认为，浦发银行增加关注类贷款，有粉饰业绩的嫌疑，该笔关注类贷款很有可能在2013年集中爆发。截至2012年末，我国银行业金融机构关注类贷款余额近3万亿元，预计其中有相当大部分会转化为不良贷款。

2. 亟待改制或上市的城商行及农商行或将集中释放一部分不良资产

目前我国共有144家城商行和337家农商行，但仅有3家城商行和1家农商行实现上市，未来上市的空间较大。准备上市的银行为改善资产和财

务状况，满足监管要求，不可避免地要在上市前集中释放一部分不良资产。

3. 涉地方政府融资平台的不良贷款或将上升

有机构估计，截至2012年底，我国地方政府性债务余额不低于12万亿元。2013年“两会”期间，全国政协委员、审计署副审计长董大胜估计，目前各级政府总债务规模在15万亿~18万亿元。2013年1月巴克莱集团甚至发布报告认为当前中国政府的总负债占到GDP的97%。2013年6月国际货币基金组织指出中国政府债务占GDP比例，一年内激增40个百分点，已达50%。根据相关机构预测，2013~2015年为地方政府性债务偿债高峰期，其中2013年到期的平台贷款规模为1.22万亿元。与地方政府债务增加相对应，受近年房地产调控影响，以土地出让金为主的地方财政收入减少。债务的累积、土地出让收入的减少和偿债高峰的来临考验着地方政府的偿债能力，未来地方债务风险不容小觑。根据银监会数据，截至2013年6月末，平台贷款余额9.7万亿元，同比增速为6.2%，低于各项贷款平均增速9个百分点。统计数据显示，银行贷款占地方政府债务的80%左右，因此，地方政府性债务一旦出现风险，直接结果是银行系统资产质量的恶化。事实上地方政府性债务对银行资产质量的影响已经有所显现，根据英国《金融时报》的报道，在地方政府本应于2012年底前连本带息偿还的大约4万亿元人民币贷款中，各银行展延了至少3万亿元人民币。

（二）“影子银行”体系不良资产的走势分析

根据信托业协会的相关数据，2010年第一季度末，房地产信托余额仅2351.29亿元，2010年末增加到4323.68亿元，2011年6月末增加到6051.91亿元。此后，由于银监会加大监管力度，房地产信托快速增长的势头得到遏制，到2012年6月末为6751.49亿元。由于房地产信托产品的期限多为2年左右，以此测算，2011年新增的1700多亿元房地产信托中的大部分将在2013年兑付，加上2010年发行的2年期以上的信托产品，预计2013年将是房地产信托兑付的高峰期。

2013年以来，包括中信信托、中泰信托、安信信托在内的多家信托公司的房地产信托项目出现兑付危机，反映出房地产信托的兑付风险正在积聚。而

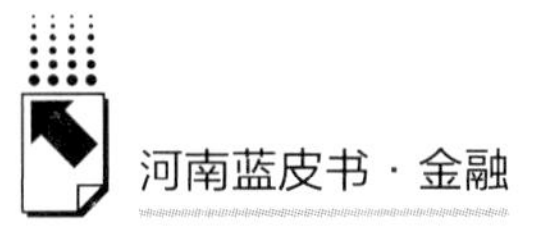

信托行业刚性兑付的潜规则使其很难通过“借新还旧”的方式延缓风险暴露，预计未来房地产信托类不良资产会有所增加。

三　不良资产增长对区域金融稳定的负面影响

不良资产占比过高一向是导致银行破产最重要的原因，根据国际货币基金组织的数据，自1980年以来，成员国因银行不良资产率过高引发的金融问题占各类金融问题的66%，因不良资产率过高引发的金融危机占金融危机总数的58%以上，这充分说明了不良资产增长的严重危害，商业银行和影子银行体系不良资产余额的持续增长势必对金融稳定产生极为不利的影响。中观分析，不良资产增长，对区域经济金融发展也将产生不利影响。

首先从银行视角看，体系不良资产率上升，将导致本区域各类经济实体面对的外部金融环境趋紧。第一，随着商业银行不良资产余额增加及不良资产率上升，银行的资产质量将受到严重影响，削弱其赢利能力，摊薄经营利润，面临较大经济资本压力；第一，不良资产余额增加还会直接导致银行偿付能力下降，甚至出现流动性紧张或流动性风险；第三，不良资产率过高将导致银行体系大量资金被沉淀，银行的资源配置效率将严重下降，从而制约银行的信贷能力，迫使其紧缩信贷政策，这将直接影响到区域经济的流动性获取，进而影响区域经济发展和金融稳定。

从区域经济实体视角看，由于银行不良资产的增加，部分贷款企业经营困难，难以按期还贷，这说明区域内经济实体面临的市场交易环境正在变差，产品销售和回款难度均增加。随着银行不良资产率上升，如果在经营核动力下银行收紧信贷政策，区域内经济实体获取贷款的难度将增加，即将其面临的金融环境变差。两种因素作用下，企业极易产生流动性危机，从而进一步推进不良资产余额再增加，使区域经济进入恶性循环。

从区域信用环境来看，不良资产增加将破坏区域信用环境，部分企业拖欠增加，会增加正常还款企业的信用成本，迫使其“理性”违约，从而形成区域性不良经营风气，恶化区域信用环境，破坏和瓦解区域经济的内在增长动力。

四 河南省的应对策略

不良资产问题不单纯是一个金融问题，也是一个经济和社会问题，因此为避免区域性不良资产增加对本区域经济金融发展的不利影响，需要综合布局。针对全国性不良资产增长，河南省可采取以下措施，维护区域金融稳定，发展区域经济。

（一）大力发展区域经济，提升区域经济发展水平

良好的区域经济状况使得域内企业面临较为宽松的市场经济环境和金融环境，从而获得较低的交易成本和资金成本，为维持这种低成本，他们更倾向于保持并不断改善交易习惯，这样不仅会使企业间的交易违约率较低，也将使银行的不良资产率维持在较低水平。而这种在良好区域经济环境中形成的行为习惯，并不会在区域经济发生轻微波动时轻易改变，从而降低银行不良资产发展与区域经济相关度。这种相关度的降低，有利于缓解区域经济下行时银行信贷政策的顺周期性，避免经济下行过程中，由于银行收紧信贷政策从而加剧经济下行风险。相对而言，区域经济发展水平较低的区域，不良资产发展与区域经济发展状况相关性较高。因此，河南省应因地制宜地大力发展区域经济，不断提升区域经济发展水平，降低不良资产发展与本地经济的相关度，提高本省经济抗冲击能力。

（二）营造和维护良好的区域经济环境，监控区域不良资产总量

研究发现，区域经济状况对不良资产形成有较大影响，区域内实体经济的经营环境越好，域内经济实体实现预期效益的可能性越大，偿债能力越强，对区域性不良资产增加有明显的抑制作用。反之区域经济状况越差，域内企业违约率越高，越容易助长企业间相互拖欠的习气，无力及时付款的企业，拖延逾期，有力及时付款的企业也受环境影响，降低按期付款意愿，从而进一步恶化区域经济环境，导致企业商账增加，银行不良贷款额度增长。因此，河南可结合对本省经济环境分析，运用综合手段，努力打造良好的区域性经济环境，适

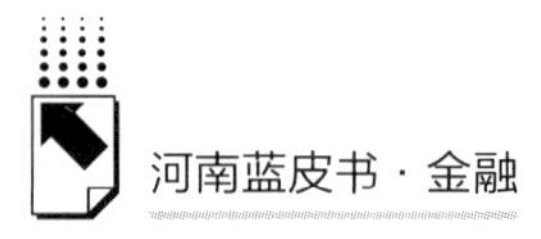

时掌握本省不良资产总体规模及分布状况，如本省不良资产余额出现异常升高或过度集中现象，则应及时采取措施，进行处置消化，避免对本省经济环境造成不利影响。

（三）打击逃废金融债务行为，营造良好信用环境

做好区域经济金融环境建设的同时，加强本省信用体系建设，利用媒体加强宣传力度，形成良好的舆论氛围，对恶性逃废债的行为，可通过适度曝光等措施予以打击。在全社会开展信用教育，培育本地信用文化，逐步建立起省域的信用监督机制，有效抑制逃废债务的投机心理。

（四）制定本省不良资产处置策略，鼓励问题企业并购重组

结合本省情况制定与本省经济发展相适应的不良资产处置策略，明确处置不良资产政策，明确责任及奖惩措施，消除地方保护主义。具体可通过与华融、信达、长城和东方等专业不良资产管理机构合作，推动本省已有不良资产处置工作，重建本地金融机构的活力。同时培育良好的司法环境，加大督办力度，提高办结案件的执行效率，支持不良资产处置变现。通过政府督导、聘用专业机构参与指导等，鼓励问题企业通过破产、并购、企业托管等多种方式进行资产债务重组，盘活资产。

B.22

农业科技创新基金的运行比较及河南启示

石 涛*

摘 要：

创新是一个国家发展的动力，农业科技创新成为世界各国发展农业的有效方式。当前河南省农业科技转化面临着发展的现实困境，急需农业科技创新基金的设立。本文将农业科技创新基金的组织形式及功能、运行管理方式等进行对比分析并结合实际提出了河南省农业科技创新基金的相关演化路径。

关键词：

农业科技创新基金　运行比较　河南启示

农业仍然是发展中国家的基础产业，农业科技创新是农业发展的关键因素。但作为高风险、低产出的行业，农业发展面临着资金约束问题，而农业科技创新基金的设立可以有效缓解农业科技创新不足，尤其是农业科技成果转化不足。在过去的20年里，科技创新基金的发展经历了两个阶段：一是科技创新基金的总量优化投资，二是将有限的资源通过优化机制分配到合适的行动中。其中对创新基金机制的研究引起了学术界的高度关注。公共基金一般出于两方面的目的：一是提高社会福利，二是最大化基金规模与收益，如何实现公共基金的收益最大化是农业科技创新基金运行的最大问题，本文将通过组织机构、运行模式的国际对比探索农业科技创新基金的运行模式。

* 石涛，河南省社会科学院金融与财贸研究所，经济学硕士；研究方向：区域经济、消费金融、农村金融。

河南省作为中国的国家粮食核心区，是农业大省，但不是农业强省，突出的问题就是农业产品的附加值不高，深层次原因就是农业科技创新不足。本文将结合河南省农业科技创新的现实，在借鉴国际国内农业科技创新基金运行模式的基础上，找出适合河南省农业科技创新基金的有效路径。

一 农业科技创新基金的国际比较

（一）农业科技创新基金运行的组织形态及功能

农业科技创新基金的设立需要主体支持，从现有国内外设立主体的结构来看，主要是以政府组织为主导、非政府组织为辅的格局。我们将以正式组织、非政府组织的结构来分析农业科技创新基金的设立主体。

1. 正式组织

正式组织主要包括政府组织、国家实验研究与推广计划署、研究机构和分支机构。一是政府组织，常见于玻利维亚、墨西哥、智力等国家，典型代表有SIBTA（Sistema Boliviano de Tecnología Agropecuaria），该组织旨在为科技创新工程以及本地农业信息共享计划工程提供资金，事实上，这个组织允许存在代理范围内的网络；“CORFO”（Corporación de Fomento de la Producción），主要是为引进国外农业科技提供资金支持。二是国家实验研究与推广计划署，常见于乌干达、印度等国，主要以农业推广项目以及国家农业咨询服务组织（NAADS）最为典型，该机构提供了雇用农民的基金以及培训私人机构作为创新经济人，并提供技术以及市场支持；印度的农业研究理事会的国家农业创新项目计划，主要资助的是围绕建立农业发展主题的合作联盟组织创新研究项目，以促进农业发展组织创新。三是研究机构和分支机构，典型代表主要有AGRONATURA科技池、CGIAR、国际畜牧研究机构等。AGRONATURA科技池是热带农业研发中心的资金资助来源，该组织包括了私企和其他研究机构，技术以及发展机构，并旨在建立农业发展纽带，为新的研究项目融资，并提高私人部门的研究程度，此外，该组织资助马铃薯产业链创新研究；CGIAR主要是扮演一个农业科技创新成果创新经济人的机构，是一个中介结构，承担农

业科技创新成果的转化，实现产学研一体化；国际畜牧研究机构主要由国际畜牧业协会设立，旨在研究并资助促进畜牧产业创新，推动全球畜牧业发展。

2. 非正式组织

非政府组织是农业科技创新基金组织的主体，国际典型的非正式组织包括：国家非政府组织、国际非政府组织、特别项目、国际捐赠机构、农民和行业组织、专家第三方组织、基于信息通信技术（ICT）的经纪商等。一是国家非政府组织，主要是由国家设立，但是不具有国家行政职能的公益组织，典型的有玻利维亚的“Pachamama Raym”，主要是为当地土著居民的农业发展提供网络经纪人；肯尼亚的农业非政府组织主要是帮助肯尼亚从原始农业过渡到出口园艺有机农业。二是国际非政府组织，较为典型的是国际发展企业组织、“PROLINNOVA”组织、拉丁美洲合作组织。其中，国际发展企业组织主要是在印度和孟加拉从事包装、低成本灌溉以及创新泵的管理；拉丁美洲合作组织，旨在促进拉丁美洲农业科技创新发展，推动当地农业现代化。三是特别项目，特别项目主要是国际组织设立的一些科研项目计划，典型的有玻利维亚的农业科技以及信息网络需求中介的创新工程项目、尼日利亚可可创新系统中的可可再生技术模仿了钢铁铸造技术项目，最为典型的是“Andhra Pradesh-Netherlands”项目，该项目旨在研究自资经纪人以及通过生物技术解决小农问题的发展项目。四是国际捐赠机构，主要是以丹麦发展机构、丹麦国际开发署、荷兰农业发展组织，此类机构在农业科技创新发展中主要承担的是经纪人的协调工作。五是农民和行业组织，该组织主要包括“Ceniflores”创新中心、非洲农民组织等。其中，“Ceniflores”创新中心由生产者协会设立，成为企业以及研究机构中间独立的经纪组织，提供需求以及信息平台；非洲农民组织旨在促进非洲农民加入农民组织，以及与其他组织进行交流，并将其连接到正式的农业研究和推广计划中。六是专家第三方组织，较为典型的是收购农业生物技术（ISAAA），该组织是一家非营利组织，旨在通过经纪人获得技术，并由私人组织和发达国家的研究机构持有协议。七是基于信息通信技术（ICT）的经纪商，该组织旨在推进农业市场的信息化程度，承担信息中间商的功能，典型的有印度的信息站，农户可以通过它获得关于牛的健康信息。

（二）农业科技创新基金的运作模式

为了促进农业科技创新发展，世界各国纷纷设立了农业科技创新基金，在不同的国家和地区，在经济发展水平的制约下，农业科技创新基金的运作模式也具有一定的差异性。资金来源及管理是农业科技创新基金运行的核心，我们以发展中国家、发达国家为类进行对比分析。

1. 发展中国家运行模式

发展中国家运行模式中，最为典型的是亚洲发展模式、美洲发展模式。一是亚洲发展模式，较为典型的是印度和越南的农业科技创新基金运行模式。从农业科技创新基金的资金来源看，印度农业科技基金的资金有50%是国家拨付的；越南成立国家科技发展基金全部或者部分以无偿资助以及无息或低息贷款的形式对科技创新项目进行资助，对于涉及农业良种的知识产权登记费用，基金提供最多100%的无偿援助。从农业科技创新基金的运行管理看，印度农业科技创新基金强化了对干旱地区农业发展的支出；印度的资金分配引入了竞争机制，提高了基金的使用效率。同时，加强了对农业知识产权的保护。越南的农业科技创新基金部分无偿资助主要针对国家科技发展计划外的试验生产项目和按规定由企业承担的符合科技优先发展方向的科研任务。此外，该基金还为科研工作提供无息或低息贷款，如对研究成果应用项目免征利息；对科技革新项目、侧重高科技、清洁技术和催生强竞争力产品的技术项目，基金提供低息贷款。二是美洲发展模式，较为典型的是阿根廷、巴西、智利、哥斯达黎加、萨尔瓦多、尼加拉瓜等国。从农业科技创新基金的资金来源看，阿根廷的农业科技创新基金严重依赖政府资助，少部分来源于私人募集以及自有资源；巴西农业研究公司的大部分资金来源于联邦政府以及一部分国营机构，另一种资金的来源，包括近些年来持续增加的内部资源，但是仍然只保持有限的比例；智利农业研究的费用大约一半是由政府提供的，其余部分由内部产生（主要通过种子售卖，实验服务以及与其他私营部门的合约出售）或者来自竞争性基金；哥斯达黎加的国家科技创新机构的资金大部分（2006年大约超过了75%）由国家拨付，其余部分来自国外资助或者国内资助，国家生物多样性研究机构的收入主要来源于与私营部门的合作；萨尔瓦多的农业和林业技术中心主要通过政府直接资助（2006 年达到 95% 以上），2006 年以后，大部分资金由国外资助，包括日本国家合作机构（JICA）、台湾、国际玉米和马铃薯改良中心（CIMMYT）、国际热带农业中心（CIAT）以及国际马铃薯中心，甘蔗和咖啡糖的研究资金主要来源于商品税；尼加拉瓜的农业发展研究资金依赖于资助和多边开发银行。近年来，该国的农业科技中心主要依赖于资助者（主要是来源于澳大利亚、加拿大、丹麦以及世界银行），同时该机构的研究计划高度依赖于这些资助。从农业科技创新基金的运行管理看，阿根廷的农业科技创新基金通过科技部和国家科学技术推广机构发放，所以很难精确预测国家农业创新技术转化机构、国家科技产业机构以及国家科技委员会收到多少资金，阿根廷的私人部门同样参与到国家财政与高等教育机构的研究融资中；巴西的农业科技创新基金通过竞争机制在联邦和州之间按比例进行分配；智利的农业科技创新基金主要是国家科技发展推广基金、国家技术与生产发展基金、农业创新基金、发展与创新基金以及渔业研究基金，这些基金从不同的方面支持农业科技的发展与转化，同时，都允许私人部门通过合作基金或者合作研究进入相关产业发展；哥斯达黎加的农业科技创新基金的运行主要是通过与私营企业以及国际组织的项目合作来分配的；萨尔瓦多的主要是通过资助农业发展项目进行分配；尼加拉瓜的农业发展研究资金资助本地和国外的农业研究项目，科学技术援助基金用于刺激竞争以及私人农业咨询服务。

2. 发达国家运行模式

从发达国家的农业科技创新基金的发展现状来看，欧洲和澳洲的农业科技创新基金较为典型。从农业科技创新基金的资金来源来看，澳大利亚每年投入大约 13 亿美元到农业科技研发之中，并且以每年 2.2% 的速度增长，2010 年财政预算中科学与创新预算达到 85.8 亿澳元，比上年增长了 25%。农业科技研发的主体是高等院校、联邦科学与工业研究组织（CSIRO）、政府组织、合作研究中心（CRCs）、私人部门。资金的来源主要是政府和私人部门。澳大利亚政府提出，未来 10 年将企业参与创新的比例提高 25%，通过商业化融资来提高中小企业的创新绩效，同时，加强与私营企业的合作增加风险资本供给。欧洲农业科技创新资金的来源主要是政府拨付与私营部门资助。从农业科技创新基金的运行管理来看，欧洲的农业科技创新基金主要是在政府和私营部分共同投资、共同管理的模式下进行的，政府对农业创新发展给予特殊的资金支持和减免税收等奖励，并合理利用科技研发的人力、物力与财力资源，进一步完善“欧洲企业网络”的作用，加快农业科技成果的转化。

（三）对比启示

从上文分析中，我们可以得出三点启示。一是农业科技创新基金的组织主体。大多数国家农业科技创新基金的组织体系是以政府为主导、市场为辅的组织结构为主的。农业是一个高投入、低产出，风险大、收益小、研发时间长的行业，资金投入其中存在很大的非系统性风险，尤其是研发风险、经营风险是企业不愿意承担的风险。而农业进步关乎国计民生，风险的承担必然落在政府头上，通过政府的扶持资助，有效规避市场性风险，可以激活研发的活力。因此，现阶段，农业科技创新基金的组织结构必须是以政府组织为主、非政府组织为辅的一种组织结构。二是农业科技创新基金的资金来源。农业的天然属性使大部分国家的财政拨付成为农业科技创新基金的主要来源，此外，国际粮食组织、世界银行、亚洲开发银行等国际金融组织的资助也是农业科技创新资金的重要来源，而企业的趋利性使得私营企业的资金只是农业科技创新基金资金来源的一部分。但是，随着国民生活水平的提高，现代化农业蕴藏着巨大的商机，农业科技创新必须由国家资助的比例可逐步调整，增加市场行为主体从事农业科技创新的资助比例，逐渐实现农业科技创新基金资金来源的市场化。三是农业科技创新基金的运行管理方式。基金的组织结构及资金的来源使政府成为农业科技创新基金管理的主体，在寻租普遍存在的情况下，这种管理模式不利于农业科技创新基金的运行管理。更为恰当的方式是大多数国家采取的，通过竞争机制，由政府与企业共同管理的运行方式。通过竞争，提高资金的运行效率；通过政府与企业的共同监管，有效规避寻租的程度，在二者相互监督的状态下，控制农业科技创新基金的非系统性风险。

二　河南省农业科技创新基金机制设计

作为农业大省，河南省农业发展取得了显著的成果，但在农业快速发展的

同时，农业现代化建设，尤其是农业科技创新转化方面还存在不匹配的问题，突出表现在：农业科技创新投入不足，农业科技创新体系尚不健全，科技转化率低等，其中，最核心的问题是农业科技创新没有真正的投融资平台，不能够通过资金的融通快速实现技术的转化，即使其变成生产力。因此，设立农业科技创新基金显得尤为必要。针对上述问题，在对国内外农业科技创新基金研究对比分析的基础上，将从基金募集、基金扶持、基金监管的三个路径进行深入的探讨。

（一）农业科技创新基金资金来源路径

农业科技的转化是一个系统的工程，在市场经济条件下，需要政府和市场的共同作为。通过对世界各国农业科技创新基金的比较分析，我们可知农业科技创新基金基本上是以政府为主导、市场为辅的资金来源模式，这主要基于两点考虑：一是农业本身就是一个风险性高的行业，农业科技的研发与转化必然存在一定的风险，需要政府的主导；二是在政府政策的指导下，市场的融资可以有效提高农业科技创新基金运行的效率。从这个分析来看，传统的基金募集的方式：一是政府的拨付，也即政府对农业科技项目的重要程度进行一次划分来进一步分级，确定扶持的力度（资金的大小）。二是企业以农业科技知识产权以及其他价值的注资。三是金融部门的融资，这主要是农业发展银行等政策性金融机构，以及像村镇银行等业务在农村地区的商业性银行进行投融资，再就是一些大型商业银行如中国农业银行的投资行为，以及世界银行等针对发展中国家的世界性银行组织的资金支持。四是积极引进风险投资，根据美国全美风险投资协会的定义，风险投资是由职业金融家投入新兴的、迅速发展的、具有巨大竞争潜力的企业中的一种权益资本。一方面我们可以积极运用产权交易中心的资源，将河南省丰富的农业科技资源以知识产权形式抵押出去，获取投资资金，像优质棉花、小麦等处于国内领先水平的种植、育种技术，我们可以对知识产权进行评估上市交易，获取项目资金；另一方面，对于风险投资的注入，可以让其通过直接投资，提供贷款或者贷款担保，再就是提供一部分贷款或担保资金同时投入一部分风险资本购买被投资企业的股权。五是民间金融组织，这主要是民间金融组织，以及国际正式以及非正式组织的资金支持等，也即政府为主导、市场为辅的基金募集路径。当前我国农业发展还处在较低水平，农业科技研发的风险较大，加之农业项目本身就是社会福利性行为，所以，也必须遵循上述传统募集路径。但是，在农业发展较强的时机，必须改变这种发展路径，改变农业科技研发与转化对政府的依赖，转变成为在政府政策范围内的市场供需发展模式，有效提高基金募集的效率，当然，这需要农业科技的研发具有一定的平稳性。

（二）农业科技创新基金扶持路径

农业作为国民经济的基础，对农业科技项目的研发与转化本身就具有一定社会福利性质。农业科技创新项目的福利性，要求农业科技创新基金在项目扶持的过程中要始终考虑项目本身的社会福利性，因为农业科技的转化可以有效解决民生问题。但是，由于受到当前我国农业科技发展水平低的约束，我们必须要追求企业效益最大化，也即必须有效完成科技创新项目的研发与转化，因此，我们必须坚持效率优先的原则，在涉及民生的农业科技项目中我们必须坚持社会福利最大化的原则，对具有商业性质的农业科技项目，如粮食深加工、葡萄等深加工等项目，我们要坚持商业价值最大化的原则，这主要是因为：一是最大化的商业价值可以激发企业的研发动力以及农户的种植热情；二是对于非民生项目的支持符合“经济人”的理性假设，可以有效增加农业的资金积累，不断提高农业科技创新研发的能力。我们可以预期，农业科技创新基金的扶持路径为：先期扶持创收性高的农业科技，以刺激进一步科技研发，在农业科技创新发展到一定程度时，在社会福利最大化的前提下，进行农业科技创新项目的扶持。

（三）农业科技创新基金监管路径

农业科技创新基金的设立必须加强对其的监管。农业科技创新基金监管的主要目的有：一是提高资金的使用效率和流通效率；二是防止信息不对称情况下，资金使用的负外部性；三是防止资金的扶持偏离了政策方向。目前，河南省农业科技创新基金使用过程中出现的问题不外乎资金发放不到位、资金被挪用以及使用方向不对三个方面，传统的监管模式为：政府和基金管理部门加强

对农业科技创新项目的审批的监管；在项目的实施过程中，加强对资金的财务和审计的监管。这种监管模式降低了资金的使用效率，没有很好地防止负外部性的发生，因此，结合国外农业科技创新基金监管模式，河南省农业科技创新基金的监管路径应该是：首先，设立农业科技创新的相关法例条文，使农业科技创新基金的运行有法可依；其次，在政府和基金部门的监管下保持农业科技项目的政策方向；再次，创新监管方式，要充分运用现代财务管理的方法，对基金规划资金采取基金委员会专库直接拨付，实行专人、专账、专户管理，网上公开，“一卡通”直达等“组合拳”式的管理措施规范资金运行。同时，通过制定相关农业专项资金报账管理的政策，规范农业科技创新基金资金使用的行为；最后，加强对农业科技项目相关人员的激励机制的设计，以防止负外部性的发生。

参考文献

Adeoti, J. O. , & Olubamiwa, O. , Towards an Innovation System in the Traditional Sector: The Case of the Nigerian Cocoa Industry, *Science and Public Policy*, 2009, 36 (1), 15 –31.

Agricultural Education and Extension, 13 (1), 7 –22.

BENOR D, HARRISON JQ, BAXTER M, Agricultural Extension: The Training and Visit System, Washington D. C. , World Bank, 1977.

杜娟:《基于 DEA 模型的我国农业科技创新投入产出分析》,《科技进步与对策》2013 年第 8 期。

李梅兰:《金融支持农业科技创新的模式与路径探讨》,《农村经济》2013 年第 5 期。

郭新明:《金融需要大力支持农业科技创新和现代农业发展》,《西部金融》2012 年第 1 期。

韩长赋:《加快推进农业科技创新与推广》,《求是》2012 年第 5 期。

B BLUE BOOK . 23

IPO 解禁后河南省资本市场发展的分析和展望

徐 可*

摘 要：

由于外部环境的变化，河南资本市场具有潜在优势，集聚了巨大的势能。IPO 解禁有助于将这种势能转换为动能，促进河南省上市公司与区域经济的共同成长。在这一过程中，资本重组与产业结构、经济区划与产业布局、公司治理与民企发展、技术创新与金融创新等方面统筹考虑、相互结合，才能够完成这一庞大的系统工程。政府在其中起到了关键的引导与助推作用；同时资本市场外部环境的维护也对政府职能提出了更高的要求。

关键词：

IPO 解禁　资本市场　区域经济　政府职能

2013 年 11 月 30 日，中国证监会在发布《关于进一步推进新股发行体制改革的意见》时，宣称 IPO 已过会企业共有 83 家，预计到 2014 年 1 月底会有 50 家企业陆续上市。IPO 开闸的消息立刻引起社会的剧烈反响。而在这次 83 家名单中，河南省只有一家过会企业，即牧原食品。众所周知，河南的上市公司的规模与全省经济发展水平不相称，资本市场容量与全省经济总量不相称。表现为：一是作为人口、资源、经济大省，河南 GDP 在 2012 年就达到 29810 亿元，占全国经济总量的 6%，而上市公司的规模却只占全国的 3%，远远不

* 徐可，黄河科技学院经济研究所副所长，经济学博士、博士后，副教授；研究方向：资本市场与区域经济发展。

能满足河南经济发展对资本市场的巨大需求；二是从区域上市公司市值与GDP 比值衡量的经济证券化指标来看，全国经济证券化率已经超过 100%，而河南省只有 12%，差距明显。三是从绝对数量看，河南境内 66 家上市公司流通股票总市值刚刚超过 4000 亿元，仅列全国第 13 位，目前河南省没有 1 家市值上千亿的上市公司，市值超过百亿的上市公司也只有 9 家，大多数公司的市值在 50 亿元以下；四是河南上市公司数量和规模不仅远远落后于广东、上海、浙江等经济发达地区，即使与中部地区相邻的湖北、山东、安徽等省份相比也有不小差距。

那么，河南资本市场是不是死水微澜，在这次 IPO 重启的机遇下，面对公布的 83 家过会企业榜单以及证监会释放出的改革信号，河南省又处于何种境况，面临哪些机遇，应该做出何种解读，采取什么应对措施呢？

一　河南省资本市场的后发优势

尽管河南省的资本市场还相对滞后，尽管这次上榜只有一家河南企业，但实际上近几年来河南省资本市场仍在稳健发展，并且逐步显现其后发优势，表现在以下三个方面。

（一）社会经济的宏观环境与市场条件近年来出现了有利的变化

当前，工业消费品、资本品、农副业品以及劳动力工资的比价关系出现了明显变化，资源、农产品以及劳动力价格普遍持续上升趋势明显，且呈现不可逆的历史趋势。从短期看，这会加剧通货膨胀的风险，提高恩格尔系数；但是从长期看，对农业大省、人口大省与资源大省的河南来说，市场环境与外部条件出现了历史性的有利变化。

（二）东部沿海地区“腾笼换鸟”与产业内迁，为河南省带来了转型发展的机遇

安徽省早已启动了“皖江城市群承接东部沿海地区产业转移示范区”的项目，如今产业转移延伸到了纵深的中原腹地。近年来，河南省传统优势产业

的总体规模继续扩大，相对优势与后发优势开始显现，上市的龙头企业拉动效应较大。上市公司较为集中的资源加工型行业，就抓住了这次沿海地区产业转迁的机遇。例如，河南省目前煤炭加工转化能力居全国首位，食品工业仅次于山东位居全国第二，装备制造业转型升级趋势明显，铝精深加工的产业链条已经形成。由于河南省内部的经济发展水平与产业结构也不均衡，因此，这些优势产业在河南省内部的辐射作用也会逐渐强化。

（三）中部地区的政府较为强势，政府在“划桨”和“掌舵”两方面职能兼而有之

政府在促进地方经济发展的“锦标赛”中表现出强大的推动力。近年来，各级政府意识到上市公司对地方经济的重要性，积极统筹推动企业改制及上市。例如，自2009年重启IPO至今，全河南省成功上市42家企业，达到同时段全国上市公司102家的40%；甚至出现过同一天两家河南企业上市的井喷现象。以好想你、通达电缆、西泵股份为代表的一大批细分行业佼佼者脱颖而出，在全国资本市场已初步形成了具有影响力的“河南板块”。

（四）由于河南省经济规模大，有历史积累与沉淀，河南省上市后备资源较为丰富

截至目前，河南省有上市后备企业250多家，已过会待发行上市公司2家，已上报在审公司20家，已备案辅导公司20家，中原证券IPO申请材料已获中国证监会受理。2012年是河南省上市公司并购重组、再融资最为活跃的一年，河南省上市公司实现资产注入和再融资共计434.56亿元，比2011年增长153.14%。当年在全国新股发行节奏明显放缓的情况下，河南省新增境内上市公司3家，募集资金46.09亿元。这种势头正在持续下去。目前，河南省共有境内上市公司66家，上市公司总市值4027.69亿元，比2011年增长了14.4%；证券化率为13.4%，比2011年提高了0.5%，就其增速来讲在全国也是最快的。

总之，近年来河南省新增境内外上市公司家数、上市公司融资额、首发上市重点后备企业数量均超过历史最高水平，呈现明显的后发优势。2013年以

来，河南省上市公司的成长较快。美国《财富》杂志公布了 2013 年中国 500 强排行榜，河南省 14 家上市企业入选。该排行榜注重分析企业的长期赢利能力、增长潜力、资源利用效率，具有一定的权威性，为河南企业的长期可持续发展提供了一定的参考依据。

二　利用资本市场支持河南经济发展的路径选择

既然河南省的产业发展、资本市场与企业成长都具有较强的后发优势，那么这次 IPO 重启所发出的信号必然能够对河南板块激发出更大的信心与期望。毋庸置疑，河南省上市公司还存在许多结构性的短板，例如，从产业结构上看，上市企业主要分布于制造业、资源性行业、食品行业等；而上市公司中第三产业，包括文化、旅游企业数量较少。从资源依赖上看，河南上市公司尚未摆脱传统的资源依赖；同时，作为农业大省，涉农企业上市的推进力度还不够。从空间分布上看，在河南现有的 66 家上市公司，地域分布很不均衡，有 1/3 的上市公司聚集在省会郑州，有的地市（如鹤壁）还没有一家上市公司。而这一切都需要在区域经济与资本市场相互促进的发展过程中做出进一步优化与调整。2013 年 11 月 21 日，谢伏瞻省长对中小板、创业板的上市工作给予批示，敦促河南省金融办、国资委、发改委、工信厅等部门认真研究如何更好地利用资本市场，促进河南省经济提升竞争力。实现资本市场与区域经济的深度融入是一项庞大的社会经济的系统工程，需要做好以下“六个结合”而层层推进。

（一）资产重组与产业调整相结合

2013 年 11 月 23 日，国家发改委、工信部、证监会等 12 个部委联合发布了《关于加快推进重点行业企业兼并重组的指导意见》，又一次释放出积极信号，要求汽车零部件、电解铝以及农业产业化等龙头企业充分利用资本市场兼并重组，进一步加快资源要素的集聚效应，提高资源配置效率，调整优化产业结构，尽快培育出具有国际竞争力的大企业、大集团。

众所周知，河南省有六大传统优势产业：食品、有色金属、化工、汽车及零部件制造、装备制造、纺织服装。从2006~2011年的工业附加值增速来看，汽车零部件制造业年均增长率高达38.53%，其次是纺织服装、装备制造、食品、有色金属；而化工的增长率最低，只有19.03%。可见，河南省的传统优势产业已经出现了较快的调整与升级。因此，借这次IPO开闸机会，河南省要顺应产业变动的形势，通过指导企业兼并重组来促进上市公司的培育与成长；同时还要通过上市公司的发展来调整产业结构，使企业的资产重组、产业的升级换代与区域的经济发展相互融合。从整体来说，结合中原经济区建设中的产业政策，充分发挥河南农业大省的农产品资源优势，积极推动优势的农林牧渔类企业上市；优化第二产业的内部结构，重点支持汽车零部件、食品加工、煤化工、装备制造行业等优势企业上市；加快第三产业的发展，整合河南省历史文化资源，推动具有河南特色的文化旅游、文化传媒产业的发展，争取公司上市。

（二）经济区划与产业布局相结合

从河南省上市公司的空间分布来看，郑州、洛阳占据了1/3以上的比重，而鹤壁还没有一家上市公司，开封、周口仅有一家上市公司。因此，社会舆论普遍认为，要优化上市公司的空间布局，就要对豫北、豫西南、黄淮地区上市公司的空白区给予重点扶持。其实，这种用行政区划取代经济区划的思维模式是要不得的。

当前上市公司的空间布局，首先要符合郑州航空港与中原经济区建设的总体规划，继续发挥郑州与洛阳的“双核心”的集聚与辐射作用。其次，还要考虑到上市公司的空间分布与当前河南省产业集聚区的相互影响与叠加效应，充分发挥上市公司的规模经济与集聚效应，避免产业按照行政区划均衡分布而带来的产能过剩、同业竞争、重复建设等弊端。

毋庸讳言，河南省产业集聚区几乎遍布了每个县，分布过于均衡。由于招商引资的过度竞争，地域之间的相对优势不明显，趋同化严重。因此，上市公司的重新布局，有助于打破这种均衡，在更高层次上发挥产业集聚效应。另外，通过上市公司在经济地理上的分布，还可以兼顾中原经济区与其他经济规划区的相互衔接、吸纳与辐射。例如，永城作为豫东的核心城市要对接以徐州

为核心的淮海经济区；南阳可以对接武汉经济圈；等等。通过调研也能够发现，这两地的上市公司具有显著的省外影响力。

（三）公司治理与民企发展相结合

从这次 IPO 榜单的 83 家企业的所有制性质来看，它们大多是从家族企业自我积累发展而来的科技类股份公司。这对河南省企业的公司治理带来不少反思。河南省主板不少是国企改制而来，应该继续通过改组、重组、联合、引进战略投资者的方式来完善公司治理，包括经营管理、内部控制、风险防范以及激励机制等内容。

目前，降低民间资本的投资门槛，实行“负面清单”，取消行业限制，促进公平竞争的宏观政策陆续出台，成为当前经济新政的突出亮点。这是对中小型民企的重大利好消息。我们在推动国有大中型企业和实力雄厚的民营企业在主板上市的同时，还应充分利用创业板和中小企业板块的融资机遇，推进中小型民企的股份制和规范运作改造，制定相关的配套政策，进行上市培育。目前，河南省民营经济有着较快增长。在 2013 年河南民营企业 100 强名单中，许昌市共有 8 家企业入围，其中 3 家企业进入前 10 强，成为入围 TOP10 最多的省辖市。而许昌市也借上市公司实现了区域经济的快速增长，仅仅在长葛市就有 2 家上市公司，长葛市也由此成为县域经济的新亮点。而我们在助推公司上市之际，也要针对不同公司的不同规模、不同治理结构的特征，引入它们之间的体制性竞争，形成“制度外溢”，营造出正向的制度性外部经济，促进河南省公司之间的相互学习与模仿，促进河南省公司治理水平的提高，提升河南省企业的整体竞争力。

（四）技术创新与金融创新相结合

从这次 IPO 榜单的 83 家企业的注册名称来看，大多数是科技公司。众所周知，技术创新离不开金融支持，创新却又具有高风险性。而金融行业从偏好上讲又是风险厌恶者，在当前的金融业务中往往是锦上添花的多，雪中送炭的少。

对创新的激励与对创新失败的救济应该是一枚硬币的两面，甚至可以说，对创新失败的救济比创新成功的激励更重要。因为创新的动机源于人类的好奇心与凡勃伦所谓的“工艺的本能”，而创新成功的条件却是多次试错。当前，河南省科技类公司的R&D投入总量相对偏低，金融创新体系还远远达不到现实的要求。因此，政府应加紧建立风险投资机制和融资担保体系，系统地解决企业创业和技术创新过程中的融资难问题。具体方式可以通过参股和提供融资担保等方式引导社会资金流向创业风险投资企业，并且加大对处于起步期的创业企业的金融支持力度，完善企业自主创新的贷款风险补偿机制和担保基金。而这些举措的实施需要进一步放宽对商业银行的管制，不断深化金融改革。在当前，不仅要实行利率的市场化浮动，更要引导商业银行的差异化竞争，开展对自主创新企业提供个性化、差别化、多层次的金融支持体系，促进商业银行在企业自主创新中发挥积极作用，形成技术创新与金融创新的良性反馈，实现技术创新与金融创新的正向激励。

（五）辛勤诚信与资本理念相结合

从这次IPO榜单的83家企业领袖的资历上看，其特征是学历高、年龄低，不少人具有资本市场的丰富历练。这提示我们河南资本市场的滞后或许与企业家精神中资本理念的缺失密切相关。

众所周知，中原文化积淀深厚，风俗淳朴。第一代企业家群体往往是从农村的能工巧匠、致富能手不断积累而来，或是从城市的下岗工人、下海干部、专业军人等“体制外”转型而来。依靠辛勤劳动积累而成长起来的企业家往往被打上“勤劳、诚信”的性格标签，这已然成为豫商恪守的原则。因此，中原企业家精神特征是天道酬勤、重义轻利，并具有浓郁的乡土观念；但由于市场发育相对较晚，第一代中原企业家对市场算计的理性与契约精神的培育不足，对资本运作的理念还没有充分认知与认同。例如，长垣有起重机械、卫材、防腐等全国瞩目的产业集群，但却没有一家上市公司。这些企业最初是在较为偏僻、贫困的脑里、三张寨等地发展起来的，长垣企业家凭借早期的艰苦创业，克服了区位与交通的劣势，创造了今日辉煌。但另一方面，他们早期积累而形成的经验与认知往往在一定程度上又阻碍了资本运作的理念形成。据调查，不少长垣企业家认为“有多少钱，办多少事”、“无债一身轻”，不愿承担

更多的市场风险，也不愿引入战略投资者而受制于人，这在一定程度上阻碍了长垣产业集群更深远的发展。

（六）人才引进与人才培养相结合

从这次 IPO 榜单的 83 家企业的地理分布上看，公司注册地大多是经济发达的都市，总部经济特征明显，除了金融优势以外，还彰显了其信息优势与人才优势。

河南省高端人才匮乏一直是制约经济发展的瓶颈。河南省高校的数量与质量、本科生的毛入学率，都远低于全国平均水平。另一方面，河南省又是人才输出大省，孔雀东南飞的格局尚未根本扭转。如何将人才引进与人才培养相结合，促进科技转化率，提升企业竞争力？一个便捷有效的做法是利用上市公司、产业集聚区与高等院校来设置院士工作站、博士后工作站，通过这两种途径将技术创新与人才引进、人才培育相结合。

河南省博士后工作站的发展较为迅速。例如许继、宇通在 2000 年以前就设置了博士后工作站，产学研的成果转化率在当时达到较高水平。目前，河南省博士后工作站已经达到 104 个，但在上市公司的博士后工作站才有 15 家。河南省院士工作站也达到 42 个，2013 年 11 月 29 日，河南省新型复合材料院士工作站落户开封大学，实现了全省高职院校院士工作站零的突破，但是河南省在上市公司设置的院士工作站才有 3 家。因此，河南省上市公司应积极通过设置博士后、院士工作站这种“不求我有，但为我用”的人才策略，迅速弥补人才短板。各级政府也应该通过这种方式为河南省打造人才高地；同时结合河南省区域性金融中心、市场与物流中心的建设，以人才建设为抓手，为形成河南省的总部经济创造各种有利条件。

三　未来河南政府部门对资本市场管理职能的转变

这次中国证监会《关于进一步推进新股发行体制改革的意见》不仅重启新股发行，还宣布了 IPO 的审批核准制向注册制过渡。这被认为是中国证监会贯彻十八届三中全会关于金融体制改革决定的重要举措，必然带来政府职能与

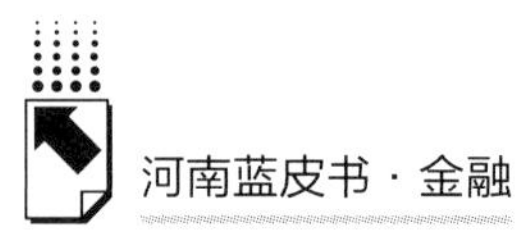

市场机制的深刻调整。

河南证监局对此做出了积极反应。2013 年 12 月，河南证监局党委书记、局长刘青松同志在南阳市调研时指出：IPO 制度的变化方向是“宽进严管”，今后将更加强调信息披露的真实性及其法律责任，对信息披露违法违规行为的处罚会更加严厉。同时，证监局也将实施“大监管、大稽查、大执法”的格局建设。这种“大格局”首先体现在证监会、各级政府、司法部门、行业协会之间的互动，在河南省已经初现端倪。首先，在证监会和地方政府的互动方面，2013 年，河南省证监局陆续与 18 个省辖市政府签署了《加强合作促进资本市场规范发展备忘录》，明确了上市资源培育、资本市场诚信与法治建设、资本市场风险防范和化解、推进多层次资本市场建设与支持金融创新等五个方面的合作内容。其次，在证监会与司法部门的互动方面，2013 年 9 月 6 日，河南省证监局与省高级人民法院联合出台了《河南省高级人民法院中国证监会河南监管局关于加强协作推动河南资本市场健康稳定发展的意见》。该《意见》旨在促进法院和金融监管部门在更大范围、更多层次加强合作，共同为建成规范、诚信、优质、充满活力的河南资本市场发挥积极作用。再次，在证监会与行业协会的互动方面，2013 年 7 月 4 日以来，河南省证监局指导河南省上市公司协会组织开展了“河南上市公司诚信公约阳光行”系列活动。目前已有千余名投资者、新闻媒体的代表现场参加了 22 站、43 家上市公司的阳光行活动，社会反响巨大。这些举措开创了监管部门、地方政府、司法部门、行业协会相互合作的大格局，反映了政府职能与资本市场关系调整的新方向，那就是：加强各部门之间的沟通协调、相互统筹，致力于资本市场的环境建设。

如前所述，与市场经济发达成熟的上海、江浙、广东等地不同，河南省各级政府部门兼具了“掌舵”与“划船”的双重职能，通过经济规划、产业政策、财税政策、金融政策、土地政策等强力措施，在上市公司培育与区域经济发展方面起到了重大作用。前述的“六个结合”中，都少不了政策的引导与政府的助推，也只有这样才能够充分发挥河南资本市场的后发优势，实现赶超。与此同时，各级政府还要注重健康的资本市场环境的培育与维护，逐渐完成从“运动员”到“裁判员”的转型。这实际上是对政府的职能提出了更高

的要求，可谓任重道远。

当前，政府职能与资本市场的变化应尽快充分调整与适应，尽快完成磨合期，使得各级政府、各个部门之间政策连贯，形成合力。当务之急是对诚信的维护与对违规行为的打击。一方面形成和维护健康的资本市场；另一方面还要不遗余力，从宏观管理者的角度，积极推动河南优质企业上市和并购重组再融资，促进产业整合和行业升级，服务河南发展方式转变和经济转型升级，完成中原经济区和郑州航空港经济综合实验区建设。

参考文献

史鉴：《IPO 新政解读》，《股市动态分析》2004 年第 51 期。

武文：《解读“IPO”新政——IPO 蓄势待发》，《长三角》2006 年第 6 期。

杨青：《守望 IPO 改革审批制能否变注册制》，《法制博览（中旬刊）》2012 年第 1 期。

闽商：《突围中小企业 IPO“堰塞湖”》，《福建轻纺》2013 年第 7 期。

区 域 篇

Report on Regional Subjects

B.24

加快郑州区域性金融中心建设研究

陈 萍*

摘 要：

金融业已日益成为经济发展的主要推动力，郑州区域性中心建设也是推动郑州乃至河南发展的重要手段。郑州已具备建设区域性金融中心的经济基础和金融基础，但建设中还存在诸如金融业态不完善，资本市场发育不良，金融生态环境不良等诸多问题，因此郑州区域性金融中心建设还要在以下几方面作出努力：健全金融机构体系，建设金融后台服务中心，提升期货业影响力，健全资本市场。

关键词：

区域性金融中心 集聚 金融业

* 陈萍，河南省社会科学院助理研究员，经济学硕士。

一　郑州区域性金融中心建设的紧迫性

在市场经济大发展的今天，金融业已然成为经济发展的主要推动力量。要想加快经济发展，必须发挥金融在资源配置中的重要作用，必须加快金融业的发展。金融业增加值占 GDP 的比重，是衡量一个地区金融业发展水平最重要的指标。按照国际通行看法，支柱产业占 GDP 的比重需达到 5%。通过近 10 年的发展，金融业已经成为不少地方的支柱性产业。2013 年北京市金融业实现增加值 2822.1 亿元，同比增长 11%，占地区生产总值的比重为 14.5%，对地方经济增长的贡献率为 19.8%。2013 年上海金融业实现增加值 2823.29 亿元，同比增长 13.7%，占地区生产总值的 13.1%。2013 年广州金融业实现增加值 1146 亿元，占地区生产总值的比重达 7.43%。2013 年深圳金融业增加值预计达到 2000 亿元，占全市 GDP 比重近 14%。与发达地区相比，2013 年，郑州市金融业增加值 487.41 亿元，同比增长 14.2%，占全市生产总值的比重达 7.9%。就这个比重而言，郑州市金融业发展的总体规模还较小，与一些发达地区的差距还非常大，但增速居全市 17 个行业增幅首位，高于全市 GDP 增速 16.6 个百分点。从金融业增加值占地区生产总值的比重来看，金融业也已经成为郑州市的支柱产业，但相比发达地区，金融业由于规模还小，对经济的拉动作用还不够。可以说，相比发达地区，郑州金融业的发展还非常紧迫，区域性金融中心建设也要加快推进。也是在这样的背景下，2011 年 10 月在《关于河南省加快建设中原经济区的指导意见》（以下简称《意见》）中指出要加快推进郑州区域性金融中心建设，支持郑州开展服务业综合改革试点。2012 年上半年，在区域性金融中心的基础上，郑州又提出建设郑东新区金融集聚核心功能区，全面提升金融业的发展。中原经济区的建设需要有一个能够被广泛认同的区域金融支撑构架，建设郑州区域性金融中心对推动中原经济区经济和社会的发展意义重大。

二　郑州区域性金融中心建设的基础条件

区域性金融中心是指金融机构集聚、金融市场发达、金融信息传递畅通、金融服务高效、金融功能齐全的地区。金融集聚区之所以能够推动当地经济发展，是因为空间要素聚集所带来的市场效率的提高，因为聚集导致市场空间范围内的经济活动主体之间的经济联系增多，市场需求增大，同时市场供给能力也增强。各类金融主体在空间上的聚集，使具有内在经济联系的金融主体之间的空间距离拉近，在发生经济联系或进行交易的时候节约时间和交易费用。

经济基础和金融基础是区域性金融中心形成和发展的重要条件。金融业是服务实体经济的，它的发展也需要实体经济作为支撑，区域实体经济的发展才是金融集聚形成的基础，这主要表现为区域经济的发展为金融集聚发展提供供给，经济发展也意味着投资、消费和贸易规模的扩大，而每一个经济行为的发生都对资金产生新的需求。从这种意义上讲，区域经济对资金的供给和需求，才是金融发展、金融集聚的动力。金融基础指在金融业发展中起到直接作用的金融要素，包括金融机构、金融市场、金融人才、金融制度四个方面。金融基础为金融集聚提供要素安排，只有具备这两个条件，区域性金融中心建设才有依托，发展才具有可持续性。正因为区域性金融中心的建设对地区经济发展的意义重大，全国许多城市都计划建设区域性金融中心，以凸显金融业在经济发展中的拉动作用，郑州也在此时提出建设区域性金融中心，适应中原经济区建设的新要求，加快推进河南经济升级版建设。同时，郑州具备建设区域性金融中心的经济基础、区位和配套基础和相应的金融基础。

（一）雄厚的经济基础

2013 年，河南全省国民生产总值 32155.86 亿元，比上年增长 9.0%，居全国省辖市第五位，稳居中部六省之首。其中第一产业实现增加值 4058.98 亿元，第二产业 17806.39 亿元，增长 10.0%，第三产业 10290.49 亿元，增长 8.8%。可以说，全省已经进入工业化加速发展的新阶段。作为河南省的省会，郑州既是河南的政治中心，也是经济中心，郑州的经济发展也是河南整个经济发展的坚强支撑。2012 年郑州名列全国 288 个地级以上城市第 20 位，全国 35 个大中城市第 16 位，全国 27 个省会城市第 8 位。郑州统计局统计数据显示，2013 年郑州生产总值达到 6202 亿元，相较 2012 年在全国的经济发展程度又有较大幅度提升。2013 年 3 月 7 日，郑州航空港经济综合实验区发展规划获

国务院正式批复，这是全国第一个上升为国家战略的航空港经济发展先行区。航空港经济综合实验区的建设也必将带来各种要素的集聚与扩散，加快经济的发展，日益增强的经济实力将使郑州金融市场的融资需求更为旺盛，必将为建设郑州区域金融中心提供强大支撑，同时也为郑州地区经济金融发展创造较大的空间。

（二）优越的区位和配套服务

郑州处在承东启西、联南贯北的战略部位，区位优势十分明显，处于国家公路、铁路大动脉和通信网络的中枢地位，形成了完备的“五纵五横”、“双十字交叉”铁路网。郑州北站是中部地区货物列车的大型编组站，而郑州东站是全国最重要的铁路客货中转站，郑州站则是全国铁路特等客运站。郑州货物周转量约占全国货物周转量的31%，旅客周转量约占全国旅客周转量的41%。航空运输方面，郑州新郑国际机场通航城市有46个，有8家航空公司开辟航线43条，每周航班640架次，是全国八大铁路枢纽和八大区域性枢纽机场之一。在金融服务基础设施配置上，河南的多项支付清算系统建设日趋完善，境内外币支付系统、大小额支付系统和网银跨行支付清算系统均已开通，并已成为当地经济发展的重要推动力量。在此基础上，郑州以国家交通通信主枢纽、国家区域经济金融物流商贸中心为新的发展定位，这必将为各种生产要素的流动、集聚和区域性金融中心的建设提供更为有利的条件。

（三）初具规模的金融市场

金融市场是资金融通的市场，包括货币市场和资本市场，以银行、保险机构、证券为主体，金融市场对个人财富、企业的经营效率等经济活动都有着深刻的影响。目前，经过多年的努力，郑州的金融市场在基础设施、交易规模、金融主体种类和金融人才建设等方面均取得了长足的进步，基本形成了功能比较完备的现代金融组织体系。2012年郑州全市金融机构各项存款余额10448.3亿元，其中城乡居民储蓄存款余额3845.5亿元，金融机构各项贷款余额6794.1亿元，金融市场初具规模。

（四）与日俱增的金融机构

郑州市的金融机构发展迅速，银行、证券公司、期货业、保险公司、信托机构等一应俱全，一些新兴金融业态如基金公司、担保公司、产权交易等更是蓬勃兴起，初步建成了运行稳健的金融服务体系。河南银监局统计数据显示，截至 2013 年 10 月，郑州市银行业金融机构中政策性银行 2 家、大型全国性商业银行 5 家、股份制商业银行 10 家、区域性中小型商业银行 9 家、邮储银行 1 家、外资银行 3 家，而且这些银行的分行网点遍布市区各个角落。另外，信托公司 2 家，财务公司 3 家，证券、期货类企业 40 家，省级保险公司分公司 20 家，基金及基金管理公司 20 家，融资租赁公司 4 家，其他投资担保公司或者小额贷款公司有近 40 家。

三　郑州区域性金融中心建设存在的问题

总体来看，金融业对河南经济社会发展的支撑作用逐步增强，但由于各种原因，河南的金融业态发展缓慢、滞后，金融占生产总值的比重偏低，金融生态环境较差，资本市场发育不全，直接融资发展滞后等。

（一）金融业态有待创新

郑州市金融机构体系仍以传统金融机构为主，缺少全国性的金融机构，新兴的业态如产业投资基金、小额贷款公司等还极不健全，信托投资公司、财务公司、金融租赁公司、信用担保机构等规模均较小，市场影响力有限。郑州长期以来缺乏股权融资交易市场，严重依赖上海和深圳的交易所。郑州目前只有两家有影响的信托公司，分别是百瑞信托和中原信托，这两家信托公司相较全国其他信托公司规模都较小，2012 年两家信托公司托管资金合计 1535 亿元，但与全国大的信托公司相比数额甚小，比如中融信托一家的托管资金额就有 2994 亿元，几乎相当于郑州两家信托公司的 2 倍。在其他金融服务上，比如租赁业，几乎一片空白，只有极少量的汽车和工程租赁，保险业也都是大的保险公司在郑州设立的分公司，几乎没有本土的保险公司。同时，也缺少区

域性信贷审批中心。这也导致金融机构在信贷权限、业务审批等方面的自主权受到影响。当前金融机构参与度较高的区域性票据市场尚未形成。在金融配套服务上，融资担保、法律、会计、评估、金融数据备份等还不成熟或存在空白。

（二）金融生态环境建设有待提高

金融生态环境是指与金融相关的法律制度、行政管理体制、社会诚信状况、会计与审计准则、中介服务体系、企业的发展状况及银企关系等方面的内容，可概括为金融人才环境和金融商业环境。一般来讲，在国际上比较发达的区域性金融中心，从事金融业的人口占总人口的比重要超过 10%。而 2012 年，郑州市金融业从业人员总数为 4.5 万人，占总人口（郑州市常住人口数按 866 万人计算）的比重为 0.5%。以上述标准，郑州距离区域性金融中心还有一段距离。金融生态环境一般分为金融人才环境和金融商业环境。由于郑州市开放型经济发展稍显落后，直接影响了郑州的金融环境和人才环境，外向型人才欠缺，与国际接轨的金融服务和金融管理落后，因此入驻的外资银行数量也不多。截至 2013 年 12 月仅有 3 家，而且其中渣打银行也是 2013 年 11 月 26 号刚刚入驻，而与郑州区位相当的武汉有 6 家。同时，近几年，郑州企业逃废债的现象也比较严重，多家商业银行下调了河南的评级指标，金融生态环境建设的落后直接影响了区域金融中心建设，应该高度重视金融生态环境建设。

（三）资本市场有待优化

资本市场上直接融资和间接融资的比例关系，反映了一国的金融机构和两种金融方式对实体经济的支持和贡献程度。直接融资一般通过资本市场实现，市场是配置金融的中心；而间接融资主要通过商业银行实现，银行是配置金融资产的核心。由于河南自身资本市场发育不完全，很多在资本市场上解决的融资不能完成，以至资金需求者都转向了间接融资市场，经过资本市场 10 多年的发展，河南整个呈现以间接融资为主的企业融资结构，直接融资比重过小已经严重制约企业发展。

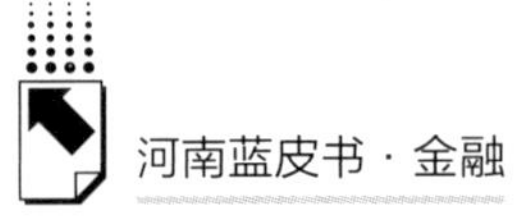

四　郑州区域性金融中心建设的对策建议

（一）健全金融机构体系

郑州区域性金融中心建设要快速完善金融机构体系，除了强化银行业的功能外，要组建本土保险公司、本土股份制银行及其他具有独立法人的金融机构。同时，要加快期货、债券、股票等资本市场建设，完善多层次的资本市场坐标系；改组大型企业，使其顺利上市。对已上市公司要通过资本市场并购重组，全面提高融资功能，做大做强企业；同时提高法人证券机构数量，增强其综合竞争力和市场辐射能力，使得资本市场充分发挥作用，在金融核心集聚区建设中真正为经济社会发展服务。

（二）建设金融后台服务中心

金融后台服务中心是与金融机构直接经营活动（即前台）相对分离，并为其提供服务和支撑的功能模块和业务部门。金融后台服务中心通过整合、处理信息，可以充分有效地利用公共信息资源，更好地服务金融创新，服务金融机构经营决策，支持前台业务发展。可以说，金融后台服务中心，集合较高的人才资源、技术资源、信息资源，为金融业的发展搭建一个市场平台，提高资源配置效率。金融后台服务中心建设就是要加快建设金融数据中心、金融研发中心、金融信息备份中心、金融培训中心、金融档案管理中心、金融客服中心等，更好地为金融业的和谐发展服务。

（三）提升期货业影响力

期货市场在宏观经济中有助于争夺国际定价权，锁定生产成本，实现预期利润，利用期货价格信号，组织安排现货生产，期货市场拓展现货销售和采购渠道。郑州区域性金融中心建设中，一定要借助郑州商品交易所的作用提升期货业的影响力。郑州商品交易所是全国首家期货市场试点单位，目前在国内已经有很大的影响，深入研究大宗农产品交易期货，借助河南作为农业大省的优

势，增强商品交易所在国际上的地位，建立农产品价格中心，以便更好地服务国家区域性产权交易中心建设，提高期货业的整体影响力。

（四）健全资本市场

在市场经济条件下，企业的需求多种多样，包括市场化的融资方式、快速充实企业资本金、借助资本市场进行风险管理、以股权文化服务现代公司治理等，只有多层次的资本市场体系才能满足各种企业形态的需求。因此，郑州区域性金融中心建设亟须发展多层次的资本市场。在交易所建设中，要大力推动主板市场、创业板市场、新三板市场，区域性股权市场也应纳入资本市场体系，以便更好地服务中小企业发展。规范股票市场和债权市场，丰富直接融资的金融工具，推进优先股和资产证券化，推进私募基金市场发展。在信息披露方面，要加强监管，保护中心投资者合法权益，披露信息及时完整，对违法违规行为进行严惩，健全赔偿机制。

B.25 焦作市金融业发展情况报告

抄顺利*

摘　要：

当前焦作市正处于建设中原经济区经济转型示范市的关键时期，金融业作为服务地方经济的一项内容显得尤为重要，如何进一步扩大融资规模、优化金融环境、增强金融服务能力已成为地方政府迫切需要探讨和研究的问题。本文以焦作市为例，阐述了焦作市金融业的发展现状及对地方经济的支持情况，总结了地方政府在金融业发展中的一些基本经验，并提出了下一步开展工作的几点建议。

关键词：

金融　经济　服务

一　焦作市金融业发展现状

近年来，在市委、市政府的正确领导下，我们紧紧围绕全市建设中原经济区经济转型示范市发展目标，锐意进取、扎实工作，强化协调服务，优化创新工作思路，采取一系列积极有效的措施，指导协调各金融机构进一步完善金融服务，创新金融产品，切实增强对实体经济的支持力度，金融业运行稳中向好。

（一）基本情况

截至2013年10月底，全市共有银行业金融机构17家（其中，全国性大

---

* 抄顺利，焦作市金融办科长。

型商业银行6家、全国性中小型银行4家、中资区域性中小型银行2家、村镇银行4家、农村信用社1家），各类保险公司36家（其中，产险公司18家、寿险公司18家），证券营业部7家，上市公司8家（其中，主板3家、中小企业板3家、创业板1家、境外1家），小额贷款公司9家，典当行9家，担保公司40家（其中，第二次审批通过8家），国有市属投资公司5家（焦作市投资集团有限公司、河南新时代交通发展集团有限公司、焦作市南水北调建设发展有限公司、焦作市公共住房建设投资有限公司、焦作市工业投资集团有限公司）。

截至2013年10月底，全市金融机构本外币各项存款余额为1137.12亿元，比2008年底增加581亿元，增长104.5%。本外币各项贷款余额755.71亿元，比2008年底增加412.13亿元，增长120%。全市各类保险公司至10月底，实现保费收入39.58亿元，赔付支出10.6亿元。利用资本市场融资总额293377.8万元。其中，通过基金市场融资23166万元，通过产（股）权市场融资6606万元，通过资本市场运作融资215235万元，通过信托市场融资23000万元，通过其他市场融资25370.8万元。辖区证券营业部累计实现股票交易额411.49亿元，开户数累计155944户。

（二）金融业对焦作市经济的支持情况

1. 金融体系日趋完善，为经济社会发展搭建多样化金融平台

近年来，焦作市加大金融招商力度，大力引进各类金融机构入驻焦作，有力地推进了金融业建设发展。2009年以来，焦作市先后有4家股份制银行入驻，4家村镇银行成功开业，5家企业实现境内外上市，8家保险公司设立分支机构，5家证券期货公司在焦作设立营业部，并根据焦作实际，整合有效资源，组建了焦作市投资集团有限公司等五大投融资公司。目前，全市拥有银行业金融机构共16家、证券公司7家、保险公司36家、小额贷款公司9家、典当行9家。初步形成了一个以银行业为龙头，证券、保险、基金、信托、担保、租赁、农村新兴金融组织等协调发展的多业态、多层次、多元化的金融市场体系。

2. 信贷规模增长迅速，为经济社会发展提供资金保障

全市银行业金融机构不断加大信贷投放的力度，优化信贷结构，创新金融产品，提升金融服务，先后开展了“银行家进企业”、“产业集聚区金融服务

专项行动”、“焦作市农林水服务业项目银企对接和项目融资辅导会”等活动，加强了重点项目与资金的及时对接。2012年7月19日，焦作市又在郑州成功举办了“金融支持焦作建设中原经济区经济转型示范市战略合作暨银企对接项目签约仪式”，获得各省级银行对焦作市3～5年的中长期授信800亿元。共签约银企对接项目717个，金额245.12亿元。2013年，全市本外币各项存款余额1137.12亿元，较2008年底增加581亿元，增幅达104.2%。本外币各项贷款余额755.71亿元，较2008年底增加412.13亿元，增幅达120%。目前，焦作市已基本形成了由全国性大型银行、中小型银行、区域性中小型银行、农村信用社多种银行业机构共同发展的格局，整体运行稳中向好。

3. 企业上市全面突破，为经济社会发展拓宽融资渠道

2009年以来，焦作市新增上市公司5家，其中，国内4家（多氟多、中原内配、新开源、佰利联），境外1家（大通化工在澳大利亚证券交易所挂牌），2家上市公司实现再融资，5家上市公司共实现首次公开发行募集资金32.26亿元。截至目前，焦作市共有上市公司8家，上市公司数量居全省第3位，利用资本市场直接融资达152.35亿元，募集资金总额居全省前列，彻底化解了企业在发展过程中的资金瓶颈问题。

近年来，焦作市按照“上市一批，申报一批，储备一批，培育一批”的工作原则，建立了企业上市预备队，不断加强对上市后备企业的分类指导工作，已基本形成“分层有序、梯次推进”的良好上市格局，目前，焦作市已确定28家重点上市后备企业。其中，恒昌贵金属已在德国注册了九福来恒昌再生资源德国公司，公司正在进行各项上市准备工作，已完成国内有关审批程序，争取尽快在德国法兰克福德意志国际证券交易所上市。永威防火IPO材料已报中国证监会审核。已有11家企业与券商签订保荐协议（制动器、中轴集团、尚宇新能源、森雨饮品、卓立烫印、云台山旅游、多尔克斯、科瑞森、鑫诚耐火、江河纸业、兴发化工）。同时，抓住机遇，加快推进中小企业在“新三板”挂牌融资，截至10月31日与中介机构签订“新三板”挂牌辅导协议的共有26家，上市和“新三板”挂牌后备企业达到46家，为焦作市进入多层次资本市场实现更大跨越奠定了基础。

4. 保险市场发展平稳，为经济社会发展提供了有效保障

全市有各类保险公司36家，其中：财险公司18家、寿险公司18家。全市各类保险公司保费收入39.58亿元，赔付支出10.67亿元。大力发展农民合作社配套保险，有效防范农民合作社发展经营过程中遇到的各类风险，保障全市农民合作社的持续健康发展；推行农村住房保险、食品安全责任保险、自然灾害公众责任保险、火灾公众责任险等民生保险，完善各项安全应急保障机制，维护社会和谐稳定，推进社会进步；开展城乡居民大病保险，满足多样化的健康需求，对维护广大人民群众健康权益，促进医改持续深化具有重要意义。通过加强与安监、教育、交通等部门协作，进一步提高了保险参与社会管理水平。校园方责任险已覆盖735所学校31万余名学生，承运人责任险已覆盖83家企业，为企业提供风险保险约127.88亿元。积极服务焦作市的重点企业发展，共为全市重点企业提供保险保障426.7亿元。积极开展农业保险，承保小麦、玉米农作物保险301.32万亩，为广大农户提供农业生产经营风险保障近10亿元，累计处理各类农险赔案400件，支付农业保险赔款1230万元，待处理保险案件赔款800万元，在化解农业生产风险、增加农业收入方面发挥了积极作用。

5. 金融创新成效明显，服务实体经济能力持续提升

金融创新是金融业发展的关键所在，只有不断创新，金融业才能持续发展。一是不断创新融资工具，利用短期融资券、公司债、定向增发、融资租赁等金融创新产品，提高企业再融资能力。近几年，焦作万方和多氟多公司通过短期融资券实现融资9亿元，焦作万方发行8亿元公司债，大地传媒、焦作万方、中原内配通过定向增发实现融资37.1亿元。二是尝试发行“区域集优”中小企业集合票据。主动与中债增信公司、人行郑州中支等单位沟通争取，使焦作市成为全省首批开展“区域集优”发行工作的四个试点城市之一。首批“区域集优”中小企业集合票据已确定两家企业发行9000万元规模，主承销银行已通过总行立项，各相关中介机构正在进行尽职调查。三是探索建立焦作市中小企业流资过渡基金。制定下发了《焦作市中小企业流资过渡基金实施意见》和《焦作市中小企业流资过渡基金实施细则》，与工业投资集团共同设立中小企业流资过渡基金，为科瑞森、金山化工、森雨饮品、东方海纳等14

家企业累计提供39次共约7.5亿元的资金支持，有效支持了焦作市工业企业的发展。四是创新集聚区企业担保方式。中信银行、光大银行分别与博爱、孟州、武陟三家县（市）合作发起设立种子基金，有效解决了集聚区内中小企业融资过程中的担保难题。探索建立了焦作市科技型中小企业信贷风险补偿专项资金，加快高新技术企业发展和产业结构转型升级，缓解了科技型中小企业贷款困难。五是积极开展农村金融综合创新试点。按照省政府探索建立农村金融综合创新试点县的各项要求，我们通过扎实工作努力争取，在全省已确立的10家农村金融综合创新试点中，焦作市共有沁阳市、武陟县两家被纳入试验区，成为全省唯一拥有两个试点县的地市。

6. 金融环境不断优化，区域金融大局保持稳定

一是高度重视金融生态环境的打造，坚决打击恶意逃废债务行为，制定一系列优化金融生态的政策措施。2012年，共帮助焦作市5家县（市）区农信社清收不良贷款3282万元，置换优质资产25512.32万元。帮助7家银行化解11笔共6.2亿元的风险贷款。有效化解金融风险，为焦作市打造金融生态环境先进市奠定了坚实的基础。2013年以来，焦作市公安机关新立案17起，涉案金额11.23亿元，涉案人员10265人，累计立案42起，涉案金额18.34亿元，涉案人员14697人，依法逮捕、刑拘处置犯罪嫌疑人98人，有效震慑了犯罪分子，遏制了非法集资情况在焦作市的高发势头，保证了金融市场的稳定。二是按照“坚决稳妥，依法依规”及“处置与维稳并重”的原则，认真做好焦作市打击和处置非法集资工作。先后出台《焦作市处置非法集资工作联席会议制度》、《焦作市处置非法集资工作机制》等七项工作制度。强化宣传，正面引导，加强对非法集资广告的审查和管理，净化了宣传舆论市场，加大对投融资公司的警示教育工作。迅速、稳妥地处置重点案件，保护了广大人民群众的切身利益，维护了焦作市金融、经济和社会的大局稳定。三是以创建“河南省优秀金融生态环境县（区）”为切入点，在全市范围内全面推开金融生态环境创建工作。2012年，焦作市沁阳、博爱、武陟三家获“全省优秀金融生态县（市）”，中站区、山阳区、马村区获“全省优秀金融生态区”，解放区获“全省良好金融生态区”。此次评选焦作市总体优秀比例占60%，良好比例占40%，居全省排名第二，仅次于郑州市。

二 焦作市政府支持金融业发展的基本经验

（一）积极主动引导，增强对金融发展的推动力

金融是经济发展的第一推动力。在加快金融业发展方面，焦作市充分发挥政府的引导作用，引导金融业在正常的轨道上快速发展。一是思想上引导。市政府把金融业放在全市战略性新兴产业的首要位置，放在实现“率先走在中原经济区前列”奋斗目标的有力保障位置，使全市上下认识到“金融活则经济兴，经济兴则人民富，人民富则社会稳”，形成全市上下高度重视金融业发展，全力支持金融发展的浓厚发展氛围。二是组织上引导。2009 年成立了焦作市人民政府金融工作办公室，一正三副，编制 11 人，各县、市（区）也都相应成立了金融办，形成了全市上下统一的金融机构。同时，市政府成立了金融工作领导小组、企业上市工作领导小组，市政府主要领导任组长，各相关单位负责人为成员，建立了工作推进机制，全力服务金融业发展。三是平台上引导。焦作市不断创新工作思路，积极探索银企合作新模式，针对中小企业贷款难问题，搭建贷款平台、管理平台、担保平台。组建了焦作市中小企业担保公司和五大投融资公司，各县（市）区也依托产业集聚区建立了各种融资担保平台，为企业融资和项目建设提供资金保障。

（二）加大政策扶持，增强对金融业发展的保障力

近年来，市政府先后出台了《焦作市人民政府关于加快中心城区金融业发展的实施意见》、《关于培育和推进企业上市的若干意见》、《关于加快企业上市步伐、打造上市企业群体的意见》和《焦作市人民政府关于大力扶持担保机构发展的意见》等一系列扶持企业上市和金融业发展的政策，突出扩大政策覆盖面和消除企业上市顾虑，支持范围更广、力度更大，扶持服务措施更贴近企业需求。在土地、资金、项目、审批手续等多个方面为企业上市提供优惠措施和便利条件，在工业结构调整资金、国债项目财政贴息资金等各类政策性资金安排及申报国家高新技术产业化项目等方面，向符合条件的重点上市后备企业倾

斜，为企业改制上市提供了金融、财税、土地等各方面的“保姆式”服务。对新上市企业给予重奖，如佰利联上市成功后，获得了市、县两级200万元的奖励。在鼓励域外银行机构在焦作市设立分支机构方面，在协调营业网点布局、完善中小企业担保体系、不良贷款清收以及开设相关代理资格等方面给予支持。

（三）扎实有效服务，增强金融发展的结合力

一是为金融机构服务。随着企业数量的扩大和规模的扩张，企业的融资需求在不断的增长，各银行为适应业务发展需要也开发了很多新的融资产品，如何使企业第一时间了解银行的新产品、新服务？近年来，市政府金融办每年都要有计划地组织企业进行融资培训辅导，并协助有关企业组织新产品推介。为使企业更全面地了地解银行的融资产品，市政府把焦作市所有金融机构的金融产品进行了汇总并编制成光碟，免费发送到全市企业。同时，市政府金融办、人行、银监局、发改委、项目办等部门建立了长期沟通机制，将企业项目资金需求和企业流动资金需求情况，及时推荐给各金融机构，使各金融机构了解全市各行业资金需求情况，有的放矢，提高工作效率。组织了“银行家进行企业”活动，组织全市所有银行的主副行长和公司部经理深入全市六县（市）四区企业进行现场办公，“点对点”解决信贷投放中存在的问题，解决了一批企业融资中存在的问题，收到了很好效果。

二是为企业上市服务。开展“四个一”服务。即一企一团队，从市金融办、市直有关部门、上市相关企业选出专门人员组成上市服务团队，到重点拟上市后备企业开展面对面上市服务；一企一策，根据上市后备企业的基本情况和上市进度，制定不同的帮扶措施，进行个性化培育；一企一议，企业在改制上市过程中遇到需要政府相关部门协调解决的问题时，由市领导召开专题会议具体解决；一企一书，结合资本市场的新形势、新发展、新变化，及时收集整理最新的政策法规、培训材料和市场动态信息，编撰企业上市工作参阅材料，供企业参考。构建信息化服务网络，以信息化手段建立“三库一平台”，即企业上市规范性文件库、证券中介机构信息库、企业上市后备资源库和企业上市咨询平台。以“三库一平台”为载体，实现信息互联互通，为企业上市提供咨询服务。市政府专门组织人员对企业上市过程中普遍存在的问题进行梳理、

归纳和研究，本着“减轻企业负担，有利企业上市”的原则，集中研究出台针对性强、操作性强的政策措施。据初步统计，2012 年以来，焦作市为企业上市解决涉及土地、房产、环评、安评、产权、股权、行政收费等方面的问题 50 余个，企业满意率 100%。

三是为金融环境服务。市政府高度重视金融生态环境的打造，全力为金融生态环境搞好服务，制定了一系列优化金融生态的政策措施，建立了公、检、法等部门联动工作机制，坚决打击逃废债行为。

（四）严格考核奖惩，增强金融发展的活跃力

建立对银行的考核激励机制。2009 年，市政府出台了《焦作市银行业机构增加信贷投放支持经济发展奖励办法》，每年依据各家银行新增贷款数量、新增存贷比等指标，对各家企业进行了考核，并根据考核结果进行了奖励。2011 年、2012 年分别奖励银行 100 万元。2011 年，市政府又出台了《焦作市财政专项资金存放银行业机构改革办法》，根据各银行贷款总量、增量、服务等指标的考核结果，对财政专项资金存放办法进行了改革，把财政资金向对焦作支持力度大、服务效果好的银行倾斜，引导各银行加大在焦作的投放力度。同时，焦作市每季度都召开金融运行分析会，通报各银行信贷投放目标完成情况，各银行信贷放在全市及全省系统内的排序，激发银行增加信贷投放的积极性。

（五）做好风险防范，增强金融生态环境的生命力

扎实推进金融生态环境优化是保障金融业步入良性发展轨道的一项长期性、基础性工作，因此要强化打击和处置非法集资工作的组织领导，制定完善打击和处置非法集资工作的机制。完善市、县（区）两级“疏堵并举、防治结合”的综合治理长效工作机制；深化宣传教育工作，把《焦作市防范和打击非法集资宣传教育工作计划和实施方案（2012 ~ 2015 年）》落到实处，把宣传教育工作贯彻始终；按照主（监）管单位“谁审批、谁监管、谁负责”的原则，建立自上而下的行业监管责任制体系，确保责任落实到单位，落实到人；提高案件的办案效率，增强震慑效应。

虽然焦作市的金融工作取得了较好成绩，但仍然存在一些困难和问题，中

小企业融资难问题还没有得到根本解决，企业上市步伐还不够快，金融生态环境还需进一步优化。在下一步工作中，焦作市将进一步加大工作力度，采取强力措施，狠抓金融业发展，为振兴焦作经济、实现率先走在中原经济区前列做出积极贡献。

三　焦作市金融业发展的政策性建议

（一）进一步强化政策落实措施，加快企业上市步伐，打造上市群体

认真落实市政府《关于培育和推进企业上市的若干意见》和《关于加快企业上市步伐、打造上市企业群体的意见》。充分认识企业上市的重要意义，抢抓发展机遇，加大工作力度，通过制定更加优惠的政策、营造更加宽松的环境、提供更加优质的服务等措施，充分调动企业上市的积极性，引导推动企业上市工作。支持业绩优良的上市公司增发股票，实现再融资，扩大企业在资本市场的直接融资比例。积极运用债券融资方式，增加企业债券和短期融资券发行规模。稳步推动资产证券化，促进企业融资方式多样化。进一步开放投融资市场，积极拓展多元化的融资渠道，逐步由高度依赖间接融资向直接融资和间接融资并举的方式转变。

（二）进一步加快地方性金融机构改革，拓宽金融业发展领域

采取所得税返还、租金财政性补贴、设立风险补偿基金等措施，积极推动股权投资基金、信托投资、金融租赁、期货经营机构、财务公司和基金管理公司等新型金融机构的建立，鼓励支持大型资产管理公司在焦作市开展业务。着力推进地方金融机构改革，加快地方性金融机构尽快做大做强，鼓励发展多种所有制金融企业。支持焦作商业银行继续拓展经营规模和业务创新，在各县（市）区实现分支机构全覆盖，鼓励商业银行引入民间资本和战略投资者，进一步提高资本充足率，加快完善法人治理结构和内控体系；加快深化农村信用社产权制度和管理体制改革，完成组建农村商业银行，发挥服务“三农”的主力军作用；争取尽早在六县（市）全部设立村镇银行。

（三）进一步发展金融中介服务机构，健全中小企业信用担保体系

金融中介服务是金融核心业务的有益补充。大力发展会计与审计服务、法律服务、资产评估、资信评级、经纪公司、投资咨询、理财服务等金融中介机构。适度引进资信较强的信用评级公司、创业投资服务公司等金融中介服务机构。全面落实《焦作市人民政府关于大力扶持担保机构发展的指导意见》。进一步采取措施解决制约担保机构与银行合作中存在的障碍，充分发挥担保机构在解决中小企业贷款难中的积极作用。着力改善中小企业融资担保的制度环境和信用环境，促进商业银行与担保机构之间建立风险共担机制，鼓励各类投资者参与组建中小企业信用担保机构。按照“政策性导向、市场化运作、公司化管理”的运行模式，不以营利为目的，而是为本市各类中小企业信用担保机构提供增信和分险服务。通过与担保机构开展项目再担保、授信再担保、增信再担保、联保再担保等再担保业务，引导信用担保机构重点面向中小企业领域，积极从事面向农业、高技术产业、文化创意产业等具有较强政策性的担保业务，完善信用担保体系，促进中小企业发展。

（四）进一步提升服务金融水平能力，营造良好的金融发展环境

加强和完善市、区（县）金融服务机构和金融功能区工作机构，进一步增强政府服务金融发展的能力。落实《关于加强金融生态环境建设促进金融产业做强做大的意见》，为金融业发展提供制度保证，适时出台有关设立、引进新型金融机构的激励办法，制定奖励、财政补贴、荣誉激励、倾斜性服务等多种优惠政策，支持金融业发展，尽快和中央商务区规划编制对接，把金融商务区融入中央商务区。引导金融机构区域性聚集，提高金融资源的综合效应，营造公平公正的执法环境。加强对金融改革发展的研究，扩大与国内经济、金融研究部门的交流与合作，建立金融专家咨询委员会，切实加强对焦作市金融业改革发展前瞻性研究。

（五）进一步维护金融安全及稳定，建立区域金融稳定增长的长效机制

加强金融法治环境建设，健全社会信用体系，按照“诚信焦作”建设的

要求，加快建立和完善企业、个人征信系统，扩大企业和个人信用信息入库面，逐步完善企业和个人信用评价制度。遵循国际通行的基本金融监管规则，逐步对金融机构实行强制信息披露制度，提高金融机构和企业信用信息披露的公信力。加大政府资源整合力度，统筹协调，建立服务机制，搭建服务平台，为焦作市金融机构提供便捷、高效、全面的服务。建立金融联合维权机制，实施联合惩戒与制裁，加大金融案件执行力度，严厉打击逃废金融债务、恶意套取银行贷款和骗保的行为；严厉打击非法集资等各种金融犯罪行为，依法取缔非法金融机构和非法金融业务活动。正确引导规范民间融资，维护金融市场秩序，营造公开、合规、有序的市场氛围，形成各类金融机构公平参与市场竞争的良好环境。进一步强化金融机构的风险识别和监测评估体系建设，有效防范信用风险、市场风险和操作风险。强化各监督管理部门的内部工作机制，加强风险管理和风险控制体系建设，提高风险监管能力。完善维护金融稳定工作框架，加强中国人民银行、各监管部门以及政府部门间的沟通协调，建立金融风险监督控制和预警体系，加强金融风险的前瞻性分析研究，及时发现重大金融风险的苗头，建立健全金融突发公共事件应急处置机制，形成及时、高效的金融风险处置机制。

（六）进一步加大金融人才引进力度，优化金融人才发展环境

完善引进和培养金融人才的激励机制，建立“金融人才培育库”，研究吸引金融人才并促进其在焦作发展的政策措施，着重加大对金融高端人才、金融急需人才的吸引聚集力度。搭建金融人才服务平台，设立金融人才服务中心，为金融人才在焦作聚集和发展提供良好的就业、创业、培训、生活等全方位服务。

参考文献

王大威、杨贺田：《西部金融业发展的现状问题与建议》，《银行家》2013 年第 5 期。

姚萍、金之叶：《中国金融业发展现状及创新》，《现代商业》2013 年第 15 期。

高敏：《河南金融业发展中的问题与战略重点》，《金融理论与实践》2008 年第 9 期。

B.26

周口市金融服务实体经济发展报告

冯 涛*

摘 要：

周口市坚持经济与金融共荣发展的和谐理念，把金融作为一个重要的产业来培育扶持，纳入全市经济社会整体产业规划，促使金融产业做大做强。周口市金融业已经实现了质的提升。下一步，周口将重点解决存贷比偏低、直接融资比偏低等微观金融效率低的问题，构建高效的多元融资体系，引导金融服务实体经济。

关键词：

金融发展　实体经济　周口市

曾几何时，周口金融业与地方经济“两张皮”现象十分严重，金融业处于低谷，经济发展严重缺血，金融业发展和经济社会发展脱钩。在严峻的形势面前，周口市委、市政府主要领导清醒地认识到，要想给周口经济社会发展持续不断地注入活力、积蓄后劲，就必须让金融业走上健康发展之路。于是，近几年周口实施“金融新政”，摒弃将金融作为“钱袋子”的狭隘思想，树立经济与金融共荣发展的和谐理念，推动金融业实现全方位的提升。

一 周口市金融业发展基本情况

“金融新政”的推行，已经成为周口金融发展过程的重要里程碑。金融新政实施前后，周口金融业呈现明显不同的特征。

* 冯涛，周口市政府金融办主任。

2007年，周口市金融发展仍旧十分滞后，金融业与地方经济“两张皮”现象十分严重，金融业处于低谷，主要表现：首先，被省金融机构列为“金融高风险区”。金融生态环境的恶性循环让周口市中小企业面临流资压力，举步维艰。金融机构在周口谈“贷”色变，辖区4家国有商业银行信贷权限向省分行集中，有的甚至上收至总行，信贷投放极度萎缩。其次，不良贷款占比居高不下。2007年末，辖区银行业不良贷款余额达173亿元，不良贷款占比高达37.8%，巨额不良贷款沉淀了大量资金。最后，大批前景很好的项目因得不到资金支持而被迫放弃。由于周口市信用环境差、不良贷款率高，一些符合贷款准入条件的企业、项目的贷款申报被打入“冷宫”。

经过2008年周口金融业改革的酝酿，2009年起，周口市实施“金融新政”，把金融业作为一个重要的产业来培育扶持，纳入全市经济社会整体产业规划，努力改善金融生态环境，促使金融产业做大做强。从2013年的情况来看，周口金融业从过去落后的局面中摆脱，逐渐实现质和量的全方位提升，主要表现如下几个方面。

（一）金融生态环境实现质的改善

第一，银行业金融机构经营效益提高。2009年起，辖区银行业金融机构全部实现盈余，赢利能力持续增强。截至2013年12月底，辖区银行业金融机构实现赢利21.02亿元。第二，银行业金融机构资产质量不断提升。至2013年12月末，辖区银行业不良贷款余额43.01亿元，不良贷款占比6.1%，4家国有商业银行不良贷款率已降至2.1%，第三，4家国有商业银行取得授权授信权限并放大授信额度，资产业务恢复性增长，贷款增量占比逐年提高。2009～2012年，贷款增量占比分别为16.7%、25.7%、33.8%和41.9%。至2013年12月末，4家国有商业银行贷款增量占比已提高至71.3%。第四，建立市级保险业行业协会。加强行业自律，促进各保险机构之间以及保险机构与政府部门之间的沟通协调，保险市场竞争秩序得以规范。一些公司为追求短期利益，出现的盲目杀价、越权和超范围代理业务、误导陈述、恶意招揽等不良现象得到了有效遏制。

（二）金融产业规模快速发展

第一，现代金融体系基本形成。辖内现有4家国有商业银行、1家政策性

银行、1家邮储银行、12家地方法人金融机构。2013年新成立1家村镇银行，另有32家保险公司、3家证券营业部和13家小额贷款公司。第二，金融总量迅速扩张。银行业规模增长加速，2008～2012年，辖内存款、贷款年均增幅分别为21%和12.8%，分别高出2000～2007年存款、贷款年均增幅10个百分点和6个百分点。2013年12月末，贷款较年初实际增加18.4%，高于全省平均增幅3.5个百分点。保险业迅猛发展，保费收入从2009年38亿元增至2012年的56亿元，保费规模近年来一直居河南省第4位，黄淮四市第1位。2012年，周口市保险深度（保费收入与地区生产总值的比重）3.8%，高出河南省保险深度平均水平1个百分点。

（三）中小企业金融服务能力显著提高

一是中小企业贷款占比逐年提高。2008年中小企业贷款余额28.45亿元，占各项贷款余额之比为7.07%，2012年中小企业贷款余额168.84亿元，占各项贷款余额之比为26.2%。2013年12月末，中小企业贷款余额345.40亿元，占各项贷款余额之比为49.1%。二是粮棉油收购等政策性贷款占比过高的贷款结构已经改变。2009年农发行新增贷款量占全市新增贷款量高达37.26%，2012年已降至6.6%；相应的，中小企业商业性贷款占比逐年提高。

（四）地方金融机构发展壮大

原周口城信社被中国银监会评定为六级社，面临被摘牌、退出市场的风险，在政府全力支持下成功组建商业银行——周口银行，现已实现县域分支机构全覆盖。周口农信社一直到2008年底，在全省18个未开业的统一法人县级联社中仍占4个，全市10家县联社有8家亏损。现在，10家县联社全部实现盈余并晋级四级社行业标准，正积极筹备农村商业银行改制工作。

二　激发金融活力，引导金融支持实体经济

为改变经济与金融“两张皮”现象，引导金融支持实体经济发展，近年

来，周口市坚持经济金融共荣发展理念，在加大政策引导力度、提高政府服务能力、优化金融生态环境以及推动金融创新等方面采取了有效措施。

（一）健全金融扶持政策体系，加大政策引导力度

2009～2013 年，周口市委、市政府相继出台了《关于加快全市金融业发展的意见》、《周口市中小企业贷款风险补偿基金使用管理实施意见》、《周口市市级银行业金融机构考核奖励办法（试行）》、《周口市金融稳定工作联席会议制度》和《周口市金融创新奖评选办法》，充分利用财政、税收和行政资源加大对金融产业的政策扶持。

金融业发展的政策环境明显改善，政策对金融业的引导作用明显提升。2013 年 12 月，剔除农发行周口市分行贷款政策性减少因素，周口市商业性贷款较年初实际增加 109.5 亿元，创历史新高，这一年也是继 2009 年周口信贷投放首次超百亿元后，又一次超百亿的年份。

（二）搭建融资服务平台，提高政府金融服务能力

围绕信贷融资、直接融资和政府融资，积极搭建融资平台，千方百计地拓宽融资渠道，提供高效的融资服务体系。第一，搭建信贷融资服务平台。政府积极发挥桥梁作用，创新政银担企合作机制，建立政银担企合作联席会议制度和政银担企合作项目对接制度，广泛开展多形式、多层次的政银交流活动，实现信贷融资双方的全方位对接。第二，搭建直接融资服务平台。通过组织企业直接融资培训、专家沙龙、专题对接、典型引导等方式，推动企业通过债券融资、股权融资来拓宽融资渠道。建立企业数据信息库，实现金融中介机构与企业有效对接。第三，搭建政府融资平台。统筹运用政府性资源、资本、资金和资产，做大做强政府投融资平台，提高城市建设融资能力。完善市级投融资公司功能，拓宽资本补充渠道，优化资产结构，增强融资规模和能力。2013 年第一期 5 亿元的城投债成功发行，从启动到下发批文仅用 6 个月时间，创造了周口速度。

（三）建设诚信周口，优化金融生态环境

第一，健全企业征信体系。建立资源共享、信息完备、使用便捷的企业

征信体系，为金融机构对企业的信贷评估评级提供参考依据。着力推进信用村、信用户、信用社区城乡信用工程建设，对信用好的企业、个人和社区，在信贷授信以及招投标、项目审批、工商年检、税收管理服务等方面给予优惠和便利，对不讲信用的企业和个人依法制裁和公开曝光，综合运用法律、经济、舆论监督等手段，在全社会形成激励守信和惩戒失信的机制。第二，依法治理金融，改善司法环境。近年周口市建立了金融法庭，建立银行、保险等金融机构的维护债权的绿色快捷通道，将金融涉诉案件，统一由中院金融法庭进行一审，建立良好的司法环境，同时，进一步强化公正执法，提高金融案件执结率，严厉打击涉及金融领域的各类违法犯罪行为。第三，打造金融安全区。完善金融监管协调机制，不断增强监管协同性和有效性。在市政府统一领导下，按照“职责清晰、分工明确、加强协调、密切配合、齐抓共管”的原则，建立市金融稳定工作联席会议制度，防范化解域内金融风险。

（四）推动金融创新，提高金融业服务能力

创新是金融发展的火车头，是金融业发展的永恒动力。2012～2013 年，以推动金融与实体经济共荣发展为目标，周口市积极鼓励支持金融创新活动。第一，引导金融机构开展创新活动。开展银行行长谈金融创新征文活动，引导各金融机构树立金融创新的理念。同时，设立周口市金融创新奖，推动全市金融创新工作向更宽领域、更深层次、更高水平拓展。第二，推动县域金融创新活动。为强化农村金融产品和服务方式创新，满足农村金融服务需求，积极组织县域围绕新农村民居建设贷款、农户小额贷款整村推进服务模式等开展创新活动。2012 年周口市沈丘县入选河南省 10 个农村金融创新示范县，将县域金融创新活动推向深入。第三，创新直接融资模式。为缓解中小企业融资难、融资贵问题，周口市积极创新尝试直接融资产品，利用银行间交易市场，由市财政出资设立区域集优集合债保障基金，帮助企业发行区域集优集合债。目前，第一批区域集优集合债已进入实质性发行阶段，将成为继新乡、安阳、郑州之后河南省第 4 个成功发行区域集优集合债的省辖市。

三　现阶段周口金融业面临的主要问题

周口市正面临加快三化协调发展、实现富民强市的中心任务，亟须资金的大力支持。然而，现阶段，周口金融业的突出问题是微观金融效率偏低，主要表现在两个方面。

（一）存贷比偏低

周口市存款增长多且快，贷款增长相对乏力，存贷差持续扩大，存贷比呈下降态势。存贷差从2009年的292.70亿元扩大至2012年的765.04亿元，存贷比从2009年的63.1%下降至2012年的45.7%。2013年12月底，存贷差为951.91亿元，存贷比为42.5%，低于全省20个百分点，在黄淮四市列第4位。

市场经济条件下，存贷差是商业银行资金运营的常态，保持存贷差适度增长是必要的，但存贷差过快增长、存贷比持续偏低暴露出周口经济金融运行中存在的一些深层次问题，制约了贷款增长，具体包括这样几个方面。第一，产业结构逐步优化，但工业化的差距依然较大。作为农业大市，周口市一次产业占比较高，吸纳贷款能力较强的二、三次产业实力相对较弱。2012年底，周口市二、三次产业占比较全省平均水平低13.5个百分点。第二，金融机构增贷意识增强，但承债主体少。周口市企业以中小企业为主，融资需求旺盛，但中小企业尤其是产业集聚区企业多因有效担保物不足，难以符合商业银行信贷支持的条件，普遍存在资金缺口。近年来，全市加大招商引资力度，引进了一些优质大项目，但母公司实力较强，贷款需求较少，即使有贷款需求，贷款机构多为商业银行总行直贷。第三，国有商业银行占垄断地位，有效竞争不足。除地方法人金融机构外，周口市尚无一家全国性股份制银行，新型金融机构也较少，金融机构缺乏竞争，结合本地特点创新金融品种以满足中小企业融资需求的动力不足。

（二）直接融资比例偏低

周口市中小企业融资一直以间接融资为主，直接融资比例偏低。2012年，

周口市以债券、股票与股权投资为主的直接融资比例占社会融资比例不及8%。2012～2013年，周口市在引导优质中小企业运用直接融资工具拓宽融资渠道方面，如私募股权融资、发行中小企业集合债、发行区域集优集合票据等取得了明显进展。但总体而言，周口在资本市场培育方面仍显滞后，直接融资比例偏低。其主要制约因素包括，一是企业融资观念片面、单一。绝大多数中小企业对融资方式多样性的认识不够，把获取银行贷款当作获取外源性资金的主要形式甚至是唯一形式，很少利用股权融资、融资租赁等直接融资手段。二是企业财务规范性不够。直接融资对企业规范性要求较高，尤其是财务方面，可以说，规范性是企业利用债券、股票及股权投资的重要前提。由于长期受小农经济、小富即安以及家族化等观念的影响，许多中小企业负责人在规范性方面要求不严，严重影响企业利用直接融资手段获取有效资金。

四　构建高效的多元融资体系，引导金融支持实体经济

在经济金融共荣发展理念的指导下，周口市金融产业得到发展壮大，金融业与地方经济“两张皮”现象得到解决。下一步，周口将重点解决微观金融效率偏低的问题，构建间接融资与直接融资并重的二元、高效的融资体系，引导资金进入实体经济。

（一）丰富金融经营业态，完善金融服务体系

中小微企业融资难、存贷比低，与周口市金融组织体系不健全、金融机构缺乏有效竞争不无关系。今后，周口市将加大吸纳大型商业银行落户周口的力度，鼓励设立发展村镇银行、民营银行以及小贷公司等小型金融组织，增加金融机构供给，形成有效竞争，引导金融机构创新服务和产品，同时，规范、引导民间融资，以及探索互联网金融、金融一站式综合服务平台，构建较为完善的中小微企业融资支持体系，满足企业融资需求。

（二）加强金融创新发展，提高金融服务水平

首先要健全完善担保体系，扩大有效抵押物范围。有效担保抵押不足是制

约中小微企业尤其是产业集聚区企业以及广大农户获得银行授信的关键因素。围绕扩大农村有效担保物范围、中小微企业担保抵押不足问题开展金融创新活动，探索创新政银担企业合作融资模式，充分挖掘信贷潜力。其次是推动银行表外业务发展，支持银行业金融机构综合运用信托、融资租赁、资产证券化、夹层融资等金融产品，充分利用域内外资金，不断提高贷款投放能力。再次是创新政银企对接合作机制，搭建金融信息公共服务平台，广泛开展各种形式的银企交流活动，实现金融供需双方的全方位对接；鼓励银行业金融机构提早介入、参与重点产业、重点基础设施、产业集群区、现代服务业等方面的项目谋划和运作，增强信贷投放的时效性和针对性。

（三）拓宽多元融资渠道，提高直接融资比例

改善企业过度依赖银行信贷的一元融资结构，提高利用多层次资本市场直接融资的能力，对满足经济转型和实体经济发展的需要有着重要而积极的作用。目前，国内已形成包括主板、中小企业板、创业板以及场外市场（新三板、区域股权交易市场）在内，结构合理、功能健全、运行高效的市场体系，债券、融资租赁、股权投资等直接融资方式也在迅速发展，形成了完整、丰富的融资链条，企业拓展直接融资，发展空间巨大。今后，周口应当从债券、股票、股权投资三个市场入手，多策并举，从观念转变、政策推动、典型引导等方面，形成政府推动、企业主动的良好互动局面，提高直接融资比重。第一，推进上市融资方面，继续按照“上市一批、储备一批、培植一批”的工作思路，坚持境内上市与境外上市相结合，企业上市与上市资源培植相结合，首发上市与上市公司再融资相结合，分类指导，多渠道推进企业上市。第二，推进债券融资方面，引导鼓励企业通过银行间债券市场发行短期融资券、中期票据和中小企业集合票据融资，特别是进一步加大工作力度，加快推进县域企业区域集优融资。第三，推进股权融资方面，抢抓“新三板”扩容机遇，鼓励支持尚不具备主板、中小板、创业板和境外上市条件的企业，到“新三板”或其他场外交易市场挂牌融资，通过股权募集企业发展资金。

Abstract

As the first financial blue book in Henan province edited by the Henan academy of social sciences, *Annual Report on Financial Development of Henan (2014)*: Regional Financial Development and Innovation is a report emphasis the thesis on "Regional Financial Development and Innovation", and presents the overview of the financial development in Henan province, highlighted on the regional financial development characteristics, the innovation gain and the development problem existed, and take direct suggestion for the financial development in Henan province.

This book divided into five sections: General Reports, Analysis and Evaluation, Financial Reports, Reports on Exploration, Report on Regional Subjects. General Reports includes two articles: the article of the Henan Financial Development Institution Analysis and Prospect in 2013 to 2014 summarizes and analysis the financial development overview of Henan province by three parts systematically. Based on the index of the performance of finance industry, the strength of financial institution, the scale of financial market, the rate of financial market openness and the ecological environment of financial development, the article of The Henan Urban Financial Competiveness Report evaluate the financial development of Henan province, and ranked the competitiveness evaluation of eighteen city in Henan province. Analysis and Evaluation summarizes the development of financial industries, and includes the analysis report from the financial institutes, and the financing section focus on the financing problem of real economy, and the regional section emphasis the regional financial development by choosing the city of Zhengzhou, Jiaozuo, Zhoukou, and the explore section reflect and analysis the hot spot issue combined with the situation of Henan province.

In the edit process, we invited experts and scholars from related institutions, universities and government departments focus on the content of this book, it is the

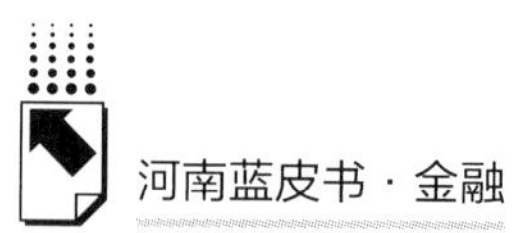

co-achievement above, and it is also the authority book for the financial development and innovation of Henan province. Not only include in the informative report, but also the in-depth data analysis, this book as a necessary reference for understanding and investing to Henan province.

Contents

ⅡB Ⅰ General Reports

Abstract: In 2013, Henan Province, the financial sector showed steady progress in the overall situation. In 2013 the province's financial sector support small aspect of agriculture and remarkable achievements, the ability to enhance the service of the real economy, the development of regional financial imbalances. 2014, the deposit balance of the province will exceed 4 trillion yuan RMB, RMB loans is expected to exceed 2. 5 trillion yuan, the scale of social financing will exceed 550 billion yuan, Henan Province, to continue to promote the strength of qualified enterprises to the territory stock-market financing, encourage individual cities and counties issue local government bonds, regional banks and financial resource integration accelerated in 2014 to form Central banks will work individually steadily.

Keywords: Henan Province; Financial Industry; Operation Analysis and Outlook

Abstract: Financial development is the short board on economic development in Henan Province, enhance the competitiveness of financial development has an important practical significance. the city's financial competitiveness evaluation system included herein for the first time to build the financial industry performance, the strength of financial institutions, financial market size, the degree of development of financial markets, including financial development environment, based on Henan Statistical Yearbook (2013) statistics, use of entropy method, financial competitiveness of the city, Henan Province, 18 predominantly urban areas were evaluated in order to identify the characteristics of the province's regional financial development, financial competitiveness gap between the city and its causes, and proposed to enhance competition in the financial city of Henan Province force level policy recommendations to accelerate the development of the province's financial industry, and continuously improve the ability of financial services with economies in transition in Henan Province.

Keywords: Henan Province; City Finance; Financial Competitiveness; Evaluation

B II Analysis and Evaluation

Abstract: Henan province take a actively prudent monetary policies, which guide the financial institutions to revitalize the stock and incremental, and using the refinancing and rediscount and other monetary policy tools flexiblely to optimal the credit structure, and increase the direct financing to promote the amount of monetary credit and social finance. The financial method, which support the development of local economy increase diversifically, especially for the micro enterprises and "Three Rural" . The social welfare increase remarkable and cross-border RMB business develop rapidly. However, under the stock pressure, the difficult of financing faced to the microfinance is still existed. The factor which affecting the financial development in Henan province intertwined, and the task which financing support the economic restructuring is heavy. Advised that exert the guide function of monetary policy tool effectively, enhance the allocative efficiency of finance system and revitalize the stock, support the economic structure adjustment and transformation and upgrading, maitant the moderately growth of money and credit, and provide a available monetary environment for the economic recovery.

Keywords: Henan Province; Finance; Operation Situation; Forecast

Abstract: the impact that the uncertainty macro socio-economic situation to insurance industry cannot be ignored, especially under the context which economic growth begin to slow down, foothold on the local economic and social services, the insurance industry of Henan focus on risk prevention , structure adjusting, the development mode innovation, and maintain a stable and healthy development momentum itself. Although the regulate operation of the market is not enough, but it is undeniable that the insurance industry in Henan play a key role in the service of local economic development, boost industrial upgrading, new rural construction services, participation, multi-level social security system. With the deepening of reform and innovation, driven by the combination outside the industry, the insurance industry in Henan Province can innovate itself in the service of local economy, in the economy development method transform, improvement of regulation and regulatory focus in 2014.

Keywords: Henan Province; Insurance Market ; Situation; Prospects

Abstract: dedicate to serve the "three rural", the agricultural development bank in Henan province insists on the direction of policy banks, and play a active role in the serve of cotton and oil service national macro-control, maintaining national food security and major agricultural market stability and protect the interests of farmers, support the rural economy development, highlighting the unique position of agriculture agriculture policy banks. In the period of "Twelve Five", the agricultural development bank in Henan province will insist on provincial government decision, emphasis on the development of the Central Plains Economic Zone, in order to make a new contribution for the regional economic development in Henan province.

Keywords: The Agricultural Development Bank of China; Henan Province; Rural Credit

B. 6 The Analysis of Development Situation and Prospect of Zhengzhou Commodity Exchange in 2013

Wang Chende, *Bai Yu and Tao Jun* / 086

Abstract: Leading by CSRC, ZCE has carried out its work in close conjunction with the principle of "Serving the Real Economy" in the year of 2013. Holding the guideline of "Making Progress while Ensuring Stability", ZCE has achieved positive result on enriching listed products, consolidating IT support, etc.. Thus, the quality of market operation was improved and the capability of "Serving the Real Economy" was strengthened. ZCE will thoroughly stimulate the vitality and motivation of innovation and put its effort on carrying out "four turns" in the coming 3 - 5 years to deliver better service for national economy and the construction of Central Plains Economic Region in more fields to broader extent and on higher level.

Keywords: Zhengzhou Commodity Exchange; Development Situation; Future Research

Abstract: In 2013, Central China Securities overcome unfavorable factors of industries and markets, results of operations continue to maintain upward trend contrarian, each business line develop well. In 2014, the macro economy will increase steadily, but the external and internal development environment is not too optimistic. As the important strategic platform of the development of the capital market in Henan Province, Central China Securities has been to seize opportunities for development, reform and innovation, formed the investment banking as a precursor, brokerage business as an important foundation, fixed income, securities investment, asset management, direct investment, margin trading, futures broking, fund, etc. diversified and systematic development pattern, since the establishment of ten years. Central China Securities has become a comprehensive securities companies with strong competitiveness, achieved good economic and social benefits.

Keywords: Central China Securities; Financial Holding Group; Analysis; Prospect

B Ⅲ Financial Reports

Abstract: The development of finance can promote the growth of economy, and the growth of economy supported by the specific companies, and listed companies play an important role in the regional economic development term. This artile analysis the direct financing stiutaion of listed company in main stock market and pre-basic listed company in Henan province, conclude that the existed listed company does not match the number and level of GDP, the scale of financing is small, listed companies trade imbalances, regional distribution imbalance and other issues , and take some policy recommendations.

Keywords: Henan Province; Listed Companies; Companies to be Listed

Abstract: The small loan companies positioned to support the "three rural" poverty reduction and financing for financial institutions, and the unilateral microfinance business limied by the rule currently hinder the development of it. Based on the status quo about small loan company, this article discusss and resolves the financing difficult in small loan company.

Keywords: Henan Province; Financing Construction ; Small Loan Company

Abstract: The Internet banking bring a new solution to the financing problems of SME. This article descirb the financing difficult faced by the SMEs currently, and based on the difficult of SMEs infers the path of Internet banking source, category and service path for SMEs. Combined with the actual in Henan province, proposed a internet banking solution for mitigating the SMEs loans dilemma.

Keywords: Internet Banking; SMEs; Loans Dilemma

Abstract: The water conservancy is becoming more and more important in the field of ecological civilization since The 18th National Congress. As a provincial investment and financing platform, founded four years, Henan Water Investment Group Co. , Ltd voted to financing responsibility in the effective integration of water conservancy assets, and play a "bridgehead, vanguard" pioneering role in the innovative exploit in the intergration of assets and the innovation of financing mechanisms et. . Focus on the structure of financial fulcrum for the development of water conservancy in Henan province, Henan Water Investment Group Co. , Ltd will contribute more to the local economic and social development.

Keywords: Henan Province; Water Conservancy; Investment and Financing

B. 12 Research the Financing Problems about Airport Economical Comprehensive Experimental Zone Construction in Zhengzhou

Liu Jianbao, *Liu Xia* / 149

Abstract: As a starting point and breakthrough for the Central Plains Economic Zone construction, the construction of the Airport Economical comprehensive experimental zone in Zhengzhou will have a direct effection on the success or failure of the Central Plains Economic Zone. And the primary issue in Zhengzhou Airport Economic comprehensive experimental zone is financing problems. Based on the strengths and weaknesses existed in Zhengzhou Airport Economic comprehensive experimental zone, this article points out financing prolem in construction. And by compare the different financing channels, conclude that the construction of zoon should relay on the local financing platform, promote financial innovation and broaden the financing channels for the healthy development of air port zoon.

Keywords: Henan Province; Airport Economic Comprehensive Experimental Zone; Finance; Local Investment and Financing Platform

B. 13 The Agricultural Listed Company Financial Competitive Analysis of Henan

Li Guoying / 158

Abstract: With the development of regional economy in Henan province and Construction of the economic zone of Central Plains, Agriculture as pillar industries in Henan, Also in rapid development, Emerged in recent years a number of outstanding agricultural key enterprises. The Henan Provincial Government actively overall planning promote enterprise restructuring and listing, Agriculture-related listed companies have become important parts of the capital market in Henan province. In recent years, As the State continued tightening of monetary policy, lack of credit has become a major bottleneck for modern agricultural industry development in Henan. In this case, the significance of agriculture-related enterprises listed is particularly important, Agriculture-related listed company wants to survive and development in a competitive market, Must continue to improve its competitiveness, in particular financial competitiveness.

Keywords: Henen Province; Listed Companies Related to Agriculture; Financial Competitiveness; Sustainable Growth Rate

Abstract: This paper analyzed the current urbanization in China and Henan province, a lot of investment and financing demand was created in the process. Then we analyzed the financing problems of infrastructure construction investment in the process of new urbanization. We summarized the domestic and foreign government investment and financing platform modes and operations, and introduced government investment and financing platform development of Henan provincial, we analyzed the current situation and problems of local government investment and financing platform in our province. On the basis, we put forward some advices from two aspects, the local government governance and financing platform own construction. Finally, we give some suggestion about local government investment and financing platform risk.

Keywords: Local Government Investment and Financing Platform; Financial Risk; New Urbanization

Abstract: The financing difficulty has seriously hindered the development of small and medium-sized enterprises in Henan province. Through the analysis of the SME financing, research on the cause of SME financing difficulties such as the enterprise itself, the financial system , socio-economic environment and other aspects. And from the optimized development environment, innovative financing way, improve the credit guarantee system and credit system put forward the countermeasures and suggestions to solve the problem of financing difficulties of SME.

Keywords: Small and Medium-Sized Enterprise; Financing; Strategy

B IV Reports on Exploration

Abstract: In recent years, the rural finance market in Henan province has achieved remarkable results. From the aspect of the rural financial system, the support scale, this article shows the support effect for the development of rural in Henan province, and analysis the support difficults of financing from the view of rural finance innovation, and rural finance policy, conclude that in order to enhance the support effect, we should to construct the sustainable development menchanism of financing from agriculture credit, agriculture assurance, and agriculture risk supervision.

Keywords: Financial Support for Rural; the Effect of Rual Support; Sustainable Development Mechanism of Finance to Rural

Abstract: At present, the payment service has diversified development, formed by the people's Bank of the core, banking financial institution based, payment mechanism to complement the payment service pattern. As of 2013 July, 250 third party payment enterprises get the licenses of The People's Bank of China, involving currency exchange, Internet payment, mobile payment, fixed phone pays, digital pay TV, issue and accept prepaid cards and bank card acceptance 7 service types. Banks and Payment institutions engaged in similar funds transfer payment service, but have some differences in the aspects of market positioning, product design, business model, credit rating and debt paying ability, cooperation requirements in terms of reserve management, resource sharing. Therefore, suggestions on banking is the main channel, the payment mechanism is the supplement and extension of payment service organization pattern, the implementation of differentiated competitive strategy, realize the sharing of resources, attempts to introduce competition mechanism in the liquidation process, promote the formation of benign competition relations, realize the healthy development of the payment market.

Keywords: Bank; Payment Institutions; The Third Party Payment; The Acquiring Market; Internet Payment; Mobile Payment

Abstract: Henan's Industrial restructuring is in a crucial stage, and finance plays a very important role in support for industrial restructuring. Currently, the lack of awareness the financial role results in a weak combination between finance and industrial restructuring. For this reason, combined with the financial tasks next year, and centered on strengthening financial support for industrial restructuring, the paper makes a series of recommendations.

Keywords: Finance; Industrial Restructuring; Strengthening of the Role

Abstract: the microfinance achieved a great development in China since the

1990s. From the three aspects of the non-governmental organizations, governmental organizations and informal microfinance organizations, this article expounded the operational mechanism of microfinance systematically, and its current situation of Henan province. Based on the actual of Henan province, advised that it should be identify the market position, active innovation positively, in order to expand the microfinance market gradually, and develop sustainable.

Keywords: Microfinance; Diversified Markets; Henan Province

Abstract: In recent years, guided by the development stratege of technological innovation, the technological finance as systematically fianancing system, which promot the transformation of scientific and technological achievements and the development of technological industry, formed gradually. The support from governments at all levels, which promote and encourage various financial institutions support for the development of technology enterprises, provide strong support for the development of technological industry. However, based on the money supply status quo of technological enterprise, especially the micro-enterprise in Henan province currently, showed asymmetry whether in the aggregate or structure, and it is necessary by top-level design, the fiscal mechanism innovation, cor-financial market support etc. to strengthen the power of technological innovation.

Keywords: Technology Finance; Top Design; Innovation Path

Abstract: The non-performing loan ratio of bank institutions in China begun to appear signs of a rebound in 2013. In order to analysis the plight and factor of non-performing assets, this article summary the development trend of the non-performing assets market in 2012 to 2014, consider that the non-performance and the ratio of non-performance loans has begun to rebound; the credit risk has appeared, and the shadow banking, real estate, private lending needed to alarm urgently. Based on the situation in Henan province, should to develop the real economy vigorously, strengthen the supervision of financial assets, and create a stable market environment.

Keywords: Non-performing Assets Market; Non-performing Loan Ratio; Shadow Banking; Henan Province

B. 22 The Management Comparison of Agricultural Technology Innovation Fund and Revelation on Henan province

Shi Tao / 263

Abstract: As a driving force of one country's development, the innovation of agriculture science and technology has become an effective way to the development of agriculture in the world. Facing the currently difficult in the development of agriculture science and technology transform in Henan province, it needs to establish the agriculture technology innovation fund urgently. This paper compares the form of status quo, operation method about the agriculture technology fund worldwide, and based on the actual, proposed the evolutionary path of Agricultural Science and Technology Innovation Fund about Henan province.

Keywords: Agricultural Science and Technology Innovation Fund; Operation Comparison; Henan Revelation

B. 23 Analysis and Prospect on Capital Market of Henan Province after Iifting Ban on IPO

Xu Ke / 272

Abstract: Duo to the changes in the external environment, the capital market

construction of the ZHONGYUAN Economic Zone demonstration city, the financial services as an important part of the local economy , how to further expand the scale of financing, optimize financial environment, and enhance the ability of financial services has become a local government an urgent need to investigate and research issues. In this paper, for example, Jiaozuo City, describes the current development of the financial sector and Jiaozuo to support the local economy, the local government summarized some basic experience in the financial sector development, and made the next step recommendations.

Keywords: Financial; Economy; Service

Abstract: Insisting on the harmony prosperity development between economy and finance, Zhoukou take the financial industry as an important sector to foster and support, and bring into the local social and economy plan to promote the financial industry bigger and stronger. Now, finance sector in Zhoukou has made a qualitative change. Next step, Zhoukou will emphase on resolving the difficult of the low efficiency of micro-finance problems like deposit ratio, low proportion of direct financing, etc. , to build a efficient multi-level financing system, and guide the finance service to support the economy development directly.

Keywords: Financial Development; Real Economy; Zhoukou City

中国皮书网

www.pishu.cn

发布皮书研创资讯，传播皮书精彩内容
引领皮书出版潮流，打造皮书服务平台

栏目设置：

- □ 资讯：皮书动态、皮书观点、皮书数据、 皮书报道、 皮书新书发布会、电子期刊
- □ 标准：皮书评价、皮书研究、皮书规范、皮书专家、编撰团队
- □ 服务：最新皮书、皮书书目、重点推荐、在线购书
- □ 链接：皮书数据库、皮书博客、皮书微博、出版社首页、在线书城
- □ 搜索：资讯、图书、研究动态
- □ 互动：皮书论坛

中国皮书网依托皮书系列“权威、前沿、原创”的优质内容资源，通过文字、图片、音频、视频等多种元素，在皮书研创者、使用者之间搭建了一个成果展示、资源共享的互动平台。

自2005年12月正式上线以来，中国皮书网的IP访问量、PV浏览量与日俱增，受到海内外研究者、公务人员、商务人士以及专业读者的广泛关注。

2008年、2011年中国皮书网均在全国新闻出版业网站荣誉评选中获得“最具商业价值网站”称号。

2012年，中国皮书网在全国新闻出版业网站系列荣誉评选中获得“出版业网站百强”称号。

“皮书”起源于十七、十八世纪的英国，主要指官方或社会组织正式发表的重要文件或报告，多以“白皮书”命名。在中国，“皮书”这一概念被社会广泛接受，并被成功运作、发展成为一种全新的出版形态，则源于中国社会科学院社会科学文献出版社。

皮书是对中国与世界发展状况和热点问题进行年度监测，以专业的角度、专家的视野和实证研究方法，针对某一领域或区域现状与发展态势展开分析和预测，具备权威性、前沿性、原创性、实证性、时效性等特点的连续性公开出版物，由一系列权威研究报告组成。皮书系列是社会科学文献出版社编辑出版的蓝皮书、绿皮书、黄皮书等的统称。

皮书系列的作者以中国社会科学院、著名高校、地方社会科学院的研究人员为主，多为国内一流研究机构的权威专家学者，他们的看法和观点代表了学界对中国与世界的现实和未来最高水平的解读与分析。

自 20 世纪 90 年代末推出以《经济蓝皮书》为开端的皮书系列以来，社会科学文献出版社至今已累计出版皮书千余部，内容涵盖经济、社会、政法、文化传媒、行业、地方发展、国际形势等领域。皮书系列已成为社会科学文献出版社的著名图书品牌和中国社会科学院的知名学术品牌。

皮书系列在数字出版和国际出版方面成就斐然。皮书数据库被评为“2008~2009 年度数字出版知名品牌”;《经济蓝皮书》《社会蓝皮书》等十几种皮书每年还由国外知名学术出版机构出版英文版、俄文版、韩文版和日文版，面向全球发行。

2011 年，皮书系列正式列入“十二五”国家重点出版规划项目；2012 年，部分重点皮书列入中国社会科学院承担的国家哲学社会科学创新工程项目；2014 年，35 种院外皮书使用“中国社会科学院创新工程学术出版项目”标识。

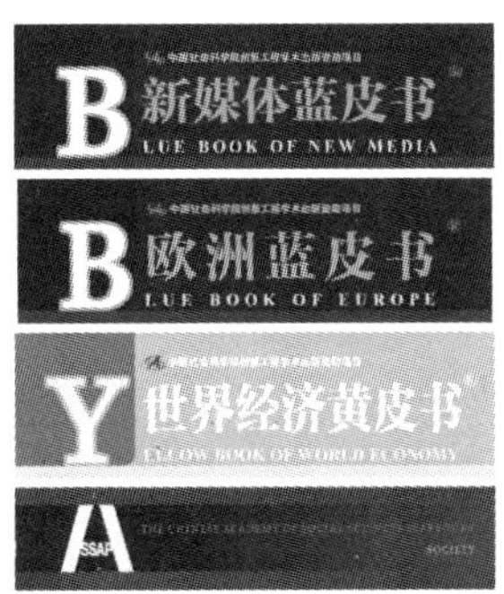

法律声明